광고비 걱정 뚝!
여성 소셜 마케팅으로 시작하라

여성 소셜 마케팅을 이제 막
시작하려는 분들을 위하여

광고비 걱정 뚝!

여성 소셜 마케팅으로 시작하라

- 13년간 1만 명의 여성 소비자그룹과 협업마케팅을 진행해 온 **온라인&소셜마케팅 팀장의 노하우**
- 진정성과 소통의 시대에 기술 중심이 아닌 사람 중심의 **마케팅 솔루션 전격 공개**
- 사례 위주의 데이터를 소개함으로써 **구체적인 성과목표 설정 방법 및 How to 제시**

Social Marketing

최은희 지음

**Prologue : 광고비 걱정 뚝!
여성 소셜 마케팅으로 시작하라**

광고비 부족으로 찾은 대안

마케팅을 하는 사람이라면 가장 많이 하는 두 가지 고민이 있다.

첫째는 '어떻게 하면 우리 상품과 서비스를 많이 알릴 수 있을까?'이고, 둘째는 '한정된 예산의 마케팅 비용을 어떻게 효율적으로 사용해 매출을 올릴 것인가?'이다.

필자는 과거에 섬유 관련 중소기업의 온라인 영업팀장으로 근무하면서 적은 마케팅 예산으로 월별 매출 목표를 달성하기 위해 갖은 노력을 다했다. 광고를 대신할 다른 방법을 찾아 브랜드를 알리고 매출을 올려야 했다. 이때 필자가 광고의 대안으로 발견한 것이 바로 '여성 소비자'였다.

인지가 아닌 이해와 공감을 얻다

사람이 무엇인가에 관심을 가지는 데는 '인지-이해-공감-행동'이라는 흐름을 거친다. 지금까지 행해 왔던 광고는 '인지' 단계에 해당되며, 인지와 이해 사이에는 큰 차이가 존재한다. 인지란 "이런 상품과 브랜드가 있구나." 하는 정도로만 인식하는 것으로, 시간이 지나면 쉽게 잊고 만다. 반면 '이해'란 "이럴 때 나에게 이런 상품이 필요하겠구나. 맞아! 이런 브랜드가 나에게 필요했어."라며 상품과 브랜드가 전달하고자 하는 메시지를 자신의 입장에서 생각한다는 것이다. 여기서 중요한 사실은 사람들의 공감을 얻기 위해서는 사람의 감정에 접근하여야 하며, '공감'은 설득보다는 이해를 통해 얻을 수 있다는 것이다. 그리고 이를 마케팅에 적용하면서 소비자의 이해와 공감을 얻는 데는 광고보다 여성 소비자가 효과적이라는 사실을 발견하였다.

여성 소비자들의 잠재된 마케팅 활용 가치에 놀라다

　여성 소비자의 중요성에 대해서는 마케터라면 누구나 알고 있다. 하지만 "중요하긴 한데 그래서 뭐?" 하는 식으로, 여성 소비자를 어떻게 활용해야 할지에 대해서는 사실 큰 고민도 없고, 방법을 모르는 경우가 많다. 심지어 여성 소비자는 말이 많다며 기피하는 기업까지 있다. 필자는 회사에서 주부 모니터를 운영해 왔다. 이를 통해 여성 소비자를 상품 기획과 신제품 모니터링 및 소비자 간담회 등에 참여시킴으로써 우리 제품을 사용하고, 구매를 결정하는 그들의 생각과 의견을 들을 수 있었다. 그렇게 얻은 소비자 인사이트를 상품과 서비스 기획에 반영하면서 소비자가 필요로 하는 상품, 소비자가 공감하는 브랜드를 탄생시킬 수 있었다. 여성 소비자의 참여 활동이 상품 기획에 도움을 주는 동시에 우리의 제품을 이해하고 우리 브랜드의 가치에 공감하는 여성 소비자들을 만들어 낸 것이다.

　필자는 여기에 착안하여 주부 모니터 외에도 우리 브랜드에 관심이 있고 온라인상에서 영향력을 갖춘 다양한 여성 소비자 그룹을 만들어 우리의 제품과 브랜드를 경험하게 하고, 그 경험을 통해 브랜드의 공유가치를 공감한 여성 소비자와 협업 마케팅을 진행하였다. 먼저 인터넷 환경에 능숙하고 소비 생활에 적극적인 온라인 주부 모니터를 모집한 뒤 '빅 마우스'라고 명명했다. 육아로 인해 경력이 단절되었지만 학벌과 경력뿐 아니라 마케팅 감각 또한 뛰어난 이들은 정기 미팅을 통해 온라인 쇼핑몰 활성화 방안을 제안했으며, 소비자 입장에서 다른 소비자들이 우리 브랜드를 이해할 수 있고 공감할 수 있는 다양한 마케팅 방안을 제시했다. 빅 마우스들을 필두로 제품 체험단, 전문 리뷰어, 브랜드 서포터즈, 리빙 작가 등 우리의 타깃 소비자에게 영향력을 끼칠 수 있는 다양한 여성 소비자 그룹을 기획하였다. 그리고 그들에게 우리 기업의 진정성을 경험하게 하고, 브랜드의 공유가치를 이해하도록 하여 브랜드와 소비자가 협업하며 함께 성장할 수 있었다. 그들의 도움으로 필자는 월 매출 1억 원이던 쇼핑몰을 일 매출 1억 원을 달성하게 만들어 연말에 우수 부서상을 받기도 했다. 그들의 활동은 그룹별로 다른 목표를 가지고 운영되었지만, 공통적인 특징은 진정성을 가진 기업과 소비자의 소통에서 출발하여, 소비자들의 참여와 경험을 이끌어 브랜드 가치를 이해하고 공유 가치를 확산하는 데 기업과 소비자가 함께했다는 것이다. 나에게 든든한 조력자이며 우군인 여성 마켓슈머(Marketer + Consumer, 마케터형 소비자) 들이 생긴 것이다.

SNS 마케팅이 아닌 사람이 주인공이 되는 소셜 마케팅을 시작하라

요즘 소셜 마케팅이 인기다. 블로그, 페이스북, 인스타그램, 카카오스토리 등 다양한 SNS 채널의 성장으로 대기업뿐 아니라 중소기업과 작은 상점에서도, 심지어 음식점 사장님들도 너나없이 SNS 채널 익히기에 열심이다. 많은 사람들이 '소셜 마케팅 = SNS 마케팅'이라 생각한다. 하지만 SNS는 도구일 뿐 소셜 마케팅의 본질은 사람에게 있다. 과거에 매스미디어만이 영향력을 행사했던 것에 비해, 인터넷과 소셜 미디어의 발달로 일반인도 누구나 쉽게 소통하며 이야기할 수 있는 도구로 SNS가 활용되어야 한다. 소셜 마케팅의 본질은 사람을 중심에 둔, 바로 소비자를 주인공으로 만드는 마케팅 활동이어야 한다.

바로 이 책은 소셜 미디어 채널 기획부터 운영에 있어서 사람, 즉 소비자를 중심에 두는 방법이 궁금하거나, 굳건한 브랜딩을 희망하는 마케터에게 소셜 마케팅의 본질을 토대로 소셜 마케팅 로드맵을 그려 단계별로 해야 할 일을 설명해 주고 있다. 사람, 즉 소비자를 중심에 두려면 모든 마케팅 단계에서 소비자를 생각하고, 그들을 참여시켜야 한다. 브랜드 콘셉트 및 철학, 신제품 콘셉트, 신제품 기획, 소비자와 소통을 이끄는 콘텐츠 제작, 소셜 미디어 채널 기획, 이벤트 및 캠페인 기획 등 마케팅 전 단계에 걸쳐 여성 소비자의 의견을 수렴하고 참여를 이끌어 냄으로써 그들이 주인공이 되는 마케팅을 진행해야 이해와 공감을 하는 소비자가 증대될 것이다.

여성 소비자를 타깃으로 하는 마케팅이 필요한 이들에게

이 책은 여성 소비자를 마케팅에 참여시켜 열정적으로 우리의 이야기를 하게끔 만드는 방법, 트리플 미디어를 통해 사람을 중심에 둔 브랜디드 콘텐츠와 브랜드의 가치를 알리는 캠페인을 확대·전파하는 방법에 대해 알려 줄 것이다. 능동적인 소비자로 변한 여성 소비자를 이해하는 방법부터 기업의 마케팅 활동에 여성 소비자를 참여시키는 방법, 우리의 마케팅 타깃 집단에 입소문을 내줄 영향력 있는 소비자를 모집하는 방법, 그들이 제품 체험을 통해 제품과 브랜드에 매료되어 자신이 공감한 내용을 이야기하도록 만드는 방법, 기업의 신뢰와 정직성을 소비자에게 전달하는 방법, 소비자 그룹이 신나게 이야기할 수 있도록 흥미를 유발하는 이벤트 프로모션을 기획하는 방법, 소비자 그룹과 신뢰를 구축하여 동기를 유발하고 자부심과 확신을 갖도록 하는 방법, 마지막으로 그들의 이야기가 노출된 결과를 철저한 피드백을 통해 입소문 전파 현황을 파악하여 마케팅에 반영하는 방법 등을 소개할 것이다.

과거의 구전을 통한 입소문 마케팅에는 한계가 존재했다. 전파력이 느린 데다 효과 여부의 측정이 불가능했기 때문이다. 하지만 오늘날 입소문 마케팅은 소셜 미디어를 만나면서 날개를 달게 되었다. 소셜 미디어를 통해 개인의 영향력이 커지면서 입소문 파워 또한 증가한 것이다.

이 책을 통해 광고비가 부족한 소상공인, 중소기업 사장님뿐 아니라 소셜 미디어 시대의 진정한 소통을 원하는 기업들이 여성 소비자라는 열렬한 팬들로 구성된 '입소문 소비자 그룹'과 함께 사람을 중심에 둔 소셜 마케팅을 펼침으로써 '소셜 입소문 파워'로 무장하기를 바란다.

저자 최은희

목차
CONTENTS

Prologue | 광고비 걱정 뚝! 여성 소셜 마케팅으로 시작하라 ... 04

PART 1 광고비 Zero, 광고가 필요 없는 여성 소셜 마케팅을 시작하라

1 광고가 넘쳐나는 시대, 광고 없이 마케팅하는 방법 ... 19

2 왜 여성 소비자를 주목해야 하는가 ... 24
- 여성 소비자가 지갑을 쥐고 있다_구매 결정권을 확보함 ... 24
- 여성 소비자의 눈은 엄격하다_제품 판별력이 우수함 ... 25
- 여성 소비자의 입소문이 상품이나 기업 평판을 좌우한다_입소문에 적극적임 ... 26
- 여성 소비자는 제품에 대한 경험을 최대한 드라마틱하게 전달한다_표현력이 뛰어남 ... 27
- 여성 소비자는 자신이 선호하는 브랜드를 지인에게 추천할 가능성이 남성보다 높다_추천력이 높음 ... 28

3 왜 소셜 마케팅인가 ... 30
- 유기적 입소문_진짜 입소문 ... 31
- 입소문 마케팅, 소셜 미디어를 만나 날개를 달다 ... 33

PART 2 매출의 70%를 결정하는 여성 소비자를 열성 팬으로 만들어라

1 여성 소비자를 열성 팬으로 만드는 3가지 방법 ... 39
- 첫 번째 방법 • 여성 소비자에게 확신과 신뢰를 심어라 ... 40
- 두 번째 방법 • 여성 소비자의 참여를 유도하라 ... 42
- 세 번째 방법 • 여성 소비자의 소리를 반영하라 ... 44

2 새로운 소비자의 탄생,
여성 소비자 그룹을 만들어 마케팅에 참여시켜라 … 46

첫째 프로슈머형 여성 소비자 그룹 … 47
  1 생산형 소비자, 프로슈머로의 변화 … 47
  2 여성 소비자를 상품과 서비스 기획에 참여시켜라_주부 모니터 … 48
  [실전 노트] **주부 모니터 활동 기획 및 운영** … 51
    1. 주부 모니터 활동 기획
    2. 주부 모니터 모집 방법
    3. 보고서 검토 및 동기 유발

둘째 제품 체험형 여성 소비자 그룹 … 58
  1 소셜 미디어의 발달로 준전문가 소비자로의 변화 … 58
  2 여성 소비자의 브랜드 경험을 공유하게 하라_제품 체험단 … 59
  [실전 노트] **제품 체험단 활동 기획 및 운영** … 63
    1. 체험단 모집 이벤트 기획
    2. 체험단 모집 및 선정 방법
    3. 체험단 후기 미션 기획 및 활동 평가

셋째 서포터즈형 여성 소비자 그룹 … 72
  1 감성 충족을 넘어 영혼의 감동을 추구하는 소비자로의 변화 … 72
  2 브랜드를 대표하는 브랜드 옹호자를 만들어라_브랜드 서포터즈 … 73
  [실전 노트] **서포터즈 활동 기획 및 운영** … 76
    1. 서포터즈 활동 기획
    2. 서포터즈 모집 및 선정 방법
    3. 서포터즈 활동 관리 및 활동 평가
    4. 서포터즈 해단식 및 명예 서포터즈 제도

❸ 마케팅 단계별 여성 소비자 마켓슈머 활동　　　　　　　　　　　　89
　　브랜드 및 신제품 출시 단계(Concept)_주부 모니터, 소비자 패널　　　　90
　　채널 콘텐츠 기획(Contents)_체험단, 리뷰어, 기자단, 서포터즈　　　　91
　　소비자/채널 소통(Communication)_소셜 채널 이웃, 팬　　　　　　　91
　　마케팅 활성화(Event & Campagin)_파워 블로거, 서포터즈, 열성 팬, 오피니언 리더,
　　전문가　　　　　　　　　　　　　　　　　　　　　　　　　　　　　92

PART 3　소셜 미디어 시대의 새로운 마케팅 프레임, 트리플 미디어를 활용하자

❶ 트리플 미디어란 - 커뮤니케이션 패러다임의 변화　　　　　　　　　97
　　매스미디어의 시대에서 트리플 미디어의 시대로　　　　　　　　　　97
　　온드 미디어(Owned Media)_소통하는 자사 채널　　　　　　　　　　98
　　언드 미디어(Earned Media)_소비자 미디어 채널　　　　　　　　　 100
　　페이드 미디어(Paid Media)_소비자 노출 증대 채널　　　　　　　　 101

❷ 소셜 미디어 채널, 왜 필요한가　　　　　　　　　　　　　　　　　103
　　소셜 미디어 채널을 운영해야 하는 이유　　　　　　　　　　　　　103
　　소셜 미디어 채널의 개념 및 역할　　　　　　　　　　　　　　　　105

PART 4 매출을 10배로 꾸준히 올릴 수 있는, 여성 소셜 마케팅 프로젝트

❶ 여성 소비자와 함께하는 소셜 마케팅 프로세스 — 110
　1 마케팅 목표 수립 및 콘셉트 기획_차별화된 콘셉트를 만들어라 — 111
　2 콘텐츠 기획_콘텐츠로 이야기하라 — 111
　3 , 4 , 5   트리플 미디어 IMC 마케팅 기획 — 111
　6 , 7   이벤트 & 캠페인 기획 — 112
　8 트리플 미디어를 통한 캠페인 확산과 성과 측정 — 112

1단계 마케팅 목표 수립 및 콘셉트 기획 – "너의 콘셉트가 뭐야?" — 113
　소셜 마케팅 목표 수립 — 113
　환경 분석_소비자의 생각에서 출발하라 — 116
　　1 거시 환경 분석_시장 조사 — 117
　　2 미시 환경 분석_3C 분석 — 118
　콘셉트 개발_소비자에게 확실한 이미지를 심어 줄 콘셉트를 개발하라 — 119
　　1 우리의 타깃은 누구인가_세분화, 타깃팅 — 119
　　2 STP 전략 수립을 통한 포지셔닝 — 121
　　3 차별화된 콘셉트 정립_제품 콘셉트, 입소문 콘셉트 — 123

2단계 콘텐츠 기획 – 공감 100배 콘텐츠 만들기 — 128
　콘텐츠 아이디어 도출 — 128
　브랜디드 콘텐츠(Branded Contents) — 129
　　1 홍보성 콘텐츠 — 130
　　2 정보성 콘텐츠 — 133
　　3 소통형 콘텐츠 — 134
　소비자 콘텐츠(User Generated Contents) — 135
　　1 사용 후기 콘텐츠 — 136
　　2 필진 콘텐츠 — 136
　커뮤니케이션을 통한 콘텐츠 리뷰 — 137

3단계 온드 미디어(Owned Media) – 자사 미디어 채널을 운영하자 138

온드 미디어 1 • 블로그 채널 기획 및 운영 방법 139

1. 블로그란 139
2. 블로그 운영 목적 및 목표 140
3. 블로그 채널 기획 142
4. 블로그 이웃들을 열성 팬으로 만드는 법 144
5. 블로그 통계 분석 152

온드 미디어 2 • 페이스북 채널 기획 및 운영 방법 157

1. 페이스북이란 157
2. 페이스북 운영 목적 및 목표 159
3. 페이스북 채널 기획 161
4. 페이스북 이벤트 기획 163
5. 페이스북 인사이트 분석 168

온드 미디어 3 • 카카오 스토리채널 기획 및 운영 방법 170

1. 페이스북과 카카오스토리의 차이 170
2. 카카오 스토리채널이란 172
3. 카카오 스토리채널 운영 목적 및 목표 174
4. 카카오 스토리채널 기획 181
5. 카카오 스토리채널 활성화 이벤트 기획 183
6. 카카오 스토리채널 통계 분석 186

온드 미디어 4 • 웹사이트(브랜드 사이트 or 온라인 쇼핑몰) 190

1. 웹사이트 운영 목적 및 목표 190
2. 웹사이트와 트리플 미디어의 연계 190
3. 마케팅 전환을 일으키는 웹사이트(쇼핑몰) 기획하기 192
4. 모바일 페이지는 필수! 196

4단계 언드 미디어(Earned Media) – 소비자의 입소문을 만들어 내라 197

언드 미디어 1 • 옹호자(Advocator) 언드 미디어 198

1. 충성 고객형(사용 후기) 198
2. 서포터즈형(브랜드 홍보대사 역할 – 블로그 포스팅, SNS 입소문) 199

3	제품 체험단형(제품 경험 공유자 블로그 포스팅, SNS)	200
4	소셜 친구형(자사 소셜 콘텐츠에 반응 – 댓글, 좋아요, 공유)	201
5	커뮤니티형(타깃 접점 마케팅 – 커뮤니티 게시판, 댓글, 스크랩)	201

언드 미디어 2 • 영향력자형(Influencer) 언드 미디어   202

1	파워 블로거형(타깃 소비자 영향력 – 블로그 포스팅)	202
2	SNS 파워 유저형(타깃 소비자 영향력 – SNS 홍보)	202
3	유명인 or 전문가(오피니언 리더 의견)	203

5단계 페이드 미디어(Paid Media) – 광고 미디어로 노출을 증대시켜라   204

페이드 미디어 1 • 검색엔진 키워드 광고   205

1	키워드 광고의 목적	206
2	키워드 분석 및 전략 키워드 선정	207
3	랜딩 페이지 최적화 전략	213
4	키워드 리포트 분석 및 피드백	215

페이드 미디어2 • 타깃 채널 광고   217

1	타깃 채널 선정	218
2	타깃 채널 프로모션 기획 및 집행	218
3	타깃 채널 광고 결과 분석	220

6단계 입소문 나는 이벤트 기획하기   223

입소문 나는 이벤트 기획하기   223

1	입소문 나는 이벤트란	223
2	제품 사용자들의 진정한 입소문을 유발시키는 이벤트	224
3	이야기하고 싶게 만드는 독특한 이벤트	228

7단계 공감되는 브랜드 캠페인 기획하기   234

공감되는 브랜드 캠페인이란   234

| 1 | 공감되는 브랜드 소셜 캠페인 기획하기 | 235 |
| 2 | 소셜 캠페인 콘텐츠 기획하기 | 242 |

	③ 소셜 캠페인 랜딩 페이지 설정하기	243

8단계 트리플 미디어를 활용한 캠페인 확산과 성과 측정하기   248

소셜 마케팅 로드맵 및 마케팅 허브 결정   248

트리플 미디어를 활용한 캠페인 확산과 성과 측정 장치   250

① 온드 미디어를 활용한 캠페인 확산 및 성과 측정 장치   250
② 언드 미디어를 활용한 캠페인 확산 및 성과 측정 장치   253
③ 웹사이트 or 온라인 쇼핑몰_로그 분석을 활용한 성과 분석   259

[실전 노트] 소셜 마케팅 계획표   266
  1. 콘셉트 & 콘텐츠 & 캠페인
  2. 자사 미디어(Owned Media)
  3. 소비자 미디어(Earned Media)
  4. 광고 미디어(Paid Media)
  5. 트리플 미디어를 통한 캠페인 확산 및 유입

당장 따라 할 수 있는
여성 소셜 마케팅 프로젝트 실전 사례

사례 1 온리빙 쇼핑몰 사례로 배우는 여성 소셜 마케팅 실전   272

온리빙 쇼핑몰 소셜 마케팅 프레임 구축 노트   273

① 쇼핑몰의 마케팅 목적과 명확한 콘셉트 잡기   273
② 브랜디드 콘텐츠 기획하기   275
③ 온드 미디어 구축하기   278
④ 여성 소비자 언드 미디어 구축하기   280

방문자 10배 · 매출 10배 올린, 화제가 되는 이벤트 기획 노트   283

① 화제가 되는 이벤트 기획하기   283
② 여성 소비자 그룹 _이벤트 홍보하기   286

	③ 자사 미디어 & 페이드 미디어 활용하기	288
	④ 유입량 측정 및 미디어 평가	289
	⑤ 이벤트 성공 비결 평가	294

사례 2 | 더클래시 브랜드 사례로 배우는 여성 소셜 마케팅 실전 — 297

더클래시 브랜드 소셜 마케팅 프레임 구축 노트 — 297

① 더클래시 브랜드의 명확한 콘셉트 잡기 — 297
② 브랜디드 콘텐츠 기획하기 — 300
③ 자사 미디어 구축하기 — 301
④ 여성 소비자 언드 미디어 구축하기 — 302

공동 가치로 함께 성장하는 더클래시 리빙 작가 서포터즈 운영 노트 — 302

① 여성 소비자의 경험을 이야기하게 하라_더클래시 리빙 작가 활동 기획 — 303
② 특별한 존재임을 느끼게 하라_
더클래시 리빙 작가 모집 및 오리엔테이션 — 305
③ 서포터즈 활동 성과를 명확하게 분석하라_
더클래시 리빙 작가 활동 관리 및 평가 — 307
④ 진정한 소통과 관계 형성을 통한 동기 유발 방법_
오프라인 활동 & 협업 프로젝트 — 309
⑤ 서포터즈와 함께하는 공유 가치 실현을 위한 소셜 캠페인 — 313
⑥ 서포터즈 콘텐츠 큐레이션 — 314
⑦ 성과 분석 및 성공 노하우 — 315

Epilogue | 소비자의 새로운 키워드, 마켓슈머 — 320
참고 문헌 — 323

광고가 넘쳐나는 시대에 광고 없이 마케팅하는 방법은 무엇일까? 소셜 미디어와 여성 소비자를 활용해 여성 소셜 마케팅을 진행해온 대한민국 대표 워킹맘인 저자의 생생 스토리를 들어보자.

PART 1

광고비 Zero, 광고가 필요 없는 여성 소셜 마케팅을 시작하라

1. 광고가 넘쳐나는 시대, 광고 없이 마케팅하는 방법   19
2. 왜 여성 소비자를 주목해야 하는가   24
3. 왜 소셜 마케팅인가   30

1
광고가 넘쳐나는 시대, 광고 없이 마케팅하는 방법

요즘 소셜 마케팅이 인기다. 블로그, 페이스북, 카카오스토리, 인스타그램, 폴라 등 다양한 SNS(Social Network Service) 채널의 성장으로 인해 대기업뿐만 아니라 작은 상점, 음식점을 운영하는 사장님들과 중소기업까지도 너나없이 SNS 채널을 익히기에 열심이다.

필자는 이 책에서 SNS 채널의 사용법을 이야기하지는 않을 것이다. 그런 정보들은 여기저기 둘러보면 얼마든지 찾을 수 있고 관련 책들도 많이 나와 있기 때문이다. 그렇다면 『광고비 걱정 뚝! 여성 소셜 마케팅으로 시작하라』라는 제목의 이 책에서 다룰 내용이 무엇일지 더욱 궁금해질 것이다. 이 책에서는 마케터라면 누구나 알고 있지만 중요시 여기지 않았던, 여성 소비자들을 진정으로 마케팅 활동에 참여시킴으로써 광고 없이 마케팅하는 방법을 소개할 것이다.

이 방법을 알게 된 계기는 필자가 과거에 10년 동안 근무해 온 회사의 환경으로 인해서다. 필자는 섬유 관련 중소기업의 온라인 영업

팀장으로 10년 넘게 근무하였다. 지금은 페인트 업계로 이직하여 소비자 마케팅을 담당하고 있지만, 과거 10년간은 헝그리 정신으로 무장한 채 이렇다 할 연간 마케팅 예산도 없이 월별 매출 목표를 달성하기 위해 갖은 노력을 다해 왔다. 이쯤에서 분위기 파악이 되신 분들이 많을 것이다.

중소기업이나 소상공인들은 항상 충분치 않은 마케팅 비용을 사용하여 최대의 매출을 올리기 위해 고민한다. 즉 광고 대신 다른 대안을 통해 매출을 올려야 하는 것이다. 필자의 이전 회사는 연간 마케팅 예산이라고 불리는 것이 없었다. 비용 지출을 위해서 매번 건별로 품의를 올리는 형태였다. 게다가 광고비 같은 마케팅 비용뿐 아니라 인력도 부족할 수밖에 없었다. 하지만 "**구하라, 열릴 것이다**"라는 성경의 말씀처럼, 지속적으로 열망하면 방법을 찾을 수 있을 것이라 생각했다. 14년 전으로 돌아가 보겠다. 홍보팀 사원이던 필자는 기존 국내 영업 유통처로서 온라인 쇼핑몰의 필요성을 느껴 온라인 쇼핑몰을 론칭한 후, 홍보팀에서 상품기획팀으로 옮겨 혼자 쇼핑몰을 운영하게 되었다. 아르바이트 직원을 뽑아 함께 일을 하다가 성과가 좋아 그 친구를 정직원으로 만들고, 드디어 팀원 하나를 둔 온라인 영업팀 팀장이 되었다. 회사 내에서는 대리 직급의 최연소 팀장이었다. 이렇게 필자는 쇼핑몰 사업을 시작하게 되었다. 물론 회사의 쇼핑몰이지만 내 사업이라 생각하고 일을 해나갔다. 앞서 이야기한 것처럼 적은 마케팅 예산에다 적은 인원으로 쇼핑몰 기획, 운영, 상품 기획, 온라인 마케팅, 배송 관리, 정산 등의 업무를 해결해야 했다. 하루에 처리해야 할 일이 많아 바빴다.

회사의 업무는 크게 관리 업무와 기획 업무로 나눌 수 있다. 관리는 어느 정도의 역량이 되면 시간 할애 양을 예측할 수 있다. 그에 비해 기획 업무는 타깃 소비자를 이해하고, 다양한 소재를 접하며, 마케팅 아이디어를 짜내야 한다. 이러한 마케팅 아이디어를 얻기 위해서는 TV 시청도 해야 하고, 시장 조사도 해야 하며, 신문 기사나 웹 서핑 등 다양한 곳에서 정보를 찾아 영감을 얻고, 소비자 인사이트(insight: 통찰, 통찰력)를 얻어야 한다. 하지만 시간과 인력이 부족한 필자로서는 이 모든 것을 이루어내기란 쉽지 않은 일이었다. 나에게 도움을 줄 수 있는 사람들이 누가 있을까? 보통은 아웃소싱을 생각하지만, 아웃소싱 비용을 할애하기에 녹록하지 않았기 때문에 다른 방법을 생각해 내야 했다.

바로 그때 스쳐 갔다. '주부 모니터'라는 다섯 글자.

이전 회사는 상품 기획과 관련해 프로슈머 역할을 하는 주부 모니터를 운영하고 있었다. 제조업의 특성으로 인해 시장 조사와 상품 기획 아이디어, 신제품 네이밍, 품질 평가 및 모니터링 등의 역할을 주부 모니터가 하고 있었다. 회사가 판매하는 주요 상품은 침구 및 패브릭, 생활용품, 위생용품 등 여성 타깃의 제품들로, 주부들이 해당 제품을 구매하고 사용하는 고객이며, 주부가 활동하는 공간이 소비자들과 만나는 접점에 해당되는 곳이므로 이들과 이야기를 한다면 상품 기획뿐 아니라 홍보, 마케팅, 고객 서비스적인 면에서 많은 도움이 될 것 같았다.

하지만 이들 그룹 하나만으로 충분하지 않았다. 프로슈머 역할을 하는 주부 모니터뿐만 아니라 필자가 온라인 쇼핑몰을 운영하는 데 있어 도움을 줄 여성 소비자들의 그룹을 만들어 보면 어떨까? 그래서 주부 모니터 외에도 다양한 여성 소비자 그룹을 만들었다. 먼저 인터넷 사용에 익숙하며, 마케팅 감각이 있는, 직원과 비슷한 로열티를 가진 온라인 주부 모니터 인원부터 모집하였다. 그리고 이들을 '빅 마우스(Big Mouth: 소문을 전파하는 사람)'라는 별명으로 호칭했다. 매주 1회 온라인 쇼핑몰 활성화 방안 어젠다(Agenda: 의제)를 정하여 다양한 의견을 모으고, 실행 방법까지 모색하였다. 빅 마우스는 소비자 입장에서의 의견을 항상 내게 전달해 주었고, 온라인 쇼핑몰 채널 모니터링부터 타사 프로모션 현황 제보, 마케팅 아이디어 등을 제안해 주었다. 그렇게 이들도 성장하고, 나도 함께 성장하였다.

이들을 필두로 다양한 소비자 그룹이 만들어졌다. 신상품을 소비자 입장에서 철저하게 분석하여 사용 후기를 남기는 전문 리뷰어, 제품과 관련된 생활 속 정보 등을 기사화하는 전문 기자단, 쇼핑몰에서 진행하는 이벤트 프로모션을 일파만파 홍보하는 전문 소문단 등 소비자 그룹은 계속 확대되어 나갔고, 필자는 이들의 소셜 입소문 도움으로 월 매출 1억 원이던 쇼핑몰을 일 매출 1억 원을 달성하게끔 하였다. 덕분에 연말에는 우수팀으로 시상까지 받았다.

광고비와 내부 인력이 부족해서 찾은 대안이었지만, 단순히 마케팅 비용과 인건비적인 면뿐만 아니라 제품과 브랜드, 쇼핑몰을 홍보하는 데 있어 광고보다 더욱 강력하고, 오랫동안 사람들의 입에 오르내릴 수 있는 열성 소비자 그룹이 형성되어 소비자들의 이야기를 통해 브랜드 이야기 및 마케팅 프로모션을 널리널리 퍼뜨릴 수 있었다. 바로 광고가 넘쳐나는 시대에 광고 없이 마케팅하는 방법, 즉 여성 소비자 그룹을 활용한 '소셜 입소문 마케팅'의 토대를 만들어 낸 것이다. 이 책에서는 여성 소비자의 의견을 수렴하고, 여성 소비자들의 참여를 이끌어 우리의 이야기를 입소문 내게끔 하는 방법에 대해서 설명할 것이다. 앞으로 이 책이 여성 소비자를 타깃으로 하는 브랜드나 중소기업, 온라인 쇼핑몰 또는 마케팅 비용이 부족해 고민인 사장님이나 마케팅 담당자들에게 새로운 마케팅 솔루션이 될 수 있었으면 하는 바람이다.

2
왜 여성 소비자를 주목해야 하는가

앞서 이야기한 주부 모니터, 전문 리뷰어, 전문 기자단 등 다양한 서포터즈의 대부분은 여성이다. 소셜 미디어의 발달로 소비자의 발언권이 높아진 요즘, 왜 우리는 여성 소비자를 주목해야 하는 것일까? 남성이 주요 고객인 남성복 기업에서도 여성 타깃 마케팅을 진행하는 경우가 있을 정도로 여성을 주목하는 이유가 분명히 있다. 왜 남성보다는 여성 소비자를 주목해야 하는지 그 이유부터 이야기해 보도록 하겠다.

여성 소비자가 지갑을 쥐고 있다 _구매 결정권을 확보함

워킹맘인 필자는 가정에 필요한 대부분의 물품을 스스로 결정해 구매하고 있다. 일주일에 해야 할 일을 적어 놓는 To do list에는 아이들에 관한 물건이며 전자제품, 가구, 생활용품 등 쇼핑해야 할 것들로 가득 차 있다. 아마 다른 가정에서도 아내가 주로 쇼핑을 할 것이다.

이렇게 여성들이 구매 결정권을 확보하게 된 이유는 무엇일까?

여성의 사회 진출은 어느 때보다 빠르게 증가하고 있다. 취업 시장에 등장한 젊은 여성들은 구매력을 갖춘 새로운 소비자층으로 부상하였고, 맞벌이 형태의 가족 구조가 일반화되면서 경제력 있는 주부층 또한 증가하게 되었다.

또한 여성은 자신의 물건뿐만 아니라 가족 구성원의 소비 습관이나 구매 결정에 영향을 미치고 있다. 이는 어린 자녀들의 브랜드에 대한 인지도와 선호도에 영향을 주며, 미래 소비 형태에도 결정적인 영향을 주게 된다.

유엔은 '2018년 한국'이라는 미래 보고서를 통해 오는 2018년 무렵이면 모든 소비의 70%를 여성이 구매할 것으로 전망하기까지 했다. 우리나라에서는 가구 구입 시 94%, 여행 상품 92%, 주택 91%, 은행 상품 89%, DIY 제품은 80%의 구매 결정권을 여성이 행사하는 것으로 나타났다.

여성 소비자의 눈은 엄격하다 _제품 판별력이 우수함

여성은 제품을 구입할 때 절대 아무것이나 선택하지 않는다. 예를 들어 헤어 에센스를 구매하기 위해 여러 가지 브랜드의 상품 설명을 비교해서 살펴본 후, 구매에 실패하지 않기 위해 하단의 상품평까지 찾아 꼼꼼히 읽어본다. 추가로 인터넷 검색이나 다양한 블로그 후기를 통해 사용 사례까지 확인하며, 주변 사람들에게 어떤 헤어 에센스를 쓰는지까지 묻곤 한다. 그러고는 이 모든 정보를 가지고 비교 분석하며 판단한다. 여성 소비자는 남성에 비해 세심하게 구매 결정을 내린다. 구매 경험이 많다 보니 상품과 서비스를 보는 눈이 정확하며 날카로운 것이다.

이러한 여성 소비자의 까다로운 구매 성향이 오히려 기업에 득이 될 수 있다. 상품 출시 전 신제품 모니터링을 이들에게 의뢰함으로써 실사용자인 소비자의 눈으로 제품을 평가하여 개발자가 알 수 없었던 미흡한 점이나 개선점을 보완할 수 있다. 또한 여성 소비자의 경우 세심한 구매 결정을 하는 대신 한번 만족한 상품에 대해서는 충성도가 높아 지속적인 재구매로 이어진다. 그러므로 제품 출시 전 여성 소비자를 대상으로 한 신제품 콘셉트 조사나 모니터링은 필수 요소인 것이다. 제품의 품질을 판별하는 것뿐 아니라 구매 결정 요인이 무엇인지, 소비자의 부족한 니즈를 채워줄 수 있는 상품인지, 콘셉트가 좋아 입소문 내기 좋은 제품인지 등 많은 질문을 통해 제품력과 콘셉트를 평가한 뒤 제품 출시를 결정할 수 있기 때문이다.

여성 소비자의 입소문이 상품이나 기업 평판을 좌우한다 _ 입소문에 적극적임

여성은 남성에 비해 자신의 감정을 이야기하는 것을 좋아한다. 자신이 써본 제품이나 경험한 서비스에 대한 느낌을 가족이나 가까운 주변 사람에게 전달하는 것을 즐겨 한다. 여성 특유의 친화력과 표현력으로 제품이나 브랜드, 서비스가 주는 느낌이나 좋고 나쁜 점을 효과적으로 전달하는 것이다. 주부들끼리 만났을 때 새로운 옷이나 액

세서리를 발견하면 "못 보던 옷이네요. 잘 어울리는데요."라고 말하며 알아봐 주는 것이 예의이며, 여성들 간의 관계 형성에 좋은 방법인 것이다.

그리고 여성 소비자는 본인이 산 제품에 대해서 항상 다른 사람에게 어떤지 물어본다. 본인이 마음에 들어 구매했어도 최종적으로는 상대방에게 꼭 확인받아야만 마음이 놓이거나, 올바른 선택이었다고 판단하는 습관이 있다.

특히 여성 중에는 영향력이 높은 빅 마우스들이 존재한다. 이들은 자신이 느낀 것을 누군가에게 말하지 않으면 안 되는 성질이 있다. 그러므로 히트 상품에 대한 입소문은 옆집 아줌마나 동네 이웃, 직장 동료들로부터 퍼지는 것이다. 더 나아가 좋은 제품은 권하고, 함께 구매하자는 제의까지 하기도 한다. 그러므로 입소문에 적극적인 여성 소비자로 인해 상품이나 기업의 평판이 좌우되는 것이다.

여성 소비자는 제품에 대한 경험을 최대한 드라마틱하게 전달한다 _표현력이 뛰어남

여성들은 제품을 구매한 경험을 대화 소재로 삼곤 한다. 구매 경험담은 부담 없이 누구에게나 이야기하기에 가장 좋은 소재이기도 하다. 어떤 이유로 이 제품이 필요했고, 구매를 하면서 겪은 과정, 구매 후 사용했을 때의 느낌, 사용 후 달라진 점 등을 정말 상세하게 이야기한다. 이때 듣는 사람들로부터 흥미를 유발하고, 반응을 이끌어 내야 본인을 어필할 수 있기 때문에 최대한 드라마틱하게 이야기하곤 한다. 듣는 사람의 입장에서는 그 제품이 당장 필요 없다 해도 일단 관심을 갖게 되며, 기억 속에 오래 남게 된다. 이는 직접 만나 이야기하는 경우에만 해당하지 않는다. 오히려 SNS상에서는 자신의 일상을 조금 더 드라마틱하게 이야기한다. 그러므로 여성들은 제품에 대한 경험을 자신의 표현력을 십분 발휘하여 최대한 드라마틱하게 전달한다.

여성 소비자는 자신이 선호하는 브랜드를 지인에게 추천할 가능성이 남성보다 높다_추천력이 높음

여성 소비자는 주변 지인의 상황이나 문제점 등을 캐치했을 때 가만히 있지 않는다. 특히 어떤 제품이나 서비스를 선택하는 데 고민하는 지인이 있다면 자신의 경험을 꼭 이야기해 준다. 그중 만족스러웠던 제품과 서비스의 경우는 꼭 빼놓지 않고 추천한다. 남성에 비해 여성이 제품이나 브랜드를 추천할 가능성이 3배나 높다고 한다. 이렇게 여성 소비자는 자신이 만족한 제품을 추천하는 데 적극적인 특성이 있다.

앞서 이야기한 여성 소비자를 주목해야 하는 이유 5가지를 간략하게 종합해 보면, 여성 소비자는 가계의 구매 결정력을 가지면서, 예리한 제품 판별력으로 상품을 평가하고, 드라마틱한 표현력으로 제품에 대해 입소문 내는 데 적극적인 고객이며, 추천자인 것이다.

[그림 1-1] 여성 소비자를 주목해야 하는 이유

    이러한 특성을 가진 여성 소비자를 주목하여 그들에게 우리 제품과 브랜드를 경험하게 하고, 그들을 열성 팬으로 만든다면 그들의 진정성 있고 강력한 이야기가 광고를 대신해 줄 것이다.

3
왜 소셜 마케팅인가

요즘 너도 나도 열심히 하는 소셜 마케팅이 왜 중요한지에 대해 알아보자. 우선 소셜 마케팅과 비슷한 개념의 입소문 마케팅을 살펴보도록 하자. 입소문은 오랜 시절부터 있어 왔다. 아주 옛날 동네 우물가는 아낙네들의 입소문이 퍼지는 주요 장소였으며, 입소문 마케팅은 몇 년 전까지만 해도 다른 마케팅에 비해 측정이 불가하다는 단점으로 인해 그 중요성은 알지만 마땅한 이론이나 구체적인 방법이 없었다. 하지만 지금은 입소문이 아니라 '손 소문'이라는 말로 블로그, 지식인, 커뮤니티 카페뿐 아니라 다양한 SNS 서비스를 통해 일파만파 확산되고 있다. 또한 소셜 입소문의 노출 결과를 측정할 수 있는 서비스들도 생겨났다. 이 장에서는 진정한 입소문인 유기적 입소문이란 무엇인지 살펴보고, 소셜 미디어와 만남으로써 보다 강력해진 '소셜 입소문 마케팅'의 개념을 살펴보도록 하겠다.

유기적 입소문 _ 진짜 입소문

한번은 쇼핑몰을 통해 고객의 전화를 받은 적이 있다. 그 고객은 약간은 상기된 목소리로 "이 회사 제품을 너무 좋아해요. 저렴한 리빙용품과는 달리 먼지 발생도 없고, 디자인도 고급스럽네요."하며 칭찬 일색이었다. 마케터로서 정말 기분 좋은 상황이었다. 무엇보다 더 좋았던 것은 "이 회사의 제품이 너무 좋아서 주변 사람들에게도 추천하고 다녀요."라는 고객의 그다음 말이었다. 이런 고객에게 마케터는 진심으로 감사 드려야 한다. 필자는 "전화 주신 분 같은 고객분들이 계셔서 정말 기쁩니다. 앞으로 더욱 열심히 품질 개발과 디자인에 신경을 쓰겠습니다."며 감사의 뜻을 전하고 전화를 끊었다.

제품이 너무 좋아서 반하거나 서비스가 너무 좋아서 감동받은 적이 있는가? 이런 경험을 한 여성 소비자의 경우는 옆에서 누가 물어보지 않아도 이를 이야기하고 싶어 안달이 난다. 자신이 정말 만족한 품질의 제품이나 자신이 겪은 놀랍고 특별한 경험을 사람들에게 말하게 된다. 이러한 입소문을 '유기적 입소문'이라고 한다.

브랜드에 대한 유기적 입소문을 내는 사람들이 많아지는 것을 모든 마케터는 꿈꾼다. BRAND의 다른 명칭을 'LOVE MARK'라고 하듯이, 해당 브랜드를 좋아하고 사랑하는 옹호자, 열성 팬이 많아지면 많아질수록 브랜드의 생명은 길어지며, 브랜드의 힘이 강해지는 것이다.

유기적 입소문이 나게 하는 가장 쉬운 방법은 품질력이 특출나게 우수하거나, 특별한 콘셉트를 지닌 제품 또는 이 세상에 없던 제품을 개발하는 것이다. 이러한 제품을 사용해 본 소비자는 특별하고 새로운 경험을 이야기하지 않을 수 없게 된다.

유기적 입소문이 나게 하는 또 다른 좋은 방법으로는 여성 소비자의 마케팅 참여 활동에서 찾을 수 있다. 기업이나 브랜드가 여성 소비자의 의견에 귀를 기울여 상품 기획이나 고객 서비스 측면에 반영하기 위해 노력한다면, 이를 인지한 여성 소비자는 그 기업이나 제품에 신뢰감을 가질 수밖에 없다. 그리고 신뢰감이 가는 제품이나 서비스를 다른 사람들에게 이야기하려 들 것이다.

그래서 입소문을 고객 대 고객의 C2C 마케팅이라고 한다. 고객을 감동시켜 이야기하지 않을 수 없게 만드는 일이 진정한 유기적 입소문이며 입소문 마케팅이다. 여기서 기업의 마케터가 하는 일은 고객이 신나서 이야기할 수 있도록 지원하는 일이다. 유기적 입소문의 효과를 높이기 위해 이야기할 만한 이유나 이벤트 같은 화젯거리를 만들어 주는 일이다. 즉 마케터는 남들과 다른 차별화된 상품의 콘셉트 정립부터 제품과 서비스를 경험한 소비자들의 특별한 경험, 만족스러운 느낌 등이 그를 아는 누군가에게 전달되도록 소비자 경험을 일으키기 위한 다양한 계기를 만들면서 유기적 입소문을 유도해 내야 한다.

입소문 마케팅, 소셜 미디어를 만나 날개를 달다

구전으로 전파되었던 입소문 마케팅은 소셜 미디어의 발달 덕분에 소셜 마케팅이라는 이름으로 그 힘을 발휘하게 되었다. 도대체 소셜 미디어가 무엇이기에 이런 힘을 발휘할 수 있게 하는 것일까?

소셜 미디어Social Media란 소셜 네트워크의 기반 위에서 개인의 생각이나 의견, 경험, 정보 등을 공유하고 타인과의 관계를 생성 또는 확장시킬 수 있는 개방화된 온라인 플랫폼을 의미한다. TV, 신문, 잡지, 라디오 등과 같은 전통 매체가 1:N의 일방적 관계 형성에 기초한 커뮤니케이션이었다면, 소셜 미디어는 다양한 형태의 콘텐츠가 다양한 이용자에 의해 생성되고 공유되는 N:N의 쌍방향적 관계성을 토대로 하는 특징을 가진다.

[그림 1-2] 소셜 미디어로 N:N의 쌍방향적 콘텐츠 확산

소셜 미디어의 발달로 소비자가 부담 없이 발언할 수 있는 기회가 많아지고, 그 정보 발신력은 비약적으로 높아져 소비자의 목소리 전달 속도가 빨라졌다. 그로 인해 소비자들의 입소문 행동을 유도하거나 촉발시키는 것이 쉬워지면서 영향력 있게 입소문을 낼 수 있는 소비자들이 등장하기 쉬운 환경이 조성되었다. 입소문 마케팅이 소셜 미디어를 만나 보다 강력해진 것이다.

하지만 소셜 미디어의 역할이 단순히 온라인에만 작용하는 것은 아니다. 자신이 직접 체험한 오프라인의 경험이야말로 가장 강력한 경험이며, 이러한 경험은 소셜 미디어를 통해 더욱 진솔하게 퍼진다. 모바일이 보편화되면서 오프라인에서의 경험이 온라인으로 쉽게 연계되며, 자신의 경험으로 비롯된 이야기들을 소셜 미디어상에 다루면서 경험을 전파하는 속도가 빨라진 것이다.

블로그, 페이스북 같은 SNS 등에서 실제 소비자가 생성한 콘텐츠들이 다른 사람들에게 큰 영향력을 미치게 된 것이다. 앞서 여성 소비자를 주목해야 하는 이유에서 보듯이, 구매 결정력을 가지며 제품 판별력과 입소문에 적극적인 여성 소비자가 소셜 미디어를 통해 다른 누군가에게 그들의 이야기를 하기에 더 용이해지고 강력해진 것이다.

이러한 여성 소비자 중 입소문 시더[1]가 될 만한 사람을 찾아서 소셜 미디어를 통해 그들의 콘텐츠를 발행한다면 그들의 콘텐츠를 통해 입소문이 나게 될 것이다. 그러므로 소셜 미디어 시대에는 제품의 차별화된 콘셉트 정립 후 입소문 거리를 기획해서 여성 소비자 중 입

---

1 입소문 시더(Seeder: 씨를 뿌리는 사람): 입소문을 퍼트리는 사람을 말함

소문 시더들을 통해 화젯거리(이벤트 또는 캠페인)를 퍼트리는 방법이야말로 광고 대신 사용할 수 있는 최고의 마케팅 방법이라고 필자는 생각한다.

바로 여성 소비자가 미디어이며, 그들의 이야기가 콘텐츠가 되고, 여성 소비자와 관계를 맺고 있는 일반 소비자가 제품이나 브랜드를 직접 또는 간접적으로 경험하게끔 하여 그들의 소셜 미디어를 통해 콘텐츠를 전파하게끔 하는 여성 소비자와 함께하는 소셜 마케팅을 시작해 보자.

PART 1을 통해 여성 소비자의 중요성에 대해 이해하였다면, 여성 소비자와 무엇부터 시작해야 할까? 가장 먼저 해야 할 일은 우리 편이 되는 여성 소비자를 만드는 것이다. 친구들 사이에도 나랑 친한 친구가 따로 있듯이, 여성 소비자 중에도 우리를 이해하고, 우리를 좋아하며, 우리의 생각과 함께하는 여성 소비자가 필요하다. 바로 여성 소비자 중 일부를 우리의 열성 팬으로 만들어 보자.

PART 2

매출의 70%를 결정하는 여성 소비자를 열성 팬으로 만들어라

1. 여성 소비자를 열성 팬으로 만드는 3가지 방법 39
2. 새로운 소비자의 탄생,
   여성 소비자 그룹을 만들어 마케팅에 참여시켜라 46
3. 마케팅 단계별 여성 소비자 마켓슈머 활동 89

1

여성 소비자를 열성 팬으로 만드는 3가지 방법

　이제 여성 소비자를 우리의 열성 팬으로 만드는 방법을 살펴보겠다. 운동선수나 연예인의 입장에서 열성 팬은 각종 루머에도 흔들리지 않고 자신이 좋아하는 스타를 옹호하며 추천하는 사람들이다. 기업의 입장에서 열성 팬은 제품과 서비스의 만족은 기본이며, 기업, 브랜드, 제품에 두터운 신뢰를 쌓아 그 가치를 높게 인정해 주는 고객을 말한다. 그러므로 이들은 제품의 재구매뿐 아니라 주변 지인에게도 입소문 내는 자발성과 적극성을 보인다.

　기업이 이런 열성 팬을 갖는다는 것은 비즈니스 세계에서 상당한 우위를 차지하는 것이다. 기업 마케팅 활동의 기본은 기업, 브랜드, 제품을 통해 소비자가 얻을 수 있는 가치가 무엇인지 정의한 후 그 가치를 고객에게 전달하는 것이다. 이러한 가치 전달 과정에서 열성 팬이 될 수 있는 고객을 찾아 다양한 방법을 통해 그들을 우리의 열성 팬으로 만들 수 있다. 이제부터 여성 소비자를 열성 팬으로 만드는

3가지 방법에 대해 알아보겠다.

첫 번째 방법: 여성 소비자에게 확신과 신뢰를 심어라

여성 고객에게 믿을 만한 제품이 되고 신뢰받는 기업이 되는 필수 조건은 정직함이다.

처음엔 광고 문구를 믿고 제품을 구매했지만 사용해 보니 과장 광고였다면 고객은 불만을 느끼고 그 불만을 여기저기 이야기할 것이다. 이렇게 되면 판매하지 않은 것보다 못한 꼴이 될 수 있다. 제품뿐 아니라 그 제품을 판매한 기업에 대한 신뢰까지 잃게 되기 때문이다. 정직한 정보를 통해 판매하고 품질로써 소비자를 만족시켰다면 소비자들의 우호적인 평가를 받을 수 있다. 이는 기업이라면 갖춰야 할 기본적인 정직함이다. 이것을 넘어 보다 강력한 신뢰와 확신을 얻으려면 어떻게 해야 할까? 소비자가 접하는 모든 부분에서 기업이 아닌 소비자를 중심으로 생각하면 된다는 게 그 해답이다.

예를 들어 누구나 사용하는 스마트폰의 경우, 한 번 요금제를 설정하고 나면 좀처럼 바꾸지 않는 성향이 있다. 어느 날 통신사에서 연락이 왔다. 현재 사용하는 요금제가 내가 평상시 사용하는 통화량에 비해 훨씬 높으므로 더 낮은 요금제로 변경하는 것이 좋겠다고 안내한다면 당신은 이 통신사를 이상하게 여길 것인가, 아니면 고객을 진정으로 배려하는 기업이라 생각하며 감동할 것인가? 보통의 기업은 거짓말을 하지는 않는다. 하지만 자신에게 유리한 사항을 굳이 고객에게 연락해서 알리지는 않는다. 이런 서비스를 제공하는 기업이라면 어찌 신뢰하지 않을 수 있을까?

또한 한 번 얻은 신뢰를 유지하기 위해서 중요한 사항은 '일관성'이다.

내가 즐겨 사용하는 화장품 브랜드는 전국 곳곳에 매장이 있다. 보통은 동네 매장에서 구매하지만 가끔은 회사 일로 외근 나갔다 오면서 그 근처 매장에서 사기도 한다. 그런데 평상시 이용하는 매장과 달리 불친절한 대우를 받아 감정이 상했다면 브랜드에 대한 충성도를 가진 고객이었더라도 해당 브랜드를 다시 고려하게 된다. 그러므로 고객이 접하는 다양한 접점에서 고객에 대한 진심을 일관성 있게 유지해야 한다. 그러면 이런 일관성을 유지하기 위해서는 어떻게 해야 하나. 이것도 마찬가지로 고객 관점에서 고객의 니즈Needs와 기업의 가치 전달 시스템의 방향을 일치시켜야 한다.

예를 들어 상담의 경우, 고객의 니즈는 상담을 통해 본인의 문제 상황을 해결했으면 하는 것이다. 하지만 기업에서 상담 직원의 업무 실적을 평가할 때 상담 건수를 기준으로 판단한다면 직원은 건수만 올리기 위해 급급해할 수 있다. 상담을 받는 사람이 상담에 대한 만족을 하는 부분과는 일치하지 않는 성과 측정 방법인 것이다.

따라서 여성 고객에게 확신과 신뢰를 얻으려면 정직함을 내세우며, 고객이 접하는 다양한 접점에서 일관된 가치 전달을 할 수 있도록 조직의 시스템 설계를 하여야 한다.

직원의 성과 측정에 있어 고객 니즈의 충족, 고객을 최우선으로 하여 감동시키는 항목을 꼭 포함하여야 한다. 전 지점의 직원이 기업이 추구하는 고객을 대하는 마인드를 이해하고, 이에 동조하며 실천하려 한다면 기업의 가치가 지속적이고 일관되게 전달되어 그들을 팬으로 만들 수 있을 것이다.

두 번째 방법: 여성 소비자의 참여를 유도하라

신뢰할 수 있는 기업이며, 품질력이 확실한 제품이라면 열성 팬을 만들 수 있는 기본 조건을 갖춘 것이다. 이제부터는 기업과 브랜드가 소비자와 관계를 맺는 것이 중요하다. 관계 맺기의 가장 좋은 방법은 여성 소비자와 소통하며 그들의 참여를 이끄는 것이다.

제품을 구매한 경험이 있는 소비자의 경우 가장 손쉽게 참여할 수 있는 부분이 상품평(사용 후기) 작성이다. 보통은 웹사이트를 통해 사용 후기를 남기면 포인트를 주거나 월별 우수작을 선정하여 선물을 주는 형태의 이벤트를 상설 운영한다. 이는 기존 구매 고객뿐 아니라 신규 고객의 구매 결정에 도움을 주는 가장 쉽고 좋은 방법이다.

또한 구매 경험이 없는 소비자를 대상으로 특별한 체험의 기회를 제공하자. 일반적으로 우리가 '제품 체험단'이라고 일컫는 형태를 말한다. 우리 제품의 특장점과 콘셉트, 메시지 소개와 함께 지원자들이 제품을 사용해 보고 싶은 이유를 적어 응모를 하면 응모자 중 소셜 영향력이 있거나 목표 타깃과 유사한 사람, 사용 후기 작성 경험이 있는 사람을 선정하여 제품을 체험토록 한다. 직접 체험의 기회를 제공받은 사람들에게 제품과 서비스에 대한 만족과 함께 감동을 선사한다면 긍정적인 이미지를 얻을 수 있다.

다음은 더욱 적극적인 참여를 이끄는 방법으로 여성 프로슈머로서의 참여를 이끄는 것이다.

상품 기획 단계부터 여성 소비자의 의견을 반영하여 상품을 기획하며, 여성 소비자의 아이디어를 반영하여 나온 제품의 경우 여성 소비자는 상품 기획자 못지않은 자부심이 생겨 그 제품에 대해 긍정적인 입소문을 열성적으로 내게 된다. 이러한 의견 조사는 소비자 모니터로서의 활동으로만 참여할 수 있는 것이 아니라 간단하게는 설문 조사를 통해 소비자들의 의견을 물을 수 있다. 이에 대한 다양한 예시는 뒷장에서 보다 자세히 얘기하기로 하겠다.

마지막으로 캠페인과 프로모션의 참여이다. 이는 여성 소비자의 마음속에 숨겨둔 감정을 잘 발견하여 기획하여야 한다. 재미 요소로 관심을 끌거나, 소비자의 니즈를 발견하여 참여를 이끌거나, 여성 소비자를 주인공으로 만들어 특별한 경험을 선사하거나, 공익적인 가치를 내세워 선한 일에 동참하게 만드는 등 다양한 방법을 통해 캠페인이나 프로모션에 참여시켜 보자. 이런 참여의 과정에서 기업, 제품 또는 브랜드에 좋은 이미지를 형성하게 되거나, 제품의 품질에 만족하거나, 서비스에 만족하여 긍정적인 경험을 하게 된다면 우리는 브랜드에 긍정적인 감정을 가진 소비자를 열성적인 팬으로 만들 수 있는 가능성이 높아진 것이다.

세 번째 방법: 여성 소비자의 목소리를 반영하라

제품에 대한 확신도 생겼고, 참여를 통해 관계를 맺으면서 브랜드를 경험하게 되었다면 소비자의 다음 행동은 어떻게 될까?

소비자는 참여의 과정에서 느낀 다양한 경험을 통해 자신의 의견을 형성하게 된다.

그런데 이러한 일련의 과정에서 얻은 소비자의 이야기, 의견, 불평, 불만 등이 허공에 맴돌기만 할 뿐 현업에 직접 적용되지 않는다면 어떨까? 내가 애써 관심 가져서 느낀 점을 이야기하고, 창의적인 생각으로 아이디어들을 냈는데 며칠이 지나도 적용되는 것이 없고, 자신의 이야기에 관심이 없음을 느낀다면 소비자는 어떤 생각을 할까? 이와 같은 상황이 발생하지 않도록 하기 위해서는 소비자가 지적한 사항에 대해 팔로업하는 담당자가 있어야 하며, 성심 성의를 다해 해당 내용을 조사하고 판단하여 반영 여부를 피드백해 주어야 한다. 우리의 제품, 서비스에 대해 고객이 목소리를 내준다는 것은 정말로 고마운 일이기 때문이다.

여기서 또 한 가지 중요한 사실이 있다. 긍정적인 경험을 통해 긍정적인 입소문이 나는 것보다 부정적인 경험을 한 불만 고객을 어떻게 만족시킬 것인지, 어떤 태도로 그들을 대해야 하고, 그들의 불만 및 요구 사항을 어떻게 개선할 것인지가 중요하다.

불만족한 고객은 두 가지 부류로 나뉜다. 불만을 느낀 후 불평 사항이나 개선 사항에 대해 해당 기업의 홈페이지 및 고객서비스센터 등을 통해 알리는 고객이 있는가 하면, 아무 표현 없이 다시는 그 제품과 서비스를 찾지 않고 자신이 아는 사람들에게 해당 브랜드를 사용하지 말 것을 권유하는 고객이 있다.

둘 중 후자는 우리에게 가장 안 좋은 고객이고, 전자는 우리에게 정말 감사한 고객이다. 소리를 내는 고객의 이야기를 귀담아들어야 한다. 불평 사항을 이야기하거나 자신이 원하는 것을 직접 말해 줄 수 있는 고객이 있다는 데 감사해야 하는 것이다.

또한 고객의 소리를 들을 수 있는 다양한 경로를 확보하여야 한다. 다양한 레이더망에 고객의 소리가 전달될 수 있도록 하고, 고객에 대한 서비스와 제품 만족이 올바로 이루어지고 있는지 소비자의 소리를 경청하여야 한다.

기업이 소비자의 소리를 반영하는 모습을 보일 때 그것을 인지한 소비자는 열성 팬이 될 가능성이 높다. 고객의 소리를 반영하기 위한 노력, 부족한 점을 개선하려는 노력, 고객 입장에서 생각하고 노력해 나갈 때 감동한 고객들이 스스로 브랜드를 알려 나갈 것이다.

과거 10년간 미국에서 높은 성과를 낸 기업의 성공 요인 10가지 중 공통적인 요소 한 가지가 있다. 바로 그들에게는 열성 고객들이 존재하였다는 것이다. 한마디로 기업의 마케팅 활동 목표를 브랜드의 열성 팬을 만드는 데 두는 것이야말로 기업의 성장 확률을 높일 수 있는 요인임을 우리는 깨달아야 한다.

2

새로운 소비자의 탄생, 여성 소비자 그룹을 만들어 마케팅에 참여시켜라

이번 장에서는 여성 소비자를 마케팅에 참여시켜 기업과 브랜드를 이해시키고, 브랜드를 알리는 열성 팬으로 만드는 실질적인 방법을 실전 노트와 함께 소개하겠다.

앞에서 이야기하였듯이, 필자가 여성 소비자와 함께 일을 하게 된 것은 마케팅 비용과 내부 인력 부족 때문이었지만, 여성 소비자와의 협업을 통해 그러한 문제점을 해결했을 뿐만 아니라 훨씬 더 많은 것을 얻을 수 있었다. 이제는 광고비나 내부 인력이 충분한 기업이라도 여성 소비자의 참여 마케팅을 펼치는 것이 매우 가치 있는 활동임을 보다 자세히 얘기하고자 한다.

첫째 | 프로슈머형 여성 소비자 그룹

1 생산형 소비자, 프로슈머로의 변화

소품종 대량 생산 방식에서 다품종 소량 생산 방식으로 소비 환경이 변화하면서 소비자는 넘쳐나는 다양한 제품 중에 자신이 원하는 제품을 선택해야 하는 십자로에 항상 서게 되었다.

과거에는 출시된 제품만을 구매하는 수동적인 역할을 했던 소비자가 오늘날엔 자신이 소비할 상품의 제조에 참여하고, 상품 출시 후 불만·개선 사항을 이야기하는 것을 넘어 자신의 아이디어를 제안하며 신제품 개발에 참여하고 있다. 기업의 마케팅 활동에 참여하는 능동적인 소비자로 변화한 것이다.

예를 들어 의류 쇼핑몰에서 옷을 고르다 디자인이 예쁜 외투를 발견하였다. 사용 후기를 보니 디자인은 예쁜데 품이 좀 넓다는 구매자들의 댓글이 많았다. 이를 본 쇼핑몰 운영자는 해당 외투의 품을 조금 줄이는 작업을 통해 상품을 개선하여 다시 출시한다. 판매 중인 제품을 소비자가 그냥 사용하는 게 아니라 스스로 의견을 내면서 상품의 제조에까지 영향력을 끼치고 있는 것이다.

이는 기업과 소비자 모두에게 득이 되는 일이다. 소비자는 제품의 제조에 의견을 냄으로써 자신이 원하는 제품을 소비할 수 있고, 기업은 소비자들의 의견을 반영하여 상품의 만족도를 높임으로써 해당 상품을 더 많이 팔 수 있다.

2 여성 소비자를 상품과 서비스 기획에 참여시켜라 _주부 모니터

여성 소비자 그룹 활동 중 많은 기업에서 진행하고 있는 주부 모니터 활동을 먼저 소개하겠다. 대표적인 식품 기업 '농심'은 17년간 운영해 온 주부 모니터 활동 결과를 매출과 브랜드 인지도 등을 중심으로 측정한 결과 약 300억 원의 효과를 보았다고 발표한 바 있다. 광고 홍보 마케팅 비용과 비교할 때 주부 모니터를 모집하여 운영 관리하는 비용은 그리 크지 않다. 주부 모니터 운영은 기업의 규모를 떠나서 중소기업, 상점, 매장 등 어느 곳이나 제품과 서비스를 실제로 이용하는 소비자들의 의견을 듣고 소비자 인사이트Insight를 제품·서비스 기획 및 마케팅에 활용할 수 있는 가장 좋은 방법이다.

지피지기 백전백승(知彼知己 百戰百勝) – '상대를 알고 나를 알면 백 번 싸워도 위태롭지 않다'라는 사자성어이다. 물론 싸운다는 말이 이 책에서 이야기할 내용과 걸맞지는 않지만, 모든 일의 처음은 나를 알고 상대방을 이해하는 것, 그중 소비자를 이해하는 것부터 시작해야 한다는 의미로 재해석하여 소비자를 바라보자.

시대가 변화하면서 수동적이고 수용적인 역할을 했던 과거의 소비자가 오늘날에는 능동적인 소비자로 바뀌었다. 변화하는 고객들의 의견에 보다 적극적으로 귀를 기울임으로써 고객 만족을 극대화하며, 실패 위험을 줄이고, 기업의 가치를 창출하는 데 여성 소비자와 함께한다면, 그리고 그들이 우리의 진심을 느끼고, 그들이 경험한 우리의 이야기를 입소문 낸다면 이것만큼 효과 좋은 광고는 없을 것이다. 능력 있는 주부 모니터들과 수년을 일해 본 필자는 조직 내 팀원들과 브레인

스토밍Brainstorming을 하는 것과 다르게, 주부 모니터들을 통해 소비자 입장에서의 기발한 생각과 의견을 들음으로써 창의적인 아이디어를 도출해 낸 경험이 있다.

예전에는 주부 모니터 활동이 주부들의 인기 부업으로 꼽히기도 했지만, 단순한 부업 이상의 가치를 주부들에게 제공하는 활동이다. 주부들의 안목과 아이디어가 듬뿍 반영된 신제품이 출시된다거나, 그들의 의견이 반영된 마케팅이 좋은 성과를 얻어 보상을 받는다면 단순히 활동비를 받고 일을 하는 개념과는 비교할 수 없는 큰 보람을 느낄 수 있기 때문이다. 더 나아가 이러한 경험을 무용담처럼 주변 지인들에게 신명 나게 이야기할 수 있다. 특히나 여성의 특성으로 인해 더욱 드라마틱하게 각색되어 듣는 사람들의 귀를 자극할 재미있는 스토리가 퍼져 나가게 되는 것이다.

[그림 2-1] 주부 모니터단의 회의 모습

일반적인 주부 모니터 활동은 시장 조사부터 기업의 신상품 개발, 각종 서비스 개선 및 마케팅 활동과 관련하여 시장 조사 보고서를 제출하고, 정기 미팅을 통해 의견을 나누는 형태로 진행된다.

> **Tip** 주부 모니터의 역할
>
> **역할 ❶ 시장 조사**
> 제품의 유통처를 직접 방문하여 자사 상품뿐 아니라 경쟁사의 다양한 상품을 조사한다. 또는 웹서핑을 통해 다양한 자료를 조사 후 보고서를 제출한다.
>
> **역할 ❷ 신상품 개발 아이디어 제안 및 제품 모니터링**
> 신제품 콘셉트 평가, 사용 평가, 가격 평가 등 다양한 항목으로 신제품을 평가한다. 브랜드 네이밍부터 시제품 사용 테스트, 패키지 디자인 등 다양한 분야에서 의견을 낼 수 있다.
>
> **역할 ❸ 서비스 개선**
> 판매 채널을 가진 경우 제품 품질에 덧붙여 중요한 사항이 서비스이다. 객관적인 시각으로 서비스를 평가하고 개선할 수 있는 사항을 제안한다.
>
> **역할 ❹ 마케팅 현황 조사 및 아이디어 제안**
> 자사와 경쟁사의 광고, 홍보, 프로모션 등 다양한 마케팅 활동을 평가해 본다. TV CF, 라디오 같은 매스미디어부터 온라인에서 진행되는 이벤트 프로모션까지 소비자 입장에서 공감 가는지를 평가하고, 새로운 아이디어를 제안한다.

위와 같이 주부 모니터들은 단순한 용역의 개념이 아니라 그들을 통해 기업의 마케팅 활동을 기획하는 데 많은 도움을 받을 수 있다. 소비자들의 접점에 있는 그들의 직접적인 이야기를 낮은 자세로 경청한다면 우리를 잘 이해하는 충성도 높은 고객에 이어서, 브랜드의 열성 팬들을 얻게 될 것이다.

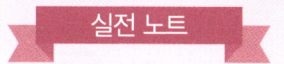

주부 모니터 활동 기획 및 운영

1 주부 모니터 활동 기획_ 주부 모니터는 어떤 활동을 하죠?

제품을 제조하는 기업, 제품과 서비스를 판매하는 매장, 온라인 쇼핑몰뿐 아니라 음식점에도 모두 고객이 존재한다. 주부 모니터라고 해서 항상 대기업만이 운영한다고 생각하면 오산이다. 고객이 존재하는 어느 곳이든 고객의 생각과 평가에 귀를 기울여야 한다. 여기서는 제조업과 서비스 매장, 온라인 쇼핑몰에 대한 주부 모니터 활동 기본안에 대해 정리해 보도록 하겠다.

유형1 제조업의 주부 모니터

제조업의 경우가 가장 일반적인 주부 모니터 활동이라고 이야기할 수 있다. 제조업에서는 경쟁력을 갖춘 상품을 기획하여 시장에 출시하는 일이 무엇보다 중요하다. 제조업에서의 주부 모니터의 역할과 활동 기본안을 살펴보자.

제조업의 주부 모니터의 역할

해당 제품군 카테고리에 대한 관심을 가지고 시장 조사 내용과 신제품 모니터링을 통해 의견을 개진하고, 신제품 개발 아이디어를 제안한다. 또한 신상품뿐 아니라 제조업의 다양한 제품을 사용해 보고 의견을 내거나 제품을 홍보하는 역할을 기본적으로 하고 있다.

제조업 주부 모니터 활동 개요

- 정기 회의 참석(월 1~2회)
- 정기 시장 조사 보고서 제출
- 정기 신제품 모니터링 및 평가
- 신제품 아이디어 및 각종 제안

제조업 주부 모니터 지원 자격
- 해당 제품군 카테고리에 대한 관심 여부
- 가족이 자사의 경쟁 업체와 관계하지 않아야 함
- 체험 활동 및 미션을 열정적으로 수행할 수 있는지 여부
- 사람들과의 커뮤니케이션을 즐기는 자

우대 사항
- 동종 업계 모니터링 경험
- 동일 카테고리 상품 사용 경험
- 활성화된 블로그 운영자

| 유형2 | 미스터리 샤퍼 주부 모니터

제품 및 서비스를 판매하는 매장의 경우 고객이 느끼는 매장 운영 실태와 직원 서비스 마인드가 고객 만족 측면에서 중요하다. 서비스 매장의 경우 이를 모니터링하기 위해서 불시에 매장을 방문하는 미스터리 샤퍼(Mystery Shopper)라는 주부 모니터를 운영한다.

미스터리 샤퍼 활동 개요
- 지정 매장 방문 후 보고서 제출
- 매장 진열 상태 및 직원 고객 응대 평가
- 경쟁사 가격 및 프로모션 조사
- 미션에 따른 모니터링 활동 보고
- 매장 운영 평가 및 의견 개진

| 유형3 | 온라인 쇼핑몰 주부 모니터

인터넷 쇼핑몰의 경우 기존 제품을 유통하는 측면에서 살펴보면 쇼핑몰 사용 편의성, 결제 편의성, 이벤트 및 기획전 관련 기획 평가, 상품 설명서 검수, 고객 서비스, 경쟁사 마케팅 및 상품 조사 등을 들 수 있다.

온라인 쇼핑몰 주부 모니터 활동

- 정기 회의 참석 및 보고서 제출
- 쇼핑몰 모니터링(구매 편의성, 에러 모니터링, 업데이트)
- 신제품 체험 및 품평, 제품 개발 아이디어 제안
- 광고 평가 및 모니터링
- 경쟁사 프로모션 보고 및 마케팅 아이디어 제안

2 주부 모니터 모집 방법_ 어디서 어떻게 구해요?

주부 모니터를 모집하려면 우선 공신력 있는 자사 채널에 모집 공고를 내야 한다. 회사 홈페이지, 브랜드 사이트에 공지하고, 자사 소셜 채널을 운영하는 경우 블로그, 페이스북 등에 공지해야 한다. 하지만 자사 채널만으로 홍보가 충분치 않기 때문에 다음과 같은 주부 모니터 정보 사이트에 별도로 게시하여 홍보하면 좋다.

- 주부 모니터 모집 광고: 회사 홈페이지 or 브랜드 사이트
- 주부 모니터 모집 홍보 사이트: 주부 모니터.com(http://www.jubumonitor.com)

[그림 2-2] 주부 모니터.com

- 모집 공고문: 모니터 모집 디자인에 앞서 모집 공고문의 기본 포맷을 알아야 한다.

  - 모집 대상: 기업이 바라는 주부 모니터상(像)에 대한 내용, 거주지나 연령대를 한정하는 내용
  - 자격 요건: 오프라인 미팅 참석이 가능하며, 인터넷이나 워드프로세스 등 기본적인 컴퓨터 사용 능력 언급
  - 활동 내용: 활동 일정과 활동비 및 구체적인 활동 내용 안내
  - 지원 방법: 지원서를 통해 인터넷이나 이메일 접수 방법 안내
  - 선발 일정: 합격자 공지 일정 안내

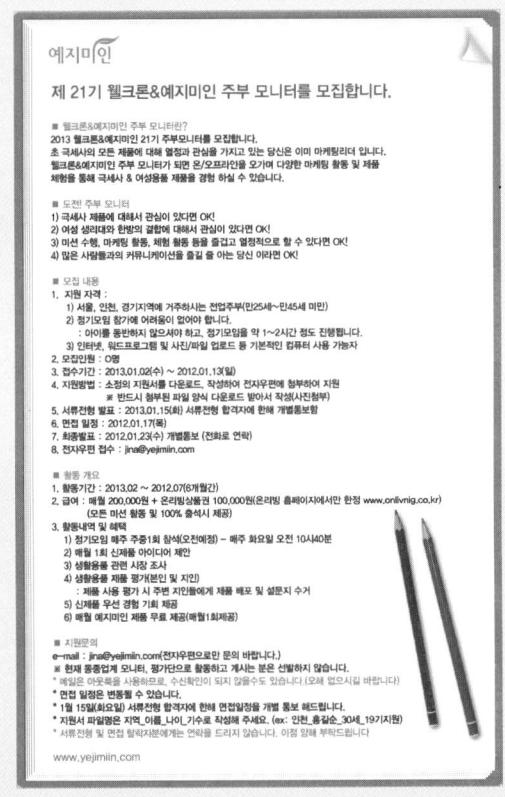

[그림 2-3] 주부 모니터 모집 안내 예시

다음으로 능력 있는 주부 모니터를 선별하기 위해 1차 서류 전형에 해당하는 지원서 양식을 살펴보자. 기본적인 지원서 양식은 다음과 같다. 기업의 성격에 따라 필요한 사항은 입력란을 추가하여 받도록 하자.

주부모니터 지원서

*※작성 후 지원의지와 신청안의 이름을 꼭히 파일명(우로 꼭이 기재하여 주시기 바랍니다. ex)20090708홍길동

1. 기본 정보

사진 (3개월이내의 사진 부착)	성 명		주민등록번호	
	TEL		MOBILE	
	E-mail			
	블로그			
	자택 주소			

가족 사항	성명	관계	나이	학력	직장명

최종학력	졸업 연/월		학교명/전공	
	년	월	(고등학교/대학교/대학원)	과

2. 타사 모니터 경험

모니터 경력	회사명	주요 상품	활동 기간	기여 내역

3. 자기 소개 및 지원 동기

4. 모니터 관련 수행경험과 자신이 OOO 주부모니터로 적합하다고 생각하는 이유

[그림 2-4] 주부 모니터 지원서 기본 양식

이렇게 접수된 지원자들의 지원서를 모두 살펴보자. 1차 서류 전형 합격자 수를 최종 합격자의 2~3배 정도 선정하고, 2차 면접 전형을 통해 최종적으로 선발한다.

3 보고서 검토 및 동기 유발 _ 대우해 주면 더욱 열심히 활동해요

이제 주부 모니터를 선발하였다면 정식 활동에 들어가야 한다. 우선 보고서 양식을 정하여 나눠 준 뒤 정기적인 보고가 이루어지게 해야 한다. 앞서 규정한 주부 모니터의 유형별로 필요한 항목을 정하여 보고서 양식을 만들어 보자.

작성일 :		작성자 :	
주부모니터 리포트			
1. 제품 및 유통처 모니터링			
신제품 모니터링			
유통처 모니터링 (매장 or 쇼핑몰)			
2. 신제품 사용후기			
쇼핑몰			
블로그			
카페 및 커뮤니티			
3. 주부모니터 의견			
# 제품 개선 및 신제품 아이디어 제안			
# 업계 시장조사			
# 홍보 아이디어 제안			
# 특별 주제 추가 보고			

[그림 2-5] 주부 모니터 보고서 양식

보고서는 기본 활동안에 대한 보고 내용이 있고, 회차별로 특별 주제를 제공하여 조사를 의뢰한다. 주부 모니터 정기 회의가 있기 며칠 전에 보고서를 받고, 담당자는 보고서를 리뷰한 후 회의 어젠다를 작성한다.

주부모니터 미팅 어젠다

Overview
1. 예지안느 활동 소개
   1기 활동소개 / 활동방법 / 활동리포트 안내

Focus Group Interview
1. 요실금 관련 소비자 의견
   : 요실금 증상 / 요실금 발생 나이 / 요실금 경험자 의견
2. 요실금 팬티 소비자 의견
   : 팬티 사용자 / 타사 요실금팬티 / 요실금팬티 구매처
3. 예지안 소비자 의견
   : 예지안 제품 – 기능, 디자인, 품질, 가격, 판매처
   : 예지안 타겟 고객 / 메시지 전달 방법
4. 온라인 홍보 아이디어 의견

Online Activity
1. 예지안느 비공개 카페 가입
2. 1월 온라인 활동
   (1) 블로그 – 예지안느 게시판 개설
   (2) 예지안 & 예지안느 소개 / 예지안 사용후기
   (3) 예지안 체험후기 이벤트
   (4) 소모임 후기 작성
   (5) 온라인 홍보

Next Meeting
1. 제품 개선 및 신제품 아이디어 제안
2. 온라인 홍보 아이디어 제안

[그림 2-6] 주부 모니터 회의 어젠다

회의 시에는 다양한 의견이 개진될 수 있도록 중압적인 분위기가 아닌 유연한 분위기를 만드는 것이 중요하다. 대부분이 테이블에 다과를 배치하고, 매 회의가 기분 좋은 이야기로 가득하다.

특히 우수 활동자에 대해서는 함께 칭찬해 주는 분위기와 작은 선물을 주며 보상한다면 동기 유발이 되어 더욱 열심히 활동하게 된다.

둘째 　제품 체험형 여성 소비자 그룹

1 소셜 미디어의 발달로 준전문가 소비자로의 변화

과거에는 미디어를 가진 소수만이 영향력을 행사하였지만 인터넷의 발달로 개인의 영향력이 증대되면서 일반 소비자도 자신의 이야기를 쉽게 알릴 수 있게 되었다. 그로 인해 특정 분야에 '준전문가'라고 불릴 정도로 평가받는 일반 소비자가 많아졌다. 이들은 기술적인 부분뿐만 아니라 사용자가 원하는 것을 전문가보다 더 이해하기 쉽게 설명하면서 인기가 높아지고 있다.

우리는 제품을 구입할 때 정보를 찾기 위해 인터넷 검색을 한다. 검색 결과 페이지에는 광고 사이트도 있지만 이보다는 블로그 등 SNS를 통해 정보를 얻고 있다. 블로그의 인기가 높은 이유는 앞서 이야기했듯이 너무 전문적인 글이 아니라 '경험'을 담고 있는 진솔한 내용에 일반인도 쉽게 이해하도록 자세히 설명되어 있기 때문이다.

일반인도 준전문가다운 능력을 가지고 블로그, 페이스북 같은 소셜 미디어를 통해 자신의 이야기와 식견을 자유롭게, 다른 사람들의 공감을 얻으며 발행하며, 웬만한 전문가 못지않은 명성을 얻을 수 있게 된 것이다. 정말 파워풀한 소비자들이 만들어지고 있다. 이러한 새로운 소비자들을 이해하는 것이야말로 시장을 파악하는 기본 중에 기본이며, 중요한 사항임에 틀림없다.

2 여성 소비자의 브랜드 경험을 공유하게 하라 _ 제품 체험단

　제품이나 서비스를 입소문 나도록 하는 데 가장 중요한 것은 소비자의 경험이다. 특히 여성 소비자가 어떤 경험을 했느냐에 따라 입소문의 강도가 결정된다. 제품 체험단이나 전문 리뷰어의 운영은 여성 소비자로 하여금 우리의 제품과 서비스를 경험하게 하고, 그 이야기를 입소문 내게 하는 가장 쉬운 방법 중 하나이다. 회사 직원이나 전문가가 아닌 실사용자인 여성 소비자의 경험을 통해 제품과 서비스에 대한 정보를 알기 쉽게 이야기하며, 다른 사람들의 구매 결정에 도움을 줄 수 있는 제품 체험단의 활용법을 알아보기로 하자.

　우선 체험단이나 전문 리뷰어를 운영하면 아래와 같은 다양한 이점을 얻을 수 있다.

- 체험단 모집을 통해 제품을 홍보할 수 있음
  출시된 제품에 관심 있는 사람들이 체험단을 응모하기 때문에 관심 소비자들을 모객하여 제품을 홍보할 수 있다.

- 소비자들의 체험 후기를 얻음
  쇼핑몰의 경우 상품 후기를 누적할 수 있으며, 소비자들의 블로그를 통해 상품 후기가 확산될 수 있다.

- 가망 고객을 신규 회원으로 얻을 수 있음
  쇼핑몰 회원 가입을 체험단 지원 조건으로 걸 경우 관심 소비자들이 응모하면서 가망 고객을 회원화할 수 있다.

- 검색 결과 내 제품 체험 후기에서 브랜드를 노출함
  구매 결정 과정에 있는 소비자가 검색 엔진에서 관련 키워드 검색 시 체험 후기가 노출된다.

• 소비자의 실사용 사진 콘텐츠를 획득함

DSLR 같은 카메라 장비의 발달로 일반인도 전문가 못지않은 퀄리티의 사진을 만들어 내고 있다. 사진 퀄리티뿐 아니라 실제 사용 장면을 통해 사용 방법 및 특징 등을 잘 표현해 낸다.

위의 사항 중 가장 중요한 이점을 꼽는다면 4번째를 들 수 있다. 바로 체험 후기나 리뷰를 통해 다른 소비자들의 구매 결정 과정에 영향을 끼칠 수 있다는 사실이다. 소비자는 구매 결정 과정에서 제품의 필요성을 느끼고, 해당 상품군에 관심을 가진 후 검색을 통해 정보를 얻게 된다. 그리고 해당 정보를 습득한 후 구매를 결정하고, 제품의 만족 여부를 공유하게 된다.

이 모든 과정이 활성화된 이유로 블로그와 모바일의 보편화를 들 수 있다. 블로그를 통해 상품을 체험하고 리뷰하는 사람들이 많아졌으며, 스마트폰의 보편화로 인해 언제 어디서나 궁금한 사항들을 검색해 알아볼 수 있게 되었다. 예를 들어 어린이집 입학 준비물로 낮잠 이불을 구매해야 할 경우 주변 지인에게 좋은 제품을 알고 있느냐고 물을 수도 있지만, 대부분은 스마트폰으로 '어린이집 낮잠 이불'을 검색할 것이다. 검색의 결과 예시를 네이버 기준으로 살펴보면 다음과 같다.

[그림 2-7] 어린이집 낮잠이불 검색 결과 예시

맨 상단부터 ① 키워드 광고 ② 블로그 ③ 지식인 ④ 카페 ⑤ 매거진 ⑥ 웹문서 ⑦ 이미지 ⑧ 동영상 ⑨ 사이트 등의 항목이 있다. 물론 검색 키워드에 따라 노출 항목이나 순서가 상이할 수는 있지만, 검색 결과 항목은 대체로 이와 같다.

보통 키워드 광고, 웹문서 등은 웹사이트로 링크되며, 블로그, 카페, 지식인, 이미지, 동영상 등은 소비자 콘텐츠에 해당된다. 특히 소비자가 직접 경험한 제품에 대한 이야기는 블로그를 통해서 가장 잘 알 수 있다.

따라서 체험단을 운영하는 가장 큰 이유는 가망 고객이나 관심 고객들이 제품, 서비스의 정보를 얻기 위해 검색하였을 때 블로그나 카페에 노출된 소비자들의 콘텐츠 속에서 우리 제품과 서비스를 발견하도록 하기 위한 것이다.

보다 많은 사람들이 체험단 후기를 보게 하기 위해서는 검색 결과의 최상위에 노출되도록 해야 한다. 검색 결과가 네이버 1페이지에 뜨도록 하는 것이 무척 중요하다. 그래야 사람들에게 노출이 많이 되며, 클릭률도 높아질 것이기 때문이다. 최상위 노출에서 중요한 것이 체험단으로 선정된 블로거들의 블로그 지수이다. 콘텐츠의 질뿐만 아니라 블로그를 운영해 온 방식이 중요한 것이다.

많은 블로그 마케팅 에이전시가 최상위 노출을 위해 별별 꼼수를 다 사용함에 따라 네이버는 어뷰징 콘텐츠를 생산하는 블로그를 저품질로 평가하여 노출 순위를 뒷 페이지로 설정하고 있다. 따라서 체험단을 선정할 때 지원한 블로그를 유심히 살펴보고 저품질 블로거는 아닌지 꼭 살펴보아야 한다. 더 자세한 내용은 다음에 소개할 체험단 블로거 선정 방법에서 살펴보겠다.

제품 체험단 활동 기획 및 운영

1 체험단 모집 이벤트 기획

아래 체험단 모집 이벤트 예시를 참고해 본격적인 체험단 모집을 기획해 보자.

| 체험단 이벤트 기획

[그림 2-8] 체험단 모집 이벤트 예시

체험단 모집 이벤트 구성 내용

광고 COPY (Sales point)
○○○○ 체험단 모집

(1) 체험단 모집 개요
- 지원 자격
- 모집 기간
- 모집 인원
- 지원 방법

+ 비주얼 이미지

(2) 체험단 혜택
(3) 우수 체험단 선물 증정
(4) 체험단 선정 Tip

  일반적인 제품 체험단 모집 내용은 제품의 이점(benefit)을 이야기하는 광고 카피를 사용하여, ○○○ 체험단이라고 이름을 정한 후 제품에 대한 몇 가지 특장점을 부연 설명한다. 그 아래로 체험단 모집 개요를 소개하고, 체험단 활동으로 얻을 수 있는 혜택을 소개한다.
  또한 체험단으로 선정될 수 있는 당첨 Tip과 함께 좀 더 퀄리티 높은 체험 후기 콘텐츠를 원한다면 우수 체험단에게 주는 선물을 명시하기를 추천한다. 모집 기간은 너무 짧지도 길지도 않게 7~10일 이내로 하는 것이 좋다.

❙ 체험단 응모 미션

1. 체험단 모집 글을 본인 블로그에 스크랩 후 체험단 이벤트 응모란에 댓글로 스크랩 주소 남기기(전체 공개 필수 / 본문 스크랩 불가 / 메모장은 안 됨)
2. 쇼핑몰일 경우 회원 가입 or 카페의 경우 카페 회원 가입
3. 당첨 확률을 높이려면 카페의 경우 카페 활동 흔적을 더 남기고, 카페 위젯을 본인 블로그에 달기 – 쇼핑몰의 경우 본인 블로그에 스크랩 및 관련 카페에 알리기

2 체험단 모집 및 선정 방법

체험단 모집처, 어디서 모집하지?

보통은 제품과 서비스에 대해 더 많은 정보를 얻을 수 있고, 공신력을 높일 수 있는 공식 블로그나 웹사이트에 모집 이벤트를 진행한다. 하지만 이때는 블로그, 웹사이트의 방문객이 어느 정도 되거나, 다른 타깃 고객 접점 채널의 광고 홍보를 통해 유입을 유도하여야 한다.

체험단을 모집할 때 우리는 많은 사람들이 응모하기를 바라며, 우리의 타깃 고객이나 타깃 고객 접점에 해당하는 사람들이 체험단이 되었으면 한다. 그러므로 관련 커뮤니티나 타 채널에 홍보함으로써 관심 타깃 소비자들을 유입시켜야 한다.

혹시 블로그나 웹사이트를 운영하고 있지 않거나, 운영을 하더라도 광고를 할 여건이 안 될 경우는 체험단 리뷰 사이트나 커뮤니티 카페에서 체험단 모집을 요청할 수도 있다. 이때는 일정 비용을 지불해야 한다는 것을 감안하여야 한다.

체험단 리뷰 사이트

- 위드블로그 – http://withblog.net
- 모두블로그 – http://www.modublog.co.kr
- 쉬즈블로그 – http://blog.naver.com/blognara_
- 어메이징블로그 – http://amazingblog.co.kr
- 노력하는블로그 – http://cafe.naver.com/ilsama

주제별 커뮤니티 카페

- 육아 카페 – 맘스홀릭 베이비 http://cafe.naver.com/imsanbu
- 뷰티 카페 – 파우더룸 http://cafe.naver.com/cosmania/
- 인테리어 카페 – 레몬테라스 http://cafe.naver.com/remonterrace.cafe
- 요리 카페 – 은샘이네 초보요리 http://cafe.naver.com/esyori/

체험단 당첨자 선정

이렇게 응모된 체험단 중에 적절한 체험단 블로거를 선정하는 방법을 알아보자. 응모된 블로거들의 기본 정보는 보통 블로그 주소 / 일평균 방문자이다. 추천 이유를 달아 응모자 중 추천 블로거를 선정하여 주는 곳도 있지만, 대부분은 우리가 해당 블로그를 직접 방문해 살펴본 뒤 선정하여야 한다.

블로그의 메인 주제를 파악하자

응모자의 블로그 URL을 입력한 뒤에 하나씩 들어가 보자. 네이버 블로거들은 대부분 프롤로그를 첫 화면으로 설정해 놓고 있다. 상단 타이틀부터 블로그 제목과 메인 게시판을 통해 어떤 주제를 다루는지 살펴보자. 블로그 카테고리 주제는 육아 / 뷰티 / 패션 / 리빙 / 음식 / 맛집 / 일상 블로거 외에도 이도 저도 아닌 멀티 블로거까지 다양한데, 대부분이 프롤로그만 봐도 해당 블로그의 메인 주제를 알 수 있다.

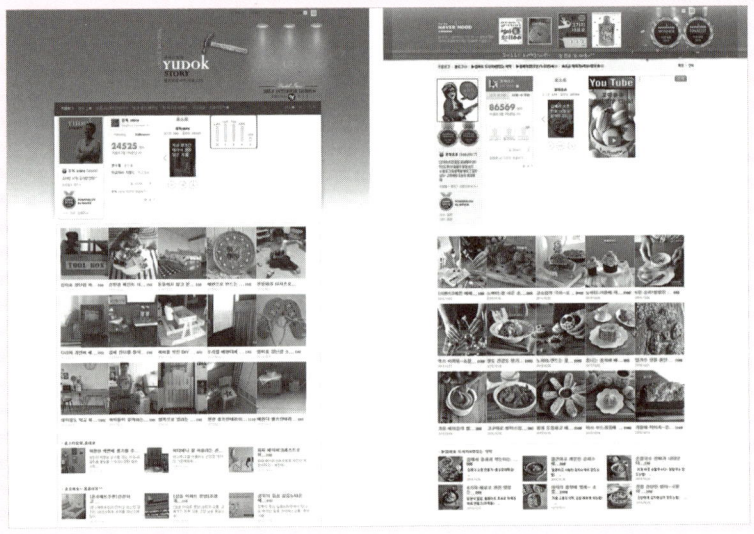

[그림 2-9] 블로그 프롤로그를 통해 주제 파악

블로그 콘텐츠의 질을 파악하자

이제 포스트를 하나씩 클릭하여 자세히 살펴보자. 읽기 쉽고, 흥미롭게 글을 잘 써내려 가는지, 사진 이미지의 퀄리티는 어느 정도인지, 검색엔진 최적화에 맞는 글쓰기에 익숙한지를 파악할 수 있다.

일 방문자 및 검색엔진 노출 체크

방문자 수 위젯이 걸려 있는 경우 일평균 방문자를 살펴보자. 방문자가 많은 블로그라면 최근 포스팅한 글의 제목 중 몇 가지 키워드를 검색하여 검색엔진 몇 페이지에 노출되는지 확인해 보자. 요새는 블로그 방문자 수를 늘리는 프로그램까지 돌고 있으므로 만에 하나 그런 경우를 대비해서 검색 노출도 중복 체크해 볼 필요가 있다.

위젯 엠블럼

위젯 엠블럼이 고정으로 너무 많이 달려 있는 블로그라면 선수 블로거로 보여서 검색엔진 검색 결과로 랜딩된 사용자들에게 불신을 느끼게 할 수 있다. 또한 체험단 활동을 너무 많이 하는 블로거라면 포스트 내용에 신뢰성이 조금 떨어진다고 느낄 수 있다.

댓글 및 공감 수

블로그의 경우 검색 상위 노출뿐만 아니라 소통하는 이웃 수가 많다는 것은 정말 좋은 조건이다. 그만큼 그를 믿는 사람이 많다는 방증이기 때문이다. 검색엔진에서 최상단 노출은 안 되지만, 발행 포스트에 방문자들의 댓글이 많이 남겨지고 있다면 그들의 콘텐츠를 통해 우리 제품에 대한 소통이 일어날 가능성이 높은 것이다. 또한 일부 블로거들은 댓글 소통 부분에 자신이 없어서 댓글 달기를 막아놓고 공감만으로 피드백을 받는 경우가 있으므로 공감 수도 유심히 보도록 하자.

3 체험단 후기 미션 기획 및 활동 평가

체험단 당첨자들에게 제품만 보내 놓고 알아서 후기를 작성하라고 하면 우리가 의도한 결과를 얻을 수 없다. 블로그 포스팅을 통해 체험단을 진행하는 이유가 무엇인지 생각해 보고, 체험 후기 미션을 탄탄하게 기획해 보도록 하자.

| 체험 후기 미션 기획

체험 후기 미션은 체험단 모집 안내문에 소개하기도 하고, 당첨자를 발표하면서 함께 소개하기도 한다. 또한 제품 발송 시 택배 상자 안에 동봉하여 재차 확인시키기도 한다.

체험 후기 미션의 기본 내용은 다음과 같다.

- 제품을 받고 나서 일주일 안에 본인 블로그·체험단 카페·쇼핑몰에 후기 남기기
- 후기에는 브랜드 배너나 쇼핑몰 배너 넣기(카페 운영 시에는 체험단 카페 배너 넣기도 함)
- 배정된 키워드를 사용하여 제목과 본문에 관련 이야기 소개하기

하지만 중요한 것은 체험단을 통해 알리고자 하는 내용이다. 이는 입소문의 콘셉트에 해당된다. 체험한 제품의 콘셉트가 무엇인지, 얼마나 독특하고 리마커블할지, 제품의 혜택(Benefit)을 효과적으로 전달해 줄 메시지가 가장 중요할 것이다. 단, 무조건적으로 긍정적인 이야기를 요구해서는 안 된다. 우리는 후기의 가이드를 줄 뿐 후기 내용을 강요해서는 안 된다.

▍제품의 특장점 및 입소문 전달 메시지 전달하기

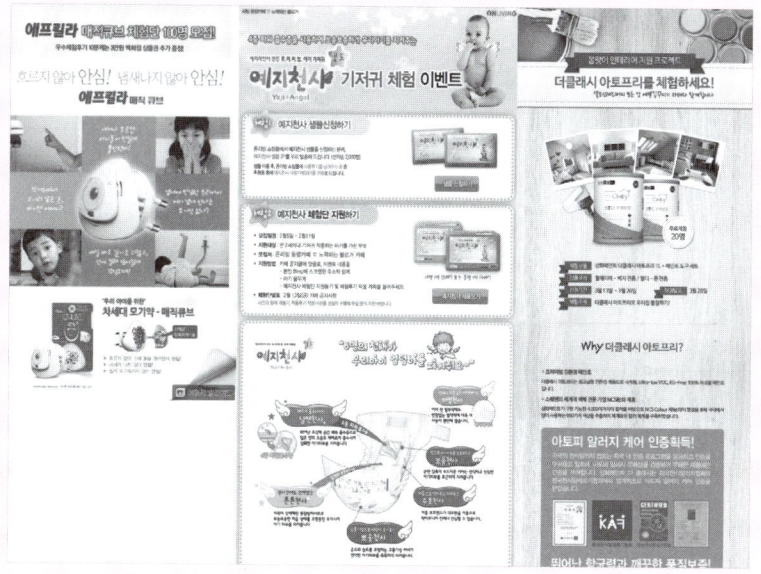

[그림 2-10] 체험단 모집 디자인 사례

이 제품의 특징은 무엇이고, 사람들한테 어떤 편의성을 주는지 체험단 모집 이벤트만 보아도 알 수 있다. "흐르지 않아 안심, 냄새나지 않아 안심 에프킬라 매직 큐브"가 이 제품의 세일즈 포인트 Sales Point가 될 것이다. 또한 이 내용은 블로그 포스트에 게재되어야 하며, 해당 포스트는 대부분 검색엔진을 통해 유입되기 때문에 키워드의 검색엔진 최적화가 중요하다. 어떤 키워드를 사용하여 검색엔진 검색 결과의 상위 페이지에 노출시키는지가 체험단 운영 성과의 백미라고 할 수 있다.

▎체험 후기 콘텐츠 키워드 선정, 어떤 키워드의 검색 결과로 노출되어야 좋을까?

앞서 이야기한 대로 체험단 미션 활동 가이드 중에 가장 중요한 것이 키워드 선정이다. 검색엔진에서 어떤 키워드를 입력해 체험단 블로그의 콘텐츠를 검색할 경우 구매로 잘 연결될 수 있을까를 고민하며 키워드를 선정해 보도록 하자. 예를 들어 제품이 낮잠이불이라면 어린이집 입학이 있는 2월에서 3월 사이에 가장 많이 검색되고 판매될 것이다. 메인 키워드는 '낮잠이불'이며, 세부 키워드는 '여아낮잠이불, 남아 낮잠이불, 지퍼형 낮잠이불', 간접 키워드로는 '어린이집 입학 준비물' 등을 들 수 있다. 물론 메인 키워드의 검색률이 높지만 그만큼 많은 콘텐츠가 검색되므로 경쟁률 역시 높다. 반면 세부 키워드나 간접 키워드로 갈수록 경쟁이 덜해 검색 결과 1페이지 노출 가능성이 높으며, 세부 키워드의 경우 일단 검색되어 클릭되면 적합성이 높아서 제품 구매로 이어질 가능성이 높다.

메인 키워드
카테고리 대표 명사나 제품을 대표하는 명칭

세부 키워드
보다 자세한 세부 카테고리에 해당되는 키워드로 연령, 스타일, 색상 등의 키워드와 조합하여 구성된다.

간접 키워드(확장 키워드)
해당 제품을 찾는 사람들에게 관심 대상이 되는 키워드이다.

위의 3가지 키워드에 대한 개념이 정리되었다면 이러한 키워드를 체험단 블로거들에게 전략적으로 배치해야 한다. 방문자가 많고 블로그 지수가 높은 액티브 블로거에게는 메인 키워드를, 방문자 수는 다소 적으나 블로그 지수가 높은 블로거에게는 세부 키워드나 간접 키워드 등을 배치해 주는 것이 좋다. 이때 키워드는 3개 중에 골라 쓰도록 하는 것도 좋다.

체험단 활동 평가 및 우수작 발표

　이렇게 해서 체험단이 모두 블로그 포스팅을 마쳤다. 이제는 이들의 활동을 하나씩 살펴보자. 콘텐츠를 보면 사진이 좋은 사람, 글을 맛깔스럽게 잘 쓰는 사람, 둘 다 잘하는 사람 등 여러 가지로 평가를 할 수 있다. 콘텐츠가 좋고, 소통을 잘 나누고, 검색어의 최상단 노출 결과까지 좋다면 우수작으로 발표할 수 있다. 우수작 블로거와는 이후에도 컨택할 수 있게 친분을 쌓아 두는 것이 좋다. 여기까지는 자사의 채널에서 체험단을 모집하는 방법이었다. 이와 더불어 블로거를 직접 찾아 나서서 파워 블로거를 컨택하는 방법도 사용해 보면 보다 역량 있는 다양한 블로그를 통한 마케팅이 가능할 것이다.

블로거 찾는 방법

- 관련 검색어로 검색, 관련 카테고리로 검색하여 검색 결과 값에 블로그 정보 확인 방법
- 블로거 모집 사이트 또는 카페 활용
- 파워 블로거 영역 확인

셋째 서포터즈형 여성 소비자 그룹

1 감성 충족을 넘어 영혼의 감동을 추구하는 소비자로의 변화

제품을 구매할 때 과거 소비자는 제품, 서비스의 기능적인 면만 보았다. 하지만 이제는 제품과 서비스로 정서적 만족감을 얻는 것을 넘어 영혼의 감동을 추구하는 영적 가치에도 관심을 갖게 되었다. 좋은 제품, 서비스만으로는 소비자를 만족시킬 수 없게 된 것이다. 이러한 경향으로 인해 윤리적인 기업, 사회 공헌에 참여하는 기업이 소비자들의 관심을 끌고 있다.

신발 브랜드 '탐스TOMS'는 소비자가 신발 한 켤레를 사면 제3세계 어린이에게 신발 한 켤레를 기부하는 '원포원' 캠페인을 진행하여 왔다. 가격은 비슷한 소재의 다른 신발보다 다소 비싸지만, 착한 소비를 표방하며 소비와 동시에 기부를 할 수 있다는 점을 어필해 소비자들의 선택을 받고 있는 것이다.

오늘날의 소비자들은 사회 공헌 활동과 같이 보다 가치 있는 활동을 하는 기업과 브랜드를 선호하고, 브랜드가 추구하는 가치와 자신의 삶의 가치가 일치하는 브랜드를 선택한다. 단순히 제품의 장점보다는 자신의 이미지를 대표할 수 있는 브랜드를 찾는 활동을 통해 선호 브랜드를 결정하는 것이다.

일반적으로 서포터즈Supporters는 정당이나 사상 등의 지지자나 특정 스포츠 팀의 팬을 일컫는 단어이지만, 기업이 운영하는 소비자 서포터즈는 보통 브랜드 옹호자 또는 지지자라는 의미로 사용된다.

여기에서는 체험단보다 훨씬 적극적으로 브랜드 마케팅에 참여하는 브랜드 서포터즈의 활동 기획 및 운영 방법, 여성 소비자 미디어로 어떻게 활용할 수 있는지 살펴보도록 하겠다.

2 브랜드를 대표하는 브랜드 옹호자를 만들어라_브랜드 서포터즈

연예인이나 운동선수는 많은 팬을 가지고 있다. 이런 팬들은 자신이 열렬히 사랑하는 연예인과 운동선수의 편에 서서 그들을 옹호하고, 그들이 지속적인 인기를 얻는 데 힘을 실어주고 있다. 그들의 가십이나 스캔들로 인해 부정적인 이야기가 들릴 때조차도 대중에게 그들을 옹호하며 부정적 여론을 희석시키는 역할까지도 한다. 이러한 팬들은 브랜드에도 필요하다. 소셜 미디어 시대인 지금, 우리 브랜드의 여성 우군을 만드는 일은 그 어느 때보다 중요한 일이 되었다. 일반적인 여성 서포터즈는 브랜드와 연관된 좋은 이미지를 갖고 있으면서 영향력을 지닌 블로거이거나 SNS 파워 유저에 해당된다. 그들이 발행하는 포스팅이나 콘텐츠에 우리 브랜드와 연관된 이야기를 지속적으로 게재한다면, 또한 그들이 우리 브랜드의 서포터즈임을 자랑스럽게 여기며 블로그 위젯에 서포터즈 엠블럼을 달고 자신의 이웃들이나 SNS 친구들에게 우리의 이야기를 대신해 준다면 어떨까?

체험단보다는 서포터즈가 기업과 브랜드에 상위 레벨의 소비자 그룹이며, 우리 브랜드의 이미지가 서포터즈 자신의 이미지가 될 수 있는 것이다. 그렇기 때문에 서로에 대한 이해가 선행되어야 하며, 서포터즈의 충성도를 높이기 위해서는 마케터들의 상당한 노력이 필요하다.

브랜드 옹호자들이 있으면 체험단처럼 단발적인 리뷰에 그치지 않고 일정 기간 동안 서포터즈들의 이야기로 우리의 제품을 열심히 알려 주며, 서포터즈로 활동한 경험담을 통해 기업과 브랜드의 진짜 이야기들을 홍보할 수 있다. 그들은 브랜드가 가지는 의미를 이해하는 사람이다. 단순히 제품을 사용하고 후기를 남기는 것이 아니라 브랜드에 대한 애정을 갖고 사용 후기뿐 아니라 다양한 콘텐츠를 기획하고 제작해 내며, 신제품을 우선 사용해 봄으로써 제품에 대한 의견과 아이디어를 내기까지 하며, 브랜드가 진행하는 이슈 및 이벤트를 주변 사람들에게 알리고 동참을 이끌어 내는 등 다양한 역할을 한다. 이렇게 적극적인 활동을 할 수 있는 서포터즈야말로 브랜드 옹호자라 말할 수 있는 것이다.

하지만 서포터즈에게 제공하는 활동비는 그리 많지 않다. 그럼에도 우리의 브랜드가 관심 가는 카테고리이거나 평상시 긍정적인 이미지로 여겨 왔던 브랜드이기 때문에 여성 소비자들은 기꺼이 서포터즈에 지원한다. 본인의 이미지를 브랜드의 이미지와 결부하여 활동비보다는 자신을 브랜딩하기 위해 서포터즈 활동에 참여하기도 한다. 단순한 홍보 활동이 아니라 브랜드의 의미와 브랜드가 추구하는 공유 가치에 합의하면서 뜻깊은 일을 하는데 본인의 이름을 걸 수 있다는 점이 적극적인 활동을 하게 하는 원동력이 되는 것이다.

브랜드 우군인 브랜드 서포터즈야말로 우리 브랜드를 소개하고, 홍보하고, 참여를 유도해 주는 가장 강력한 여성 프로슈머라고 생각한다. 우리 브랜드는 우리 자체의 모습도 있지만, 브랜드를 대표하는 브랜드 서포터즈들의 이미지와도 오버랩된다.

[그림 2-11] 서포터즈 오프라인 모임

진정한 브랜드 서포터즈는 해당 브랜드에 대한 관심에서 출발하여 애정까지 가져야 한다. 제품 체험단처럼 일회성으로 제품을 사용해 보는 것이 아니라, 일정 기간 동안 브랜드와 연관된 공유 가치를 이해하고 공유 가치의 실현을 위해 노력해야 하기 때문이다.

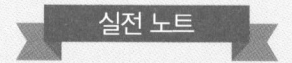

서포터즈 활동 기획 및 운영

1 서포터즈 활동 기획

│ 서포터즈 활동의 공유 가치

우리는 온라인에서 체험단뿐 아니라 서포터즈 모집에 대한 기사를 많이 본다. 기사의 내용을 살펴보면 하나같이 비슷한 이야기를 하는 것을 알 수 있다. 브랜드 서포터즈는 브랜드를 홍보할 콘텐츠를 발행하고, SNS로 홍보하는 일 또는 신제품 개발에 참여하며, 소비자들이 원하는 바를 브랜드에 제언하는 일들을 한다. 물론 이것만으로도 정말 의미 깊고, 도움이 되는 서포터즈의 역할이다. 하지만 필자가 생각하는 진정한 브랜드 서포터즈 활동에 대한 요건이 또 있다. 서포터즈 활동을 단순히 즐기는 것이 아니라 우리 브랜드가 표방하는 정신이나 목표, 즉 브랜드의 공유 가치를 이해하고, 이를 실현하기 위해 함께 노력하겠다는 마음가짐을 갖추어야 한다.

필자는 회사에서 '더클래시 리빙 작가'라는 브랜드 서포터즈를 운영한 적이 있다. 보통 페인트 하면 독한 성분과 강한 냄새로 인해 유독하다는 인식이 있어 일반인이 직접 칠하는 것을 어려워하거나, 아예 시도할 생각조차 하지 않는다. 하지만 프리미엄급 친환경 페인트가 출시되면서 가족들이 생활하는 집의 모든 공간에 손쉽게 셀프 페인팅을 할 수 있게 됐다. 더클래시 리빙 작가는 더클래시 아토프리라는 프리미엄 친환경 페인트를 통해 일반인이 잘 알지 못하고 있는 안전하고 손쉬운 집 안 셀프 페인팅 문화를 확산하는 브랜드 서포터즈다. 바로 브랜드에 대한 이야기뿐 아니라 브랜드가 추구하는 공유 가치의 실현을 위해 셀프 페인팅 문화 확산에 공헌하고 있는 것이다. 서포터즈 입장이나 서포터즈 활동을 통해 접한 소비자들에게 단순한 브랜드 홍보 활동을 넘어 유용한 정보를 제공하며, 공유 가치 실현을 위한 문화 확산 부분으로 접근한다면 일반인의 공감과 이해를 더욱 쉽게 높일 수 있는 것이다.

위에서 언급한 공유 가치는 서포터즈 운영의 근간을 이루어야 하며, 보다 좋은 세상을 만들기 위한 문화 캠페인의 일환이 되어야 한다.

서포터즈 활동 기획

이제 서포터즈 활동을 구체적으로 살펴보도록 하겠다. 서포터즈는 아래와 같이 여러 가지 형태가 존재한다.

- 브랜드 서포터즈 / 대학생 서포터즈 / 관공서 서포터즈 / SNS 서포터즈 / 블로그 기자단 서포터즈

여기서는 일반적인 브랜드 서포터즈의 활동 내용을 소개토록 하겠다.

서포터즈 오리엔테이션 및 발대식

서포터즈는 체험단에 비해 브랜드에 대한 보다 많은 이해가 필요하다. 온라인상으로 관련 자료를 전달받은 후 본 활동을 바로 시작하는 경우도 있겠지만, 활동 기간 중 최소 한 번은 오프라인 만남을 가져 브랜드의 공유 가치와 의미를 알릴 뿐 아니라 본인의 활동이 얼마나 중요하고, 브랜드 입장에서 얼마나 신경을 쓰고 있는지를 몸소 느끼게 하는 것이 좋다. 이때 온라인 서포터즈 중에는 오프라인 행사에 참여하는 것을 꺼리는 사람도 있으므로 모집 요강에 이 부분을 확실히 명시하여야 한다. 오리엔테이션 및 발대식은 보통 아래 내용으로 진행한다.

- 오프닝 인사
- 회사 소개
- 브랜드 및 제품 소개
- 서포터즈 운영 취지
- 서포터즈 활동 및 혜택 안내
- 임명장 수여

오프닝 인사에는 대표이사나 중역이 나와서 직접 인사를 하는 것이 좋으며, 회사 소개 및 브랜드·제품 소개는 담당자나 팀장급이 맡는 것이 좋다. 브랜드 소개 시에는 브랜드가 추구하는 공유 가치를 명확하게 이해할 수 있도록 설명하는 것이 중요하다. 그다음 서포터즈 운영 취지부터 활동 및 혜택 안내는 서포터즈 담당자가 상세히 이야기한다. 이 중 서포터즈 운영 취지를 소개할 때는 브랜드를 홍보하는 툴로서가 아니라 기업이 일반 소비자와 협업하며, 제품 생산부터 마케팅, 유통 전반에 걸쳐 서포터즈들의 의견을 수렴하고, 브랜드의 공유 가치를 실천하는 데 함께하고 싶다는 내용으로 서포터즈에 포커스를 맞춰 이야기하는 것이 좋다. 이후 세부적인 활동 내용과 혜택 소개 후에 임명장을 수여하는 것으로써 발대식 행사를 마친다.

서포터즈 정기 미션

앞서 이야기한 대로 서포터즈 활동은 무척 다양하다.

- 제품 프로슈머로서의 역할 (제품 품질 및 콘셉트 평가 후 의견 개진)
- 신제품 체험 리뷰어로서의 역할 (체험단 리뷰 이상의 전문 리뷰)
- SNS 채널 사외 기자로서의 역할 (행사 취재, 정보성 콘텐츠 제작)
- 이벤트 프로모션 홍보자로서의 역할 (온·오프 이벤트 참여 및 바이럴 홍보)
- 마케팅 아이디어 제언자로서의 역할

이 모든 활동을 하나의 서포터즈 활동에 묶을 수 있다.

서포터즈 = 프로슈머 + 전문 리뷰어 + 사외 기자 + 홍보 + 마케터

이 모든 활동을 합치면 소비자 서포터즈는 기업의 마케팅 활동을 여러 가지 부분에서 함께할 수 있다. 위의 활동을 모두 포함시켜 서포터즈 활동을 규정할 수도 있지만, 그렇게 하면 상당히 힘든 활동 구성이 될 수 있다. 그래서 필자는 모든 서포터즈 활동을 정기 미션과 비정기 미션으로 구분하였다. 주요 활동을 위주로 서포터즈 명칭을 정한 후에 브랜드 이벤트, 캠페인 이슈가 있을 때 모든 여성

소비자 그룹이 해당 내용을 함께 홍보할 수 있도록 하였다. 예를 들어 정기 미션으로는 월 2회에 걸쳐 제품을 활용한 스토리를 만들어 낸다. 제품을 처음 써 보고 느꼈던 점이나 제품을 삶의 일부로 여기며 브랜드와 연관된 다양한 이야기를 매월 블로그에 발행하고 있다. 이들의 정기 미션은 간단 명료하다. 6개월간 제품을 사용하며 본인의 이야기, 가족 구성원의 이야기, 집에 대한 이야기를 자연스럽게 포스팅하는 것이다. 이들은 제품 리뷰를 통해 브랜드를 알리고, 브랜드가 추구하는 공유 가치에 일조하고 있는 것이다. 브랜드 블로그나 페이스북 같은 온라인 SNS 채널이나 브랜드 사이트를 운영한다면 이들이 만들어 낸 브랜드와 관련된 콘텐츠는 그대로 쓰이거나 윤문을 통해 편집하거나, 새로운 주제가 콘텐츠 큐레이션의 소재로 활용될 수 있다.

월별 깜짝 미션(비정기 미션)

비정기 미션으로는 보통 이벤트, 캠페인 등을 홍보하는 활동을 제시할 수 있다. 활동 기간 중 자사의 이벤트, 캠페인을 블로그에 스크랩으로 소개하거나 직접 포스팅하는 등의 활동을 한 경우 기프트콘 같은 작은 보답을 놓치지 않는 것도 중요하다. 여성들은 작은 정성에 감동받기 때문이다.

서포터즈 신제품 체험 및 간담회

서포터즈가 제품과 브랜드에 대한 이야기를 하려면 기본적으로 해당 제품을 사용해 보아야 한다. 그러므로 서포터즈 활동 내용에 신제품 출시 시 누구보다 먼저 제품을 사용해 보고 제품 모니터링으로 피드백을 주는 주부 모니터의 역할을 포함하는 것도 좋다. 또한 FGI와 같은 제품 간담회에 참가하게 함으로써 현장 질의 응답을 통해 제대로 된 피드백을 얻을 수 있다. FGI(Focus Group Interview)란 제품 간담회 형태로, 해당 제품의 타깃 소비자를 대상으로 집단 인터뷰를 실시하는 것이다. 이는 일반적인 설문 조사와 같은 정량 평가가 아니라 왜 그런지에 대한 이유를 듣는 정성 평가에 해당된다. 상품 기획자뿐 아니라 마케터들에게도 이 시간은 황금같이 중요한 시간이다.

> **Tip** 서포터즈 운영 팁

서포터즈임을 나타나는 엠블럼 형태의 배너를 디자인하여 배너 코드를 전달한다.

[그림 2-12] 서포터즈 블로그 엠블럼 배너 예시

배너 이미지와 링크 값은 본사 담당자가 언제든지 바꿀 수 있도록 동적 URL 형태로 전달한다(이는 서버에 해당 이미지를 올려 놓고 언제든지 서버의 이미지를 바꾸면 엠블럼 이미지가 변경되어 보일 수 있는 방법이다. 또한 BIT.LY 같은 Shorten URL을 사용해 클릭 수를 측정할 수 있게 해보자). 해당 내용은 뒤에서 자세히 다루도록 하겠다.

커뮤니케이션 방법

서포터즈와의 커뮤니케이션은 별도의 브랜드 사이트에 커뮤니티 코너가 준비되어 있지 않다면 네이버에 비공개 카페를 개설할 것을 추천한다. 대부분의 블로그가 네이버 블로그를 운영하므로 카페 접근성이 좋으며, 비공개로 설정할 수 있어 권한을 부여받은 서포터즈들과 커뮤니케이션하기에 부족함이 없는 채널이다. 필자 역시 이 채널을 운영하는데 내부 직원 이외에 온라인 주부 모니터를 매니저로 두고 있다. 온라인 주부 모니터는 프로슈머로서의 역할 이외에 마케팅 스태프로서도 활동할 수 있다.

카페 개설 후 게시판 기획

- 공지 사항
- 정기 미션
- 깜짝 미션
- 우수 사례
- 자료실

등으로 5개 게시판이면 충분하다.

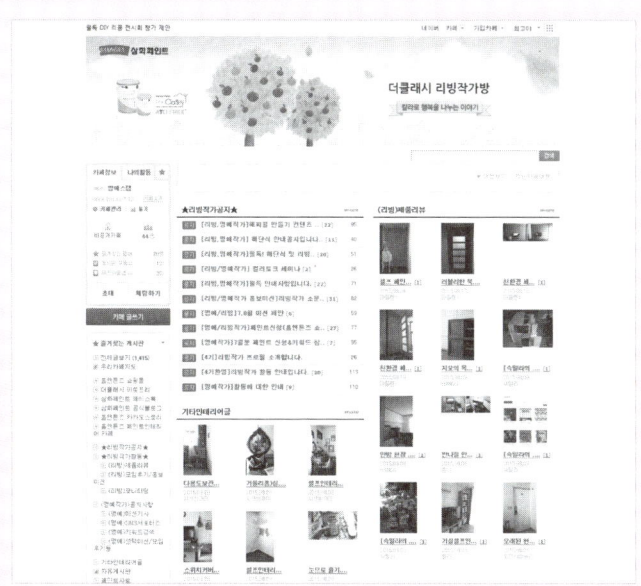

[그림 2-13] 서포터즈 활동 커뮤케이션 카페

2 서포터즈 모집 및 선정 방법

서포터즈를 모으기 위해서는 서포터즈 모집 공고를 내야 한다. 일반적인 서포터즈 모집 공고에 필요한 내용은 다음과 같다.

서포터즈 모집 이벤트 구성 내용

광고 COPY (Sales Point)
○○○○ 서포터즈 모집

(1) 서포터즈 모집 개요
   · 지원 자격
   · 모집 기간
   · 모집 인원
   · 지원 방법
(2) 서포터즈 활동 내용
(3) 서포터즈 활동 혜택

+ 비주얼 이미지

｜서포터즈 모집 공고 작성 및 이벤트 디자인

오른쪽의 서포터즈 모집 이벤트 예시와 같이 서포터즈의 콘셉트를 잘 드러낼 수 있도록 간결하게 디자인하는 것이 좋다.

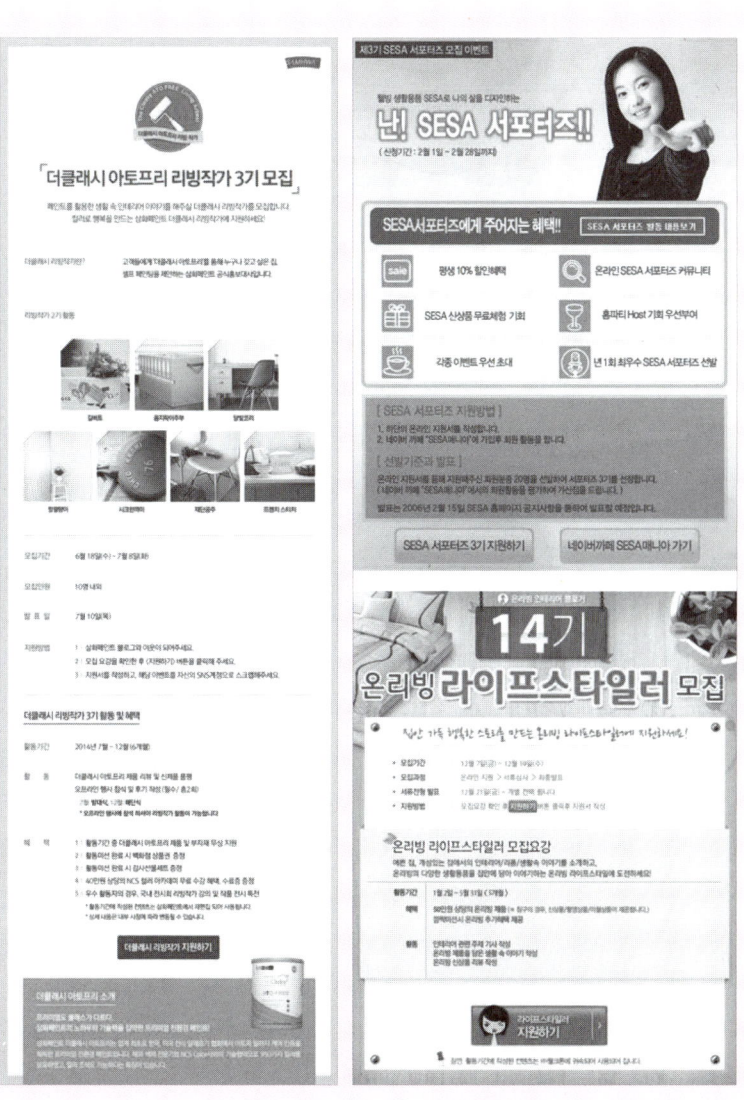

[그림 2-14] 서포터즈 모집 이벤트 사례

| 서포터즈 지원서 양식 만들기

Company Logo

OOO 서포터즈 1기 지원서

이 름		휴대 전화	
닉네임		이메일 주소	
블로그 주소			
활동하는 SNS 채널			
활동중인 카페			
자랑하고 싶은 포스팅 (주제 1 관련)			
(예시) 벽지 페인팅	URL		
자랑하고 싶은 포스팅 (주제 2 관련)			
(예시) 봄맞이 단장	URL		
페인팅 이외에 주요 관심 인테리어 콘텐츠 주제를 선정해 주세요. (예시 : 목공가구 / 소품DIY / 홈패션 / 생활공예 / 살림노하우 / 인테리어 등)			

간단한 자기 소개
지원 사유 및 활동 각오

* 문의사항은 goyha@naver.com 로 문의 바랍니다.
* 사용계획에 따라, OOO 의 전제품이 지원되며, 활동 성과에 따라 다양한 특별혜택이 제공됩니다.
  단, 작가활동 중 타사제품의 홍보활동은 불가합니다.
* 활동 중 제작한 콘텐츠의 경우, 당사가 편집하여 사용할 수 있음을 확인합니다.

위 내용과 같이 "2OOOO 서포터즈 1기"에 지원합니다.

2016년 7월 일

지원자 :

[그림 2-15] 서포터즈 지원서 예시

서포터즈 지원서를 통해 지원자가 운영하고 있는 개인 미디어인 블로그나 SNS의 영향력을 파악할 수 있으며, 콘텐츠 작성 능력과 소통 능력뿐 아니라 우리 브랜드의 공유 가치를 실천하는 데 적합한지, 개인의 관심사와 여태까지 지내 온 개인의 스토리를 파악할 수 있다. 서포터즈 모집 방법으로는 지원서를 배포하여 이메일 접수를 하는 방법과 아래와 같이 구글독스나 네이버 오피스 등의 무료 서비스를 통해 온라인 접수를 받을 수 있다.

네이버 오피스

http://office.naver.com

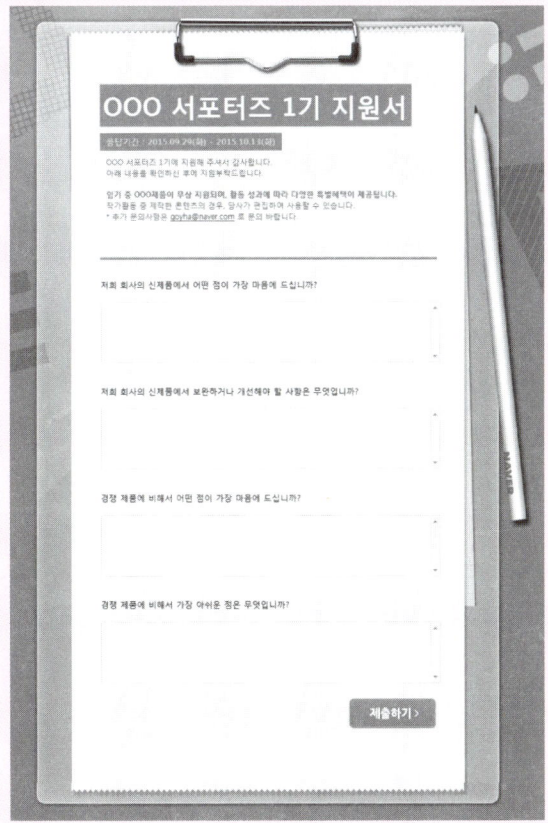

[그림 2-16] 서포터즈 지원서 온라인 입력 폼

서포터즈 모집 이벤트 홍보하기

앞서 체험단 모집과 마찬가지로, 서포터즈 모집도 공신력 있는 사이트나 자사의 SNS 채널에 공지한다. 그 후 서포터즈 모집 소식을 전하는 커뮤니티 사이트, 모니터 카페 등에 관련 이벤트를 무료로 공지한다. 또는 타깃 네이버 카페에 광고비를 내고 서포터즈 모집 이벤트를 홍보할 수 있다. 기존 서포터즈가 있는 경우 자신이 직접 활동한 내용 소개와 함께 서포터즈 지원을 권유하는 블로그 포스팅을 하게 함으로써 이웃이나 지인들에게 관련 내용을 알리면 평상시 해당 블로그에 친근감을 가지고 있던 지인들은 관심 있게 서포터즈 모집 내용을 살펴보게 된다.

또한 서포터즈 지원자를 대상으로 해당 이벤트를 블로그에 스크랩 하거나 포스팅을 하도록 권유한다.

서포터즈 선정 방법

서포터즈 지원자들의 지원서를 면밀히 살펴보자. 서포터즈는 체험단 상위 레벨이므로 체험단 선정 시 살펴보았던 요소에 덧붙여, 우리 브랜드를 대표할 수 있는 성격의 블로그인지 여부를 꼭 판단하여야 한다.

블로그의 메인 주제를 파악하자

우선 육아 / 뷰티 / 패션 / 리빙 / 음식 / 맛집 / 일상 블로거 이외에도 어떤 분야를 메인으로 다루고 있는지를 살펴 우리 브랜드 서포터즈의 성격과 맞는지 판별하여야 한다. 따라서 앞에 소개하였던 체험단 선정 방법과 비슷한 다음의 기준으로 지원자들을 평가하면 된다.

- 블로그 콘텐츠의 질
- 일 방문자 및 검색엔진 노출 체크
- 위젯 엠블럼
- 댓글 및 공감 수

3 서포터즈 활동 관리 및 활동 평가

발대식을 끝내고 서포터즈 활동이 본격 시작됐다면 이제 그들의 활동 관리에 들어가야 한다. 앞서 이야기한 서포터즈 매니저와 마케터가 정기 회의를 통해 진행 사항을 체크하고, 잘된 점과 잘못된 점을 확인하여 서포터즈 활동이 활성화될 수 있도록 지켜보아야 한다. 특히 블로그 포스팅 가이드를 제시하여 기업에서 원하는 방향의 콘텐츠가 생성될 수 있도록 사전 이해도를 높여야 하며, 검색엔진 노출 시 잠재 고객층 유입을 위해 키워드 선별에 심혈을 기울여야 한다. 보통은 브랜드 키워드와 전략 키워드를 제시하고, 이 둘을 섞어서 제목을 작성하도록 한다.

활동 내용 중 우수 활동에 대한 포상을 언급하였듯이, 월별 정기 미션과 비정기 미션을 성실하고 퀄리티 높게 수행하는지를 확인하여야 한다. 필자의 경우 모든 서포터즈 활동을 마케터가 살필 수 없기 때문에 주부 모니터를 매니저로 두어 면밀히 체크토록 하였다. 월별 미션을 제때 수행하고 있는지, 미션의 퀄리티가 떨어지지 않는지, 서포터즈들의 활동 중 불편 사항이 있는지 등 서포터즈 매니저들의 정기 보고서를 받아 보며 활동을 손쉽게 관리할 수 있다. 덧붙여 우수상 선별을 위해 객관적으로 활동을 평가할 수 있는 지침을 만들어야 한다.

- 미션 수행도 (마감 전에 미션을 수행하였는지)
- 미션 완성도 (콘텐츠의 질이 우수한지)
- 미션 홍보력 (발행한 콘텐츠를 얼마나 홍보했는지)

등을 기준으로 블로그 포스팅 결과를 확인하자. 또 제시한 키워드로 네이버 검색엔진상에 어떻게 노출되는지도 체크하자.

4 서포터즈 해단식 및 명예 서포터즈 제도

일정 기간 동안의 서포터즈 활동이 마감되면 해단식을 통해 활동 종료를 알린다. 해단식은 서포터즈 활동을 요약(Summery)하여 활동을 리뷰하고 자축하는 행사이기도 하다. 또한 사전에 공지한 활동 우수자에 대한 포상과 함께 지속적인 브랜드 서포터즈가 될 수 있도록 로열티를 높이는 장이기도 하다.

필자는 서포터즈를 운영하면서 한번 맺은 인연의 끈을 놓지 않는 장치로 명예 서포터즈 제도를 기획하여 실시하고 있다. 이들에게 브랜드에 대한 좋은 경험을 심어 줌으로써 의리를 지키며, 한번 서포터즈는 영원한 서포터즈가 되도록 해단식을 잘 진행하여야 한다. 따라서 발대식과 마찬가지로 해단식 역시 장소 섭외와 식사 선택에 신중을 기하여야 한다. 모든 사람이 만족할 수 있는 음식을 선정하는 등 그들이 우리에게 정말 소중한 VIP임을 보여 주어야 한다는 점을 염두에 두길 바란다.

3
마케팅 단계별 여성 소비자 마켓슈머 활동

여성 소비자를 마케팅에 참여시키는 대표적인 방법 3가지를 살펴보았다. 이를 통해 기업이 각각의 마케팅 단계에 여성 소비자를 참여시킨다면 제품 및 서비스에 대한 의사 결정 시 소비자의 도움을 얻을 수 있을 뿐만 아니라 마케팅 전 단계에서 소비자와의 소통을 통해 인사이트를 얻을 수 있다. 또한 그들이 직접 경험한 브랜드 이야기를 자신의 미디어에 콘텐츠로 유통·확산시킨다는 것을, 즉 소비자를 통한 브랜드 커뮤니케이션이 가능함을 알게 되었다.

필자는 이러한 역할을 하는 소비자를 '마켓슈머Marketsumer'라고 명명하였다. 마켓슈머란 마케터의 역할과 소비자의 역할(Marketer + Consumer)을 함께하는 소비 생활에 밝은 소비자로서 기업의 마케팅 활동에 직접 참여하면서 브랜드의 공유 가치를 공감하고, 자신의 삶과 브랜드의 개연성이 높아 브랜드와의 공동 창조에 협력하는 마케터형 소비자로 정의할 수 있다.

특히 필자는 다양한 여성 소비자를 수년간 경험함으로써 가계 소비 대부분의 구매를 결정하고 브랜드에 대한 관심과 충성도가 높은 여성 소비자가 마켓슈머로서의 역할에 적합함을 발견할 수 있었다. 이상적인 마켓슈머는 자신이 좋아하는 브랜드의 가치에 공감하고 자신의 삶 속에서 브랜드와의 경험을 이야기하는 브랜드 마니아로서 브랜드의 성장과 자신의 성장을 함께 도모할 수 있게 된다.

이번 장에서는 마케팅 단계별로, 어떠한 마켓슈머의 활동이 우리에게 도움을 줄 수 있는지 정리토록 하겠다.

마케팅 단계	주요 이슈 사항(4C)		소비자 마켓슈머
1. 브랜드 및 신제품 출시	Concept	브랜드 콘셉트	주부 모니터, 소비자 패널
2. 채널 콘텐츠 기획	Contents	콘텐츠 제작	체험단 / 서포터즈
3. 소비자/채널 소통	Communication	커뮤니케이션	소셜 채널 이웃, 팬
4. 마케팅 활성화	Campaign	이벤트, 캠페인	파워 블로거 / 서포터즈 오피니언 리더 / 영향력자

[표 2-1] 마케팅 단계별 도움이 되는 마켓슈머의 활동

브랜드 및 신제품 출시 단계(Concept)_주부 모니터, 소비자 패널

브랜드 콘셉트 도출 및 신제품 아이디어, 시제품 모니터링을 하는 마케팅의 전초 단계로, 유수의 기업에서 주부 모니터라는 이름으로 여성 소비자들의 마케팅 참여 활동을 진행하고 있다. 이 단계의 주부

모니터는 '프로슈머(=Producer + Consumer)'로서 역할을 한다. 제품이나 서비스를 소비하는 고객이며, 브랜드 콘셉트 및 신제품 기획에 의견을 제시하게 된다.

채널 콘텐츠 기획(Contents)_체험단, 리뷰어, 기자단, 서포터즈

신제품 출시 후에 가장 많이 진행하는 것이 제품 체험단 모집이다. 제품 출시 전에 주부 모니터를 통해 시제품 모니터링을 마쳤다면, 제품 출시 후에는 영향력 있는 여성 소비자 블로거를 통해 제품을 직접 체험해 보게 하고, 제품에 대한 특징과 사용 방법 등을 소개하는 것이 좋다. 이러한 활동은 제품 체험단뿐 아니라 브랜드를 대표하는 서포터즈도 진행하는데, 소비자 리뷰 콘텐츠 이외에 다양한 방법으로 브랜드를 홍보할 수 있다. 바로 소비자들의 체험을 공유하도록 해야 한다.

소비자/채널 소통(Communication)_소셜 채널 이웃, 팬

소비자와 쉽게 친해지는 방법으로 자사의 소셜 미디어 채널만한 것이 없다. 보통의 기업은 소셜 채널을 통해 기업이 직접 만든 콘텐츠를 발행하는 일에 몰두하지만, 그 목적은 콘텐츠 자체에 있는 것이 아니라 발행된 콘텐츠에 대한 소비자들의 반응을 통해 소비자와 관계를 맺고 소통을 하는 데 있다. 이 단계의 목적은 자사의 소셜 채널 팔로어Follower들과의 진정성 있는 커뮤니케이션을 들 수 있다. 바로 소비자 자체를 제대로 이해하기 위해 소셜 채널에 발행한 콘텐츠를 통해 팔로어들과 커뮤니케이션을 하는 과정에서 소비자의 니즈와 인사이트를 얻는 것이다. 이 방법이야말로 소셜 미디어를 통해 진정으로 소통하는 마케팅 커뮤니케이션이라 할 수 있다.

마케팅 활성화(Event & Campagin)_파워 블로거, 서포터즈, 열성 팬, 오피니언 리더, 전문가

소셜 입소문 마케팅의 3C(Concept, Contents, Communication)가 세팅되었다면, 이제 본격적인 이벤트나 캠페인 기획을 통해 보다 많은 사람들에게 브랜드 가치를 알림으로써 브랜드 인지도 제고를 이끌어야 한다. 이는 여성 서포터즈 이외에도 영향력을 행사할 수 있는 오피니언 리더, 전문가, 파워 블로거들을 캠페인에 참여시키고 그들의 경험을 알림으로써 더 많은 사람을 해당 캠페인으로 이끄는 것을 목적으로 하여야 한다.

이렇게 여성 소비자를 마케팅에 참여시키면 기업과 브랜드를 이해하는 소비자들이 만들어지고, 그들은 다시 우리의 열성 팬이 될 수 있다. 이제부터는 우리 브랜드의 든든한 지원자들을 뒤에 두고 소비자와 만날 수 있는 소셜 미디어 광장으로 함께 출발해 보자.

[그림 2-17] 서포터즈 발대식

[그림 2-18] 오피니언 리더와 소비자들

소셜 미디어를 통해 소비자들의 의견 개진이 쉬워지면서 기업과 소비자 간에 더욱 수평적인 커뮤니케이션이 가능하게 되었다. 이러한 커뮤니케이션 패러다임의 변화로 우리를 둘러싸고 있는 모든 미디어의 범위를 3가지로 구분하는 '트리플 미디어'라는 용어가 등장하였다. 트리플 미디어는 이 책에서 이야기하는 '여성 소비자와 함께하는 소셜 마케팅'에 도움이 되는 새로운 마케팅 프레임이라고 할 수 있다. 그럼, 트리플 미디어에 대해 알아보자.

PART 3

소셜 미디어 시대의 새로운 마케팅 프레임, 트리플 미디어를 활용하자

1. 트리플 미디어란 – 커뮤니케이션 패러다임의 변화 · · · · · 97
2. 소셜 미디어 채널, 왜 필요한가 · · · · · 103

1 트리플 미디어란 – 커뮤니케이션 패러다임의 변화

매스미디어의 시대에서 트리플 미디어의 시대로

매스미디어라고 하면 보통 신문, TV, 라디오, 영화, 잡지 등 불특정 다수에게 정보와 사상을 전달하는 매체 및 수단을 뜻한다. 예전에는 이 같은 매스미디어라는 한정된 수단만이 영향력을 행사했지만 오늘 날엔 소셜 미디어가 등장함으로써 개인 스스로가 미디어의 역할을 할 수 있는 시대가 되었다. 커뮤니케이션의 변화에 따라 우리 주변에 있는 미디어를 세 가지로 구분하여 '트리플 미디어'라고 일컫는다.

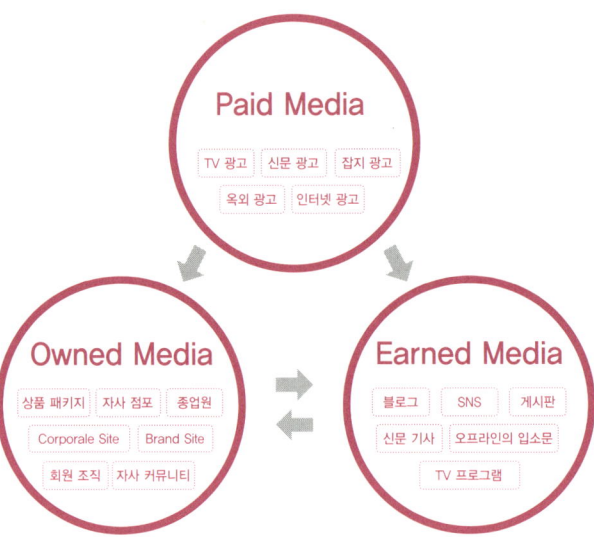

[그림 3-1] 트리플 미디어 다이어그램(출처: 트리플 미디어 전략(요코야마 류지))

온드 미디어(Owned Media)_소통하는 자사 채널

온드 미디어는 Owned란 단어에서 알 수 있듯이, 자사가 소유하고 있는 미디어를 뜻한다. 기업, 소상공인, 쇼핑몰 등에서 많이 운영하는 블로그나 브랜드 웹사이트, 온라인 쇼핑몰이나 모바일 사이트뿐 아니라 오프라인 매장도 이에 해당된다.

 소통을 강조하는 시대에 기업이 다양한 소비자와 소통할 수 있게 하는 수단이 바로 온드 미디어이다. 온드 미디어는 기업이 잠재 고객과의 관계를 지속적으로 맺어 나가고, 고객을 이해하는데 그 무엇보다 중요한 도구이다. 특히 기업의 이야기를 자연스럽게 알리거나, 소비자의 의견을 듣고 이를 반영하는 모습을 보일 때 신뢰하는 기업, 호감

가는 브랜드의 이미지를 만들 수 있으며, 지속적인 소통을 통해 진정한 팬들이 많아지는 등 소비자와 장기적으로 소통할 수 있는 채널을 확보하게 된다.

기존의 TV, 신문, 라디오 등 매스미디어를 통한 광고인 페이드 미디어와 비교할 때 온드 미디어를 활용할 경우 다양한 장점이 있다. 페이드 미디어는 한정된 시간에만 노출되어 광고 기간이 끝나면 모든 것이 종료되지만, 온드 미디어는 지속적으로 브랜드를 홍보하며 마케팅 활동의 효과를 연속적으로 파악할 수 있다. 또한 페이드 미디어는 광고 효과를 측정하는 부분에 한계가 있다. TV 광고의 경우 소비자 인식 조사를 한다거나, 노출을 보장하는 광고의 경우도 미디어사에서 보낸 데이터만으로 평가할 수밖에 없었다. 반면 웹사이트 같은 온드 미디어의 경우 페이드 미디어를 통한 유입 수의 측정을 동시에 할 수 있기 때문에 광고 효과를 분명하게 평가할 수 있다.

하지만 온드 미디어도 혼자만으로는 큰 효과를 볼 수 없다. 온드 미디어는 기업이 발행하는 이야기이기에 광고성이 아닌 정보를 제공한다고 해도 홍보성 콘텐츠로 인식되기 쉬워 소비자들의 관심도가 떨어지기 마련이다. 그러므로 사람들이 신뢰하는 언드 미디어와의 연계가 불가피하다. 또한 온드 미디어만으로는 푸시력이 부족하므로 빠른 결과를 도모하기 위해서는 페이드 미디어가 촉매 역할을 해야 한다.

언드 미디어(Earned Media) _ 소비자 미디어 채널

언드 미디어는 소비자가 스스로 브랜드와 관련된 정보를 생산하고 의견을 발신하는 미디어로, 이 책에서 가장 중요하게 다룬다. 소비자가 생산해 퍼뜨리는 콘텐츠(입소문, 후기, 댓글 등)야말로 소셜 마케팅에 있어서 가장 중요한 요소이다. 이들이 콘텐츠를 생산해 내기 위해서는 제품과 서비스에 대한 경험이 수반되거나, 참여가 이루어져야 한다. 우리가 언드 미디어를 중요시하는 이유는 기업의 이야기를 기업이 직접 하는 것보다, 자신이 아는 누군가 혹은 알지 못하지만 온라인상의 누군가가 기업이나 브랜드의 이야기를 한다면 진정성이 있다고 여겨 의심 없이 듣게 되기 때문이다. 하지만 그 이야기가 진정성이 결여된 작업성 홍보라면 사람들은 쉽게 알아차린다. 그러므로 언드 미디어에서는 소비자를 참여시키고 경험하게 하여 그들의 진정성 있는 이야기를 만들어 내는 것이 가장 큰 과제이다.

언드 미디어를 통한 소셜 마케팅의 핵심은 어떤 경험을 하게 하느냐 즉 개개인에게 정말 기억에 남는 경험을 하게 하는 것이다. 경험으로 인한 감동의 크기에 따라 다음 행동이 결정 되기 때문이다. 그런 경험을 주기 위해서는 마케터가 창의적인 브랜드 콘텐츠를 기획하거나 소셜 캠페인을 통한 간접 경험을 유도하거나, 오프라인 행사에 참여시켜 제품을 직접 경험토록 하는 등 다양한 방법을 시도해야 한다.

이상 살펴본 바와 같이 트리플 미디어는 셋이 서로 연계되어 작용하여야 그 효과가 배가된다. 페이드 미디어를 통해 노출된 잠재 고객이 온드 미디어(웹사이트, 소셜 미디어)로 유입되며 정보를 얻고 고객이 될 수 있다. 언드 미디어인 소비자가 직접 운영하는 블로그나 SNS를 통해 소셜 미디어상에 좋은 평판이 이야기될 수 있다. 또는 언드 미디어에서 이야기를 접한 잠재 고객층이 온드 미디어로 유입되어 신뢰와 확신을 얻고 고객이 될 수 있다. 다른 한편으로는 온드 미디어에서 브랜드의 서포터즈를 양성한 후 서포터즈인 언드 미디어를 통해 이야기를 발신할 수 있다.

이 책에서 필자가 강조하는 부분은 브랜드의 콘셉트 도출과 콘텐츠 기획, 캠페인 기획이 잘된다면 온드 미디어인 자사의 웹사이트와 블로그가 언드 미디어인 소비자들의 입소문과 결합한 힘이 페이드 미디어, 즉 광고를 능가할 수 있다는 것이다.

페이드 미디어(Paid Media) _ 소비자 노출 증대 채널

페이드 미디어란 TV, 신문, 라디오 등 매스 미디어를 통한 광고를 뜻한다. 필자가 페이드 미디어라는 광고를 완전 부정하는 것은 아니다. 예전만큼 강한 효과를 발휘하지 못하는 것은 사실이지만, 다른 2개의 미디어와 비교한다면 소비자에게 메시지의 Push가 가능한 장점이 있으며, 광고비를 투자한 만큼 원하는 노출을 일으켜 소비자들에 브랜드를 인지시킬 수 있다.

페이드 미디어 ➔ 온드 미디어 + 언드 미디어

하지만 광고의 경우 단기적인 인지는 시킬 수 있지만, 온드 미디어와 언드 미디어의 연계가 없고서는 시간이 지나면 결국에는 잊히게 마련이다. 앞서 이야기했듯이 사람들은 점점 광고를 신뢰하지 않는다. 기업이 전하는 메시지를 고스란히 들으려 하지 않는다. 이에 따라 광고의 형태도 바뀌고 있다. 광고가 아닌 듯한 광고부터 정보를 제공하는 광고, 브랜드를 녹였지만 소비자의 이야기 같은 광고 등이 나타난 것이다.

또한 다른 한편으로는 온드 미디어와 언드 미디어로 기반을 닦은 후에 페이드 미디어와 결합함으로써 폭발적인 반응을 일으킬 수 있다. 바로 촉매제의 역할을 하는 페이드 미디어와의 유기적인 연계로 더욱 많은 노출을 일으켜 유입자를 늘릴 수 있는 것이다.

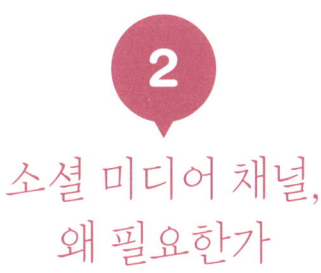

소셜 미디어 채널, 왜 필요한가

소셜 미디어 채널을 운영해야 하는 이유

블로그, 페이스북, 카카오스토리 같은 소셜 미디어를 운영해야 하는 이유는 무엇일까? 아직도 정확한 이유를 모른 채 남들 다 하니까, 요새 마케팅의 대세라니까 등의 불명확한 이유로 부하 직원에게 블로그 한번 운영해 보라고 업무 지시를 내린 사람들도 더러 있을 것 같다. 하지만 무엇이든 마찬가지지만, 제대로 알고 운영해야 효과를 제대로 볼 수 있다.

소셜 미디어 채널의 경우 직접적인 사용료가 들지 않기 때문에 마케팅 비용이 부족한 중소기업이나 소상공인도 쉽게 시작할 수 있다는 것이 장점이다. 하지만 공짜인 만큼 다른 노력이 필요하다. 소셜 미디어는 시간을 투자한 만큼 수익을 거두는 채널이라고 할 수 있다. 소셜 미디어 채널을 지속적으로 운영해야 성과를 얻을 수 있기 때문이다.

우리가 소셜 미디어를 운영하는 또 다른 중요한 이유는 여러 가지 마케팅 방법 중에 소비자와 쉽게 친해질 수 있는 방법이기 때문이다. 소비자들은 기업이나 상점 등이 이윤을 추구하는 단체라는 인식을 갖고 있기에 매스미디어를 통한 광고에서 흘러나오는 기업의 메시지를 잘 들으려 하지 않는 경향이 있다. 하지만 블로그 등 다양한 소셜 미디어를 통해 소비자가 관심 있어 하고, 듣고 싶어 하는 정보를 전달하며 소통하면서 그들과 관계를 맺게 된다면, 소비자들은 기업의 이야기에 귀를 기울일 뿐만 아니라 더 나아가서는 본인이 이해하고 공감한 이야기를 퍼트릴 수도 있게 되는 것이다.

[그림 3-2] 화자와 청자의 공통된 관여 항목 찾기

인지 ➔ 관여 ➔ 구매 의향 ➔ 구입

우리 브랜드 블로그에서 소비자가 관심 있어 하는 것을 이야기한다면 브랜드의 선택 여부와 관계없이 우선 관심을 가지게 된다. 자신이 알고 싶어 하는 내용을 살펴보는 동안 브랜드가 간접적으로 인지되거나 각인되는 것이다.

소셜 미디어 채널의 개념 및 역할

블로그, 페이스북 이외에도 다양한 소셜 미디어 채널이 점차 더 생겨나고 있다. 패션의 유행처럼 소셜 미디어 채널도 유행이 존재한다. 그 시점에 사람들 사이에 인기 있고 많이 사용되는 소셜 채널이 있다. 하지만 유행만을 좇지 말고 각 소셜 채널의 개념과 역할 그리고 주된 사용자를 이해하고, 지속적으로 채널을 운영하면서 소비자와의 관계를 굳건히 유지해 나가는 것이 무엇보다 중요하다. 여기서는 이렇게 많은 소셜 채널이 각각 어떤 역할을 하고 있는지, 목적에 맞는 소셜 미디어 채널을 선택하는 방법을 알아보자.

소셜 미디어 채널의 주 이용자 및 특징

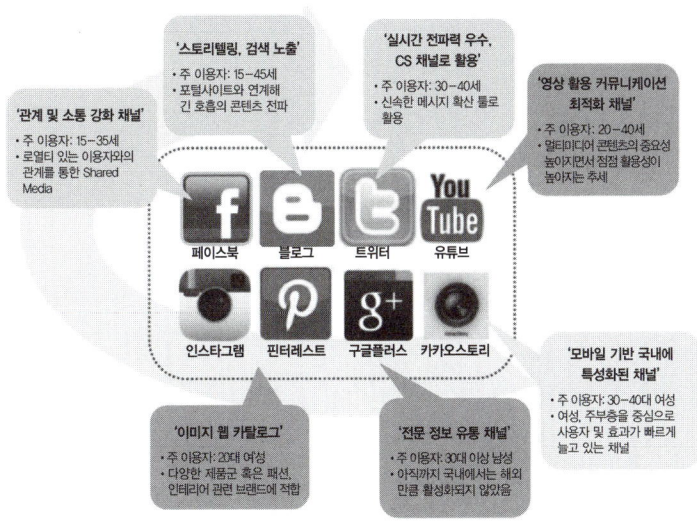

[그림 3-3] 주요 소셜 미디어의 특징
http://www.slideshare.net/fourntwo/2014-sns

채널명	주 이용자	특징
블로그	15~45세	스토리텔링 검색 노출
페이스북	15~35세	관계 및 소통 강화
카카오스토리	30~40세 여성	모바일 기반 주부층 효과 좋음
핀터레스트	20대 여성	이미지 웹 카탈로그
인스타그램	20대	
유튜브	20~40세	영상 콘텐츠 커뮤니케이션

[표 3-1] 소셜 미디어 채널과 대상 및 특성

먼저, 우리의 주요 타깃 소비자층을 생각해 보자. 연령대, 성별, 특성 등을 고려하여 타깃 소비자층이 주로 사용하는 SNS 채널을 살펴본다. 그리고 각 채널의 특장점을 살펴본다. 검색 포털 사이트와 연계해서 지속적으로 콘텐츠를 생산해 내면서 관련 검색어의 검색 결과에 노출하는 것이 목적이라면 블로그 운영을 적극 추천한다. 보다 정확한 타깃 소비자들에게 접근하여 관계를 맺는 데 중점을 둔다면 페이스북이 좋다. 특별히 30~40대 여성 주부층을 공략하기 원한다면 카카오스토리, 상품의 비주얼이 감성적인 경쟁력을 보유하고 있다면 인스타그램과 핀터레스트를 추천한다. 마지막으로, 최근 화두가 되고 있는 영상 콘텐츠로 어필하고 싶다면 유튜브 채널이 단연 으뜸일 것이다.

Open Media vs. Close Media

구분	Open Media		Close Media
	블로그 및 그 외	SNS	카페
개념	콘텐츠 생산 채널	관계 형성을 통한 커뮤니케이션 및 확산	폐쇄형 관심 집단 커뮤니티
소셜 미디어 채널	블로그, 유튜브	페이스북, 카카오스토리, 인스타그램, 핀터레스트	카페
역할	브랜드와 관련한 정보를 생산하여 축적, 정보 검색 노출	콘텐츠를 통한 소통, 타깃 커뮤니케이션, 타깃 이벤트	관심 소비자 커뮤니티 구축

[표 3-2] 오픈 미디어(개방형 미디어)와 클로즈 미디어(폐쇄형 미디어)

앞서 소개한 SNS 채널은 모두 Open Media(개방형 미디어)이다. 간혹 관심 소비자들의 커뮤니티 구축을 통해 브랜드 우군을 만들어야 할 때 Close Media(폐쇄형 미디어)인 카페를 활용하기도 한다. 물론 활성화된 개방형 카페도 존재하지만, 검색 노출 이외에 유입을 이끌기 힘들기 때문에 폐쇄형 관심 집단 커뮤니티로 카페를 분류하였다. 하지만 다양한 여성 소비자 그룹의 활동을 관리하고 소통하는 데는 카페가 가장 쉽게 이용되고 있다.

이제 채널 각각의 특징을 살펴보았으니 우리에게 어떤 채널이 가장 먼저 필요할지 고민해 보자. 한 번에 여러 채널을 동시에 오픈해서 관리하기란 쉽지 않기 때문에 우선순위를 생각해야 한다. 다음 파트에서 소셜 채널 오픈 기획에 대해 하나씩 살펴보자.

앞서 여성 소비자와의 협업과 트리플 미디어 개념에 대해서 살펴보았다. 이제 본격적으로 마케팅 기획 프로세스에 따라, 전략을 세우고 실행에 옮길 차례이다. 4부에서는 여성 소비자와 함께하는 소셜 마케팅 프로세스에 대해 살펴보도록 하겠다.

PART 4

매출을 10배로 꾸준히 올릴 수 있는, 여성 소셜 마케팅 프로젝트

1 여성 소비자와 함께하는 소셜 마케팅 프로세스 ... 110

- 1단계 마케팅 목표 수립 및 콘셉트 기획 – "너의 콘셉트가 뭐야?" ... 113
- 2단계 콘텐츠 기획 – 공감 100배 콘텐츠 만들기 ... 128
- 3단계 온드 미디어(Owned Media) – 자사 미디어 채널을 운영하자 ... 138
- 4단계 언드 미디어(Earned Media) – 소비자의 입소문을 만들어 내라 ... 197
- 5단계 페이드 미디어(Paid Media) – 광고 미디어로 노출을 증대시켜라 ... 204
- 6단계 입소문 나는 이벤트 기획하기 ... 223
- 7단계 공감되는 브랜드 캠페인 기획하기 ... 234
- 8단계 트리플 미디어를 활용한 캠페인 확산과 성과 측정하기 ... 248

여성 소비자와 함께하는 소셜 마케팅 프로세스

소셜 마케팅 프로세스(Social Marketing Process)		마켓슈머 (MarketSumer)
1. Goal & Concept	1단계. 목표 수립 및 콘셉트 기획	주부 모니터
2. Contents	2단계. 콘텐츠 기획	체험단, 리뷰어
3. Owned Media	3단계. 자사 미디어 기획	서포터즈, 소셜 팬, 이웃 등
4. Earned Media	4단계. 소비자 미디어 기획	
5. Paid Media	5단계. 광고 미디어 기획	
6. Event	6단계. 이벤트 기획	
7. Campaign	7단계. 캠페인 기획	서포터즈, 영향력자
8. Viral & Feedback	8단계. 확산 및 성과 측정	

[그림 4-1] 여성 소셜 마케팅 프로세스

1 마케팅 목표 수립 및 콘셉트 기획_차별화된 콘셉트를 만들어라

가장 먼저 기업이 소셜 마케팅을 진행하는 목적에 대해 분명히 하고, 구체적인 마케팅 목표 수립부터 시작한다. 그리고 환경 분석부터 먼저 공략해야 할 세분화된 타깃을 정하고, 타깃에게 소구할 수 있도록 경쟁사와 차별화된 우리 브랜드 콘셉트를 기획하는 방법을 1단계로 소개할 것이다.

2 콘텐츠 기획_콘텐츠로 이야기하라

2단계에서는 사람들이 우리의 차별화된 콘셉트를 이해할 수 있도록 다양한 콘텐츠를 발굴하고 기획하여야 한다. 물론 자사의 콘텐츠뿐 아니라 소비자들이 직접 만들어 낸 콘텐츠의 생산과 유통이 더욱 중요하기 때문에 기업이 발행하는 콘텐츠는 물론 소비자 제작 콘텐츠와 소비자와의 소통을 통해 콘텐츠를 기획하는 방법에 대해 이야기할 것이다.

3, 4, 5 트리플 미디어 IMC 마케팅 기획

(1) 온드 미디어 마케팅   (2) 언드 미디어 마케팅   (3) 페이드 미디어 마케팅

다음으로 소셜 마케팅의 강력한 무기인 트리플 미디어의 구축 방법을 면밀하게 소개할 것이다. 브랜드에 걸맞은 온드미디어 선택법부터 소비자와 소통을 목적으로 온드 미디어를 사용하는 방법, 앞서 살펴본 다양한 여성 소비자 그룹을 각 마케팅 단계에 참여시켜 소비자

미디어를 굳건하게 만들어 마케팅 홍보에 활용하는 방법을 소개한다. 또한 마케팅의 촉매제가 될 수 있는 최소한의 광고 미디어 기획 및 활용법을 다룬다.

6, 7 이벤트 & 캠페인 기획

사람들의 입에 오르내릴 이벤트나 캠페인을 기획한다. 이때 프로모션의 주인공은 소비자여야 한다. 그럼으로써 브랜드에 대한 간접·직접 경험이 그들의 소셜 미디어를 통해 전해지며, 다른 소비자가 정보를 찾는 과정에서 해당 콘텐츠를 참조하고, 이를 신뢰하게 되면서 브랜드에 대해 인지하고 이벤트나 캠페인에 참여하는 사람들이 증가하게 된다.

8 트리플 미디어를 통한 캠페인 확산과 성과 측정

마지막 단계로는 트리플 미디어를 통해 브랜드의 이야기(콘셉트, 콘텐츠, 캠페인)를 발산시킨다. 초기 설정한 목표 수치에 대해 정확한 정량적 성과 파악을 해 나가면서 소셜 입소문 마케팅 활동이 마케팅의 궁극적인 목적을 이루는 데 얼마큼 도움을 주었는지 중간 목표를 세워 측정하고 점검한다. 또한 앞서 거쳐 온 마케팅 프로세스 상에 해당 사항을 반영하여 보다 효과적인 마케팅 활동이 될 수 있게끔 한다면 원하는 목표를 좀 더 쉽게 달성할 수 있을 것이다. 이제부터 각 단계별로 상세한 내용을 살펴보며, 여러분의 제품과 서비스의 브랜딩을 굳건히 할 수 있는 광고비 걱정 없는 여성 소셜 마케팅을 기획해 보자.

마케팅 목표 수립 및 콘셉트 기획 – "너의 콘셉트가 뭐야?"

먼저 여성 소비자와 함께하는 소셜 마케팅의 목표 수립과 콘셉트 기획 방법에 대해 살펴보도록 하겠다.

소셜 마케팅 목표 수립

기업이 마케팅을 펼치는 목적은 소비자들의 인식 속에 브랜드를 자리잡게 한 뒤, 소비자들의 판단을 거쳐 그들이 우리의 상품과 서비스를 선택하게끔 행동하게 만드는 데 있다. 단계적으로 보면 인지 Branding → 판단 → 행동 Sales 의 3단계로 볼 수 있다.

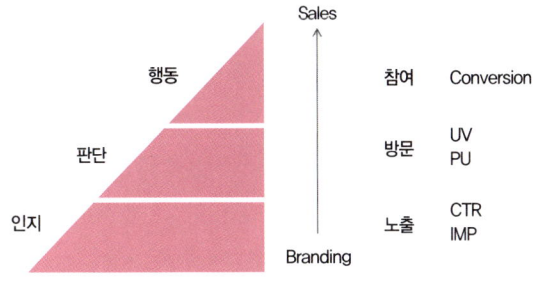

[그림 4-2] 브랜드 커뮤니케이션 3단계

이렇게 소비자들을 행동으로 이끄는 과정 중에 소셜 마케팅은 중요한 역할을 한다. 소비자의 판단을 돕는 다양한 정보가 소셜 입소문을 토대로 만들어지기 때문이다. 오늘날 마케팅에 있어서 소셜 마케팅이 중요해진 것도 이와 같은 이유에서이다.

소비자들의 구매 결정 과정을 AISAS[Attention(주목)-Interest(관심)-Search(검색)-Action(행동)-Share(공유)] 모델로 이야기하곤 한다. AISAS란 소비자가 어떤 브랜드를 인지하게 되고 브랜드에 관심을 갖게 된 후, 검색을 통해 판단한 후, 구매 행동을 일으키며, 구매 후 사용 경험을 공유하는 5가지 단계를 일컫는다. 하지만 이 책에서는 S(검색)를 조금 더 확장한 C[Compare(비교 검토)]로 변경해 AICAS 이론으로 설명하겠다.

소비자들의 판단은 검색, 사용 후기, 입소문과 같은 다양한 정보를 참조하는 과정을 거친다. 그리고 이러한 정보들을 비교 검토하는 과정에서 얻은 판단의 결과가 행동으로 이어진다. 또한 자신이 사용한 제품과 서비스에 대한 만족 여부를 공유하면서 다른 사람들의 판단에 또다시 영향을 끼치는 공유와 참조의 단계를 순환하게 되는 것이다.

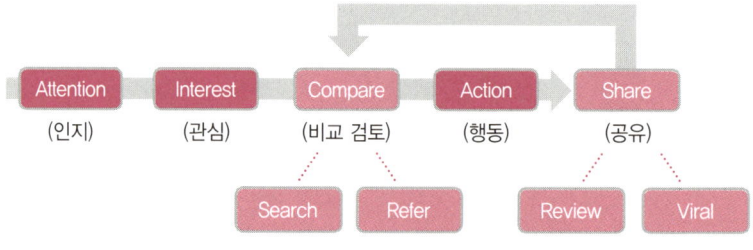

[그림 4-3] 소비자 구매 결정 단계-AICAS 모델

C(비교 검토) 단계에서 중요한 마케팅 활동의 목표는 검색엔진을 통한 검색 결과^{Search}를 정보로 노출하는 것과 자신의 지인이나 소셜 미디어를 통해 알게 된 사람들의 이야기를 참조^{Refer}하게 하는 것이다. S(공유) 단계에서는 제품을 사용해 본 경험이 공유되는 과정을 이야기한다. 오늘날은 소셜 미디어 덕분에 사용 경험(Review)의 공유^{Share}가 더욱 용이해졌다고 할 수 있다.

이러한 마케팅의 모든 활동이 직접적인 매출로 연결될 수는 없다. 소셜 마케팅은 매출과 직·간접적으로 연계될 수 있는 다양한 마케팅 활동을 통해 소비자들에게 브랜드를 인지시키고, 우리 브랜드를 선택할 수 있게끔 다양한 정보를 제공하며, 소비자와 브랜드의 관여도를 높이는 일이다. 예전에는 이러한 정보를 기업이 미디어를 가진 매체를 통해 직접적인 광고로 사람들에게 전달했지만, 소셜 마케팅에서는 광고 이외에도 기업 채널, 소비자 채널의 역할이 중요해지면서 다양한 플랫폼^{채널}을 활용해 각 단계별 마케팅 활동의 목표를 세워 종국의 목표에 접근한다.

마케팅의 궁극적인 목표는 매출이지만, 소셜 마케팅을 통해 매출까지 이르는 길은 그리 빠르지 않을 수 있다. 하지만 마케팅 단계별로 목표하는 바를 분명히 한 후 차근차근 한 단계씩 달성해 나간다면 최종 목표에 도달할 수 있을 것이다.

각 단계별 마케팅 활동의 중간 목표를 예를 들어 이야기해 보겠다.

단계	단계별 목표(예시)	비고
행동	· 궁극적인 목표인 회사의 매출 · 상거래로 전환되는 비율 · 이벤트, 캠페인 참여	구매 행동 참여 행동
판단	· 소셜 콘텐츠를 통한 질적 대화 · 소비자 미디어의 콘텐츠 양 · 검색어 검색 결과 점유율	콘텐츠 제공 콘텐츠 소비(반응, 댓글, 공유) 채널 인게이지먼트
인지	· 페이스북 좋아요 · 웹사이트 트랙픽 증가 · 잠재 고객의 유치 · 브랜드의 평판 확대	브랜드 노출 채널 노출

[표 4-1] 각 단계별 마케팅 활동의 중간 목표의 예

우리가 기획한 활동의 세부적인 달성 목표는 뒷부분에서 또다시 이야기하기로 하고, 이 장에서는 전체 큰 목적과 목표를 어떤 과정을 통해서 달성할 수 있으며, 종국의 목적을 달성하기 위한 플랫폼별·단계별 중간 목표의 설정에 대한 필요성을 이야기하였다. 마케팅 활동의 목적과 중간 목표를 분명히 하였다면, 이제 다음 단계로 환경 분석과 개념 분석을 통해 차별화된 콘셉트를 정립해 보자.

환경 분석_소비자의 생각에서 출발하라

환경 분석이라고 하면, 쉬운 이야기로 시장 분석이라 할 수 있다. 마케팅에서 이야기하는 마켓^{Market}, 즉 시장은 수요자와 공급자가 만나는 장소이며, 시장은 사람 자체라고도 할 수 있다. 시장 환경과 사람 모

두 시시때때로 변하기 때문에 우리는 사람, 즉 소비자의 욕구를 지속적으로 파악하기 위해 노력하여야 한다. 그러므로 마케팅에 있어서 소비자들의 생각을 파악하는 일은 매우 중요하다.

1 거시 환경 분석_시장 조사

우리를 둘러싸고 있는 환경 중 거시적 환경에 대한 자료를 수집하고 분석해 보자. 거시 환경 분석은 STEEP이라는 5가지 요소로 살펴볼 수 있다.

구분(STEEP)	예시
Society(사회적 환경)	인구 통계 자료 제품과 관련된 트렌드
Technology(기술적 환경)	기술의 향상 천연 원료 성분 강화
Economics(경제적 환경)	소득 수준 변화 소비 패턴 양상
Ecology(자연적 환경)	친환경 제품 니즈 증가 대기 오염 증가
Politics(정치적 환경)	관련 법규 강화 환경적 규제 강화

[표 4-2] 거시적 환경 분석의 STEEP 5요소

이런 거시적 환경 조사는 신문 기사, 인터넷, 관련 문헌 등을 검색함으로써 찾아낼 수 있다. 해당 내용은 과거와 현재를 분석함으로써 미래를 내다볼 수 있는, 말 그대로 거시적인 안목을 지닐 수 있게 된다.

2 미시 환경 분석_3C 분석

미시 환경 분석이란 마케팅에 있어서 중요한 3가지 주체인 나(자사 분석)를 알고, 너(경쟁사 분석)을 알고, 소비자(고객 분석)을 아는 과정이다.

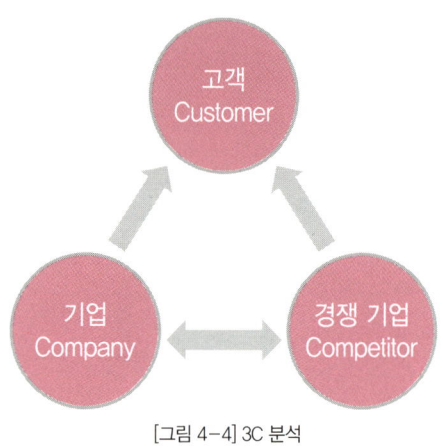

[그림 4-4] 3C 분석

구분(3C)	설명
Company(자사 분석)	자사가 처한 환경이나 능력을 분석하여 자사의 강점과 약점을 도출한다.
Competitor(경쟁사 분석)	경쟁사가 가지고 있는 경쟁력이나 차별점, 약점을 찾아보고, 자사와 경쟁사의 시장 지위를 평가하며, 변화될 가능성에 대해 분석한다.
Customer(고객 분석)	고객의 니즈, 소비자의 구매 의사 결정 과정 중 자사 제품에 대한 인식, 우리의 고객은 누구인지에 대해 분석한다.

[표 4-3] 미시 환경 분석의 3C

그중 고객 분석을 통해 소비자 인사이트를 얻는 것이 중요하다.

마케팅은 소비자 조사를 통해 마케팅 기획에 영감을 줄 수 있는 소비자 인사이트를 풍부히 확보했느냐에서 승부가 결정될 수 있다. 앞서 소개하였던 여성 소비자의 마케팅 활동인 주부 모니터나 여성 소비자 설문 조사 등 기존의 소비자 조사 방법뿐 아니라, 소셜 미디어 운영을 통해 얻게 되는 다양한 소비자의 의견을 통해 소비자들의 심리와 행동의 연관 관계, 구매 관련 프로세스 및 구매 행동 등을 지속적으로 살펴보아야 한다.

콘셉트 개발 _ 소비자에게 확실한 이미지를 심어 줄 콘셉트를 개발하라

1 우리의 타겟은 누구인가 _ 세분화, 타깃팅

우리의 제품이나 서비스를 필요로 하는 사람이 누구일까? 물론 모든 사람에게 소구(訴求, Appeal)하고 싶지만, 그렇게 된다면 어느 누구에게도 어필하지 못하는 제품이 될 수 있다. 바로 우리의 물건을 살 만한 가장 가능성 높은 사람들을 찾아야 한다. 어떤 고객 유형이 우리의 제품에 관심을 가질지 시장 세분화를 통해 살펴보자.

시장 세분화란 소비자를 성별, 연령, 지역, 결혼 여부, 자녀 유무, 직업, 가치관 같은 기준으로 나누어 소비자의 유형을 찾는 것이다. 그리고 세분화된 소비자층 중에 우리가 먼저 공략할 고객 유형을 찾는 것이 타깃팅Targeting이다.

	변수	segment1	segment2	segment3	segment4
지리적	지역				
	도시크기				
	밀도				
	기후				
통계적	인구연령				
	가족수				
	가족 생활패턴				
	성별				
	소득				
	직업 및 기술				
	교육				
	종교				
	인종				
	사회적 집단				
	국적				
심리적	사회적 신분				
	라이프스타일				
	성격				
	소비상황				
	선호 혜택				
행동패턴	사용자 유형				
	사용속도				
	충성도				
	준비단계				
	제품에 대한 태도				

[그림 4-5] 소비자 세분화 테이블 예시

 세분화를 통해 정해진 타깃이 여러 명이라면 이들을 모두 고려한 범위가 넓은 마케팅을 해야 하므로 마케팅 비용이 많이 들 수밖에 없다. 하지만 하나의 세분화 그룹을 먼저 공략한다면 범위는 좁겠지만 보다 효과적이고 공격적인 마케팅을 진행할 수 있다. 이렇게 세분화된 타깃을 겨냥하는 데 성공하였다면 다른 세분화 그룹에게도 마케팅을 할 수 있다. 그렇다면 어떤 타깃을 먼저 뽑아야 할까? 각 세그먼트별로 장단점을 찾아보자. 어떤 세그먼트를 먼저 공략해야 가장 효과적인 마케팅을 할 수 있을지 판단 후 총알을 장전하고 정확히 조준해 쏴야 한다. 또한 세분화 그룹에 영향력을 끼칠 사람은 누구인지에 대한 고민도 필요하다. 사람은 사회적 동물이기에 다른 사람에게 영향을 받게 되어 있다. 따라서 세분화된 그룹이 선망하는 대상이 누구인지도 중요하다. 예를 들어 집을 예쁘게 꾸미고 싶다는 주부들의 바램을 살펴보았을 때 이들이 선망하는 대상은 누구일까? 홈쇼핑 쇼호스트, 인테리어 전문가, 홈스타일링 전문가 등이 타깃 영향력자가 될 수 있다.

2 STP 전략 수립을 통한 포지셔닝

많은 소비자들 중에 공략할 타깃을 정하였다면, 이제는 정해진 타깃에게 우리 제품이나 서비스를 인식시켜야 할 단계로, 브랜드 포지셔닝을 하여야 한다.

이때 시장에 없는 획기적인 상품이나 서비스인 경우 상품 자체가 콘셉트이기 때문에 포지셔닝 수립이 쉽지만, 대동소이한 기능들로 넘쳐나는 제품과 서비스들이 대부분이기 때문에 우리 브랜드를 ○○○이라고 인지할 수 있도록 포지셔닝을 정하는 것이 마케팅에서는 가장 중요한 일 중에 하나이다.

우리 제품을 소비자에게 인식시키려면 어떻게 해야 할지에 대한 고민에서 시작해 보자. 우선 우리 제품은 어떤 시장 분류에 속하는 제품일까? 그 시장 분류에는 어떤 경쟁자들이 있을까? 그들의 경쟁력의 크기는 어떤가? 현재 고객들은 우리 제품을 뭐라고 인식하는가?(브랜드 이미지) 고객들이 우리 제품을 어떻게 인식했으면 하는가?(브랜드 아이덴티티) 이런 모든 사항을 고려해야 한다. 포지셔닝은 다음 분류 예시로도 생각해 볼 수 있다.

제품 속성에 의한 포지셔닝

중요한 제품 속성이나 소비자 편익과 연계시키는 방법으로 가장 많이 사용하는 방법이다.

> 예 필립스 튀김기 – 공기로 튀기는, 기름 없이 건강에 좋은 튀김기
> 클라이덴 치약 – 미백 치약
> Volvo – 안전

제품 사용자에 의한 포지셔닝

제품 사용자나 사용 계층과 연계시키는 포지셔닝 방법이다.

> 예 꽃을 든 남자 – 남성용 화장품
> 미스터피자 – 여자들을 위한 피자

사용 상황에 의한 포지셔닝

제품을 사용하는 상황과 연계시키는 포지셔닝 방법이다.

> 예 컨디션 – 술 마시는 사람을 위한 숙취 해소 음료
> 포카리스웨트 – 운동 후 갈증 해소 음료

경쟁적 포지셔닝

브랜드를 경쟁 제품과 직접적 또는 간접적으로 연계시킴으로써 포지셔닝하는 방법이다.

> 예 AVIS(렌터카 2위 기업), 대한생명(2등)

문화적 기반의 포지셔닝

오랫동안 형성되어 온 문화적 사실을 기반으로한 포지셔닝 방법이다.

> 예 하회탈, 소주 – 안동

여러 가지 예시를 살펴보면서 우리의 제품이나 서비스가 어떤 시장에 침투해야 성공할 수 있을지 판단하고, 브랜드 포지셔닝 맵을 통해 우리 브랜드가 있어야 할 시장의 위치를 정해 보자.

3 차별화된 콘셉트 정립 _제품 콘셉트, 입소문 콘셉트

우리 브랜드가 경쟁사와 비교해서 포지셔닝할 시장의 위치를 고민하였다면, 이제는 그 시장에서 우리의 브랜드를 선택하게 만드는 이유, 즉 우리 브랜드의 차별화된 콘셉트를 정립해 보자. "수많은 브랜드 중에 왜 굳이 당신의 브랜드를 선택해야 하는가?"라고 물었을 때 당신은 지체 없이 명확하게 대답할 수 있는가? 바로 이 대답을 찾는 일이 여러분의 콘셉트를 찾는 일이며, 이는 여러분의 사업에 있어서 가장 중요한 일이다. 함께 해답을 찾아보자.

One Brand = One Concept

콘셉트란 고객이 해당 제품을 구입해서 사용할 때 얻을 수 있는 효익Benefit이라고 정의할 수 있다. 그렇다면 "우리 제품은 A도 좋고, B도 좋고, C도 좋아요."라고 대답하는 사람이 있을 것이다. 자동차 구매를 예로 들어 보자. 자동차 구매 결정 요인에는 디자인, 연비, 안전성, 옵션 등 여러 가지가 있을 것이다. 이 모든 요인이 다 좋다고 말한다면 소비자는 어느 하나도 기억하기 힘들 수 있다. 하나의 브랜드는 한 가지 콘셉트를 강조해야 한다. '볼보'라는 브랜드가 다른 요소는 둘째 치고 안전성을 강조함으로써 '볼보 = 안전한 차'라는 이미지를 만들어 낸 것처럼 말이다.

제품 콘셉트(Product Concept)

여러 요인 중 어떤 것을 우리의 제품 콘셉트로 정의해야 할까? 우리는 다음 3가지를 만족할 수 있는 제품의 콘셉트를 찾아야 한다.

3 Things for Product Concept

- 유일(Unique)한 요소인가?

동일 카테고리의 경쟁 브랜드가 너도나도 흔하게 사용하는 콘셉트의 경우 One of them으로 취급되어 기억되기 힘들다. 우리는 다른 경쟁사가 이야기하지 않는 콘셉트를 찾아야 한다. 예를 들어 커피 시장에서 맥심은 부드러운 맛과 향이라는 콘셉트로 시장 1위를 차지하고 있는 커피 브랜드이다. 이에 맞서기 위해 프렌치 카페는 카제인 나트륨을 사용하지 않은 크림까지 넣은 좋은 커피로, 유해하지 않은 재료를 사용한 커피로 콘셉트를 잡아 1위 맥심과 다른 포지셔닝을 함으로써 성공했다. 이에 반해 칸타타는 1위 맥심과 유사한 부드러운 맛과 향을 콘셉트로 내세워 자신의 유일함을 만들어 내지 못하였다. 우리는 브랜드의 유일한 요소를 한 가지 내세워 콘셉트화하자.

- 중요(Important)한 요소인가?

경쟁사와 다른 점을 내세워 차별화하기만 하면 될까? 이것만으로는 부족하다. 소비자들이 생각하기에 중요한 요소를 콘셉트화하여야 한다. 여러분은 섬유 유연제를 구입할 때 제품의 속성 중 어떤 사항을 중요하게 여기는가? 세탁 세제가 때를 잘 지우는 데 초점을 맞춘 반면, 섬유 유연제는 옷의 정전기 방지나 세탁 후 좋은 향을 내는 것을 중요시한다. 섬유 유연제 시장 No.1 브랜드인 피죤은 정전기 방지에 좋은 섬유 유연제로 브랜드를 포지셔닝하여 강자가 되었다. 반면 샤프란은 정전기 방지 이외에 소비자가 중요시하는 '향'을 콘셉트로 잡아 향이 좋은 섬유 유연제로 자리를 잡았다.

동네 빵집의 경우도 살펴보자. 빵집의 중요한 요소라면 무엇이 있을까? 빵 맛, 다양한 빵의 종류, 친절한 서비스, 청결함 등 중에 소비자들이 빵집을 선택할 때 어떤 것을 가장 중요시 여기는지 살펴본 후, 그것만큼은 내가 이 동네 빵집 중에 No.1이라고 말할 수 있는 콘셉트를 잡는 것이 중요하다.

• 적합(Specific)한 요소인가?

좋은 콘셉트의 세 번째 조건은 해당 제품군을 분명하게 규정할 수 있는 콘셉트인가란 질문에 답할 수 있어야 한다. 애매모호한 콘셉트는 이도 저도 아닐 뿐만 아니라 가끔은 예상치 못한 사고를 일으킬 수도 있다. 섬유 유연제 중 맑은물이야기라는 브랜드의 경우 피부를 보호하는 섬유 유연제를 콘셉트로 잡고 맑은 물을 강조하기 위해 투명한 용기에 제품을 담았는데, 그런 외관 때문에 섬유 유연제라는 카테고리에 속한 제품으로 보이기 힘들었다. 소비자가 물로 착각해 마시기까지 하는 해프닝이 생겼다고 한다. 제품의 독특한 콘셉트만 강조하다 보니 제품 카테고리가 불명확해진 사례인 것이다.

이제 위의 3가지 요소를 만족시킬 수 있는 제품 콘셉트를 기획해 보자. 우리 브랜드가 타깃 고객에게 어떤 의미를 제공할 수 있는지 제품 콘셉트 설명문을 작성해 보면 콘셉트를 더욱 명확히 잡을 수 있다.

어떤 근거 요인으로 인해 ·· Idea
소비자에게 이런 혜택을 제공할 수 있는 ····························· Benefit
누구를 위한 상품 or 서비스이다. ······················ Target & Category

OOO 침구는….

예 세계 극세사 섬유 No.1 기업의 기술력으로 개발된 고밀도 극세사를 사용함으로써 집먼지 진드기의 서식을 차단해 주는, 가족의 건강을 생각하는 주부들을 위한 웰빙 침구이다.

"OOO 침구는 웰빙이다."

△△△ 담배는….

예 저타르의 순한 초슬림 형태, 부드럽고 깨끗한 흡연감과 고급스럽고 세련된 감성을 원하며, 자신만의 스타일을 만들어 가는 활동적이며 도전적인 32~42세 사회 리더층 남성을 위한 초슬림 담배이다.

"△△△ 담배는 세련됨이다."

이러한 콘셉트와 관련해서 소비자가 느낄 수 있는 Benefit에는 제품의 기능으로 인해 얻을 수 있는 편익인 Functional Value(제품 콘셉트)와 제품을 사용함으로써 얻을 수 있는 기분인 Emotional Value(브랜드 콘셉트)가 존재한다.

브랜드 콘셉트(Brand Concept)

마케팅 불변의 법칙 1번. 선도자의 법칙을 많은 사람들이 알고 있다. 이에 따르면 브랜드가 최초로 특정한 제품 콘셉트를 이야기하고, 해당 시장을 만들어 내며, 유일한 브랜드로 시작하는 것이 브랜드를 인지시키는 데 가장 좋다. 하지만 생산이 넘쳐나는 요즘엔 제품의 특장점이 비슷하기 때문에 특정 제품의 콘셉트보다는 브랜드 이미지를 보고 제품을 선택하는 경우가 늘고 있다. 해당 브랜드를 사용하게 되면 그 브랜드를 통해 우리가 얻을 수 있는 감성적인 만족감이 존재한다. 이는 브랜드 콘셉트와 브랜드 가치를 연계하여 이해할 수 있다.

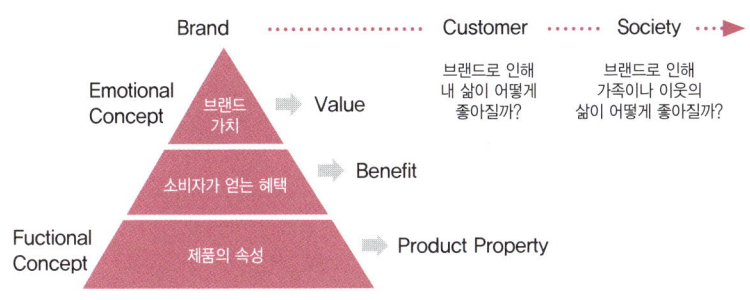

[그림 4-6] 브랜드 가치 피라미드

제품의 속성으로 인해 얻을 수 있는 기능성 콘셉트(제품 콘셉트), 그로 인해 얻을 수 있는 소비자들의 혜택을 넘어 해당 브랜드로 인해 자신의 삶이 어떻게 좋아지고, 어떤 감정상의 만족감을 느낄 수 있는지가 브랜드 콘셉트에 해당한다. 우리도 소비자들의 인식에 강력하게 자리 잡을 수 있는 브랜드 콘셉트를 정립해 보자.

- ○○○ 침구는 웰빙이다.
- △△△ 샴푸는 힐링이다.
- □□□ 담배는 세련됨이다.

여기까지 살펴본 내용을 요약해 보겠다. 어떤 근거로 인해, 어떤 소비자 타깃에게, 어떤 Benefit을 줄 수 있는지 제품 콘셉트를 명확히 정하였다면, 소비자들과의 커뮤니케이션Communication을 할 때 우리의 차별화된 콘셉트와 일치하는 다양한 테마로 스토리텔링을 하며, 입소문을 내야 한다. 다음 장에서는 우리가 남들과 무엇이 다른지, 우리가 무엇을 잘하는지 등 분명한 콘셉트를 동네방네 소문내기 위해 그 소재가 될 수 있는 콘텐츠 기획 방법을 살펴보도록 하자.

콘텐츠 기획 –
공감 100배 콘텐츠 만들기

앞 장에서 브랜드 콘셉트를 구체화하였다면, 이제는 소비자들에게 콘셉트를 이해시키기 위한 콘텐츠 기획이 필요하다. 이때 콘텐츠를 발행하고자 하는 채널에 따라 콘텐츠의 형태는 다르지만, 어떤 주제의 콘텐츠로 타깃 소비자와 소통을 할지 콘텐츠 기획 전략 측면에서 이야기하겠다.

콘텐츠 아이디어 도출

콘텐츠라는 단어는 많이 들어봤는데, 막상 콘텐츠를 작성하려면 막막할 수밖에 없다. 우선은 자신이 소비자의 입장이라 생각하고 우리 브랜드를 바라보자. 사람들이 우리 브랜드에 대해 궁금한 게 무엇일지, 우리 브랜드와 관련된 카테고리 중 소비자들에게 유익한 정보를 준다면 어떤 내용을 담아야 할지 생각해 보자.

먼저 우리 브랜드와 관련된 키워드를 모두 나열해 보자. 그리고 해당 키워드에 대해서 누군가와 이야기해 보자. 우리가 타깃으로 하는 소비자들을 직접 만나보고, 그 사람들의 대화 속에서 아이디어와 영감을 얻는 방법이 가장 좋다. 타깃 고객이 여성이라면 여성 소비자 그룹 중 주부 모니터나 소비자 패널들을 활용해서 말이다.

또한 인터넷 검색, 관련 주제 커뮤니티나 SNS 채널, 경쟁사 사이트 등 다양한 곳에서 소재를 찾을 수 있다. 동종 업계뿐 아니라 이종 카테고리에서 더 좋은 콘텐츠 아이디어를 얻는 경우도 많다. 덧붙여 책상머리에 앉아서 고민하는 것보다 일상 속에서 만나는 사람들과 무심코 지나가는 거리에서, 상점에서 또는 서점에서 무궁무진한 콘텐츠 소재와 영감을 찾을 수 있다.

브랜디드 콘텐츠(Branded Contents)

광고만이 소비자에게 메시지를 전달할 수 있었던 과거에는 콘텐츠의 의미가 작았으나, 소셜 미디어 시대인 오늘날 소비자들은 광고보다는 자신이 접한 스토리가 있는 콘텐츠에 마음을 연다. 그래서 우리는 제품 자체를 홍보하기보다 제품과 연관된 이야기를 하면서 브랜드를 녹인 브랜디드 콘텐츠를 통해 소통하여야 한다.

단순히 이야기하면 브랜드가 녹여진 콘텐츠란 광고 같지 않은 콘텐츠다. 광고스럽지 않은 자연스러운 모습으로 타깃 소비자들에게 유용한 정보를 제공하거나, 브랜드의 가치를 표현할 수 있는 이야기를 담거나, 브랜드와 관련된 재미있는 이야기를 소개하는 것을 예로 들 수 있다. 단적으로 이야기하면 콘텐츠가 메인이고, 브랜드는 서브인 것이다. 이는 기업의 입장이 아니라 소비자 관점에서의 콘텐츠이기 때문에 더욱 공감을 얻을 수 있다.

> Branded Contents = 재미, 공감, 감동, 유익성 + 브랜드와의 개연성

단순히 재미있고, 공감만 가는 콘텐츠는 브랜드에 도움이 되지 않는다. 브랜드와 충분한 연결 고리가 있어야 브랜디드 콘텐츠라고 할 수 있다. 거기에 재미, 감동, 공감, 유익한 정보가 포함되어 있다면 소비자들이 자발적으로 공유하고 싶어 하는 콘텐츠가 되어 자발적 확산을 만드는 힘을 가진다.

브랜디드 콘텐츠는 어떻게 만들 수 있을까? 콘텐츠 목적별로 유형을 살펴보고, 콘텐츠 기획에 대한 영감을 얻어 보도록 하자.

[표 4-4]에서 표에서 분류한 콘텐츠를 목적별로 자세히 알아보도록 하자.

1 홍보성 콘텐츠

홍보성 콘텐츠란 브랜드가 발행한 것으로 보이는 명확한 콘텐츠라고 볼 수 있다. 여기에는 브랜드가 추구하는 공유 가치가 무엇인지 브랜드 철학이나 브랜드 스토리를 이야기하거나, 우리의 제품과 서비스가 어떤 특장점을 가지고 있는지 제품 정보를 소개하는 등 기업과 브랜

분류	콘텐츠 목적	콘텐츠 종류	형태	채널별
브랜디드 콘텐츠	홍보성	브랜드 스토리	글 or 이미지 or 동영상	블로그형 or SNS형
		제품 정보 / 매장 소개		
		이벤트 / 행사 소개		
	정보성	킬링 콘텐츠		
		주제 콘텐츠		
	소통형	일상		
		재미		
		이슈		
소비자 콘텐츠	소비자 사용 후기	사용 후기		
	필진 콘텐츠	행사 취재		
		주제 글 기고		

[표 4-4] 브랜디드 콘텐츠와 소비자 콘텐츠

드의 다양한 스토리, 이벤트 및 캠페인 등 다양한 프로모션에 대한 소개 콘텐츠 등이 해당된다. 홍보용 콘텐츠를 제작할 때 주의할 점은 지루하지 않게, 쉽게 이해할 수 있도록 구성해야 한다는 것이다. 요즘 많이 사용하는 인포그래픽을 홍보성 콘텐츠에 활용하는 것도 추천한다.

특히 캠페인과 관련된 콘텐츠를 보면, 캠페인을 기획하게 된 배경부터 캠페인을 통해 얻고자 하는 취지를 콘텐츠로 이야기할 수 있다. 캠페인 참여자들의 이야기로 콘텐츠를 지속적으로 발행될 수 있으며, 앞서 이야기한 대로 사람들의 공감을 형성한 경우 공유될 확률이 높아진다.

사람들의 공감을 얻기 위해서 가장 중요한 사항이 스토리이다. 보통의 스토리는 기승전결 구조로 진행되지만, 갈등에서 시작해 해결 과정을 소개하기도 한다. 그 해결 과정에 브랜드를 담아 보자. 브랜드

[그림 4-7] 캠페인 소비자 참여작 소개 콘텐츠

메시지와 스토리가 섞인 의미 있는 콘텐츠를 만들자.

예를 들어 브랜드의 가치를 담은 브랜드 탄생 배경을 스토리로 만들어 보자. 창업주가 어떤 이유로 회사를 창립하였는지, 또는 어떤 계기로 제품 브랜드를 론칭하게 되었는지 등을 담을 수 있다.

아디다스의 창업자인 아돌프 다슬러는 1900년에 독일의 작은 마을에서 태어났다. 그의 아버지는 신발 공장 봉제 기술자였고, 어머니는 크지 않은 세탁소를 운영했다. 이런 환경 속에서 자란 아돌프 다슬러는 신발 제작에 필요한 기본 기술을 자연스레 터득할 수밖에 없었다. 그 시절 독일의 신발 산업은 내리막길을 걷고 있었기에, 아버지의 바램은 아들이 제빵사가 되는 것이었다. 하지만 운동에 대한 열정이 강했던 아돌프 다슬러는 몇 번 신지도 않았는데 망가지는 운동화 대신 튼튼하고 오래가는 운동화를 제작하기 위해 어머니의 세탁실을 이용해 20세부터 운동화를 만들었다. 1924년 형 루돌프 다슬러와 함께 다슬러 형제 신발 공장을 설립하였고, 훗날 이 공장은 아디다스로 이름을 변경했다. 아돌프 다슬러는 자신이 만든 제품들을 선수들이 착용하기 전에 손수 사용해 보며 테스트하였다. 가장 좋은 제품을 선수들에게 제공하겠다는 그의 생각은 지금도 브랜드의 중심이 되는 철학으로 알려지고 있다.

아디다스 브랜드의 탄생 스토리에는 기승전결이 있으며, 스토리에 내재된 브랜드의 철학을 느낄 수 있다. "우리는 정말 튼튼한 신발을 만들 수 있어."라고 직접적으로 알리는 것이 아니라, 옛날이야기처럼 '어떤 배경으로 인해 이런 일이 있었는데 주인공의 이런 생각을 바탕으로 이것을 이루었다.'라고 들려준다. 이를 통해 기억에 오래 남을 수 있는 스토리가 있는 브랜디드 콘텐츠가 만들어지는 것이다.

2 정보성 콘텐츠

이번에는 제품이나 서비스와 관련된 카테고리에서 조금 더 확장된 카테고리에 대한 유용한 정보를 콘텐츠로 기획해 보자. 우리 제품과 서비스에 관심을 가질 만한 잠재 고객층이 궁금해할 만한 주제로 콘텐츠를 기획하는 것이다.

캠핑 장비를 판매하는 업체라면 대한민국 캠핑 명소 100곳을 연재하는 콘텐츠를 발행한다거나, 패션 의류 쇼핑몰이라면 요즘 유행하는 인기 코디법을 연재하는 등 제품 카테고리와 관련된 유용한 정보를 발행하는 것이 정보성 콘텐츠의 기본이다.

여기에 시의성까지 염두에 두고 콘텐츠를 발행한다면 좀 더 많은 잠재 고객층에게 콘텐츠가 노출될 수 있다. 예를 들어 여름휴가철에 휴가지를 아직 결정하지 못한 사람들에게 서울 근교 휴가지 100곳이라는 주제의 콘텐츠가 노출된다면 클릭률이 높아질 것이다.

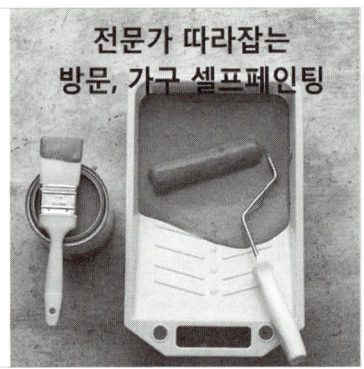

[그림 4-8] 정보성 콘텐츠 예시

브랜드를 대놓고 홍보하는 것이 아니라 소비자가 원하는 시점에 원하는 정보를 얻을 수 있도록 하는 것이 진정한 소비자 관점에서의 콘텐츠이다. 또는 특정 주제의 정보가 궁금한 사람들에게 "그런 정보라면 OOOOO 블로그에 가 봐. 좋은 정보들이 많이 있어."라고 얘기할 수 있다면, 정보성 콘텐츠를 성공적으로 발행하고 있는 것이다.

3 소통형 콘텐츠

소통형 콘텐츠는 말 그대로 사람들과 콘텐츠를 통해 소통을 하는 데 사용되며, 소통을 위해서는 '공감'이라는 요소가 필요하다. "어쩜, 나도 그렇게 생각하는데."라는 말이 나오거나, 재미있어 미소 지을 수 있거나, 감동적인 이야기에 반응할 수 있는 콘텐츠라고 생각할 수 있다. 특히 이러한 소통형 콘텐츠는 자연스럽게 다수의 공유를 일으키기에 좋으며, 사람들이 재미를 느끼게 하려면 기본적인 재미 요소나 유머 감각이 필요하기도 하겠지만, 다른 한편으로는 현재의 트렌드와 소비자들이 공감할 수 있는 최근 이슈에 밝아야 한다. 그래야 소비자들의 관심을 유발시켜 반응을 일으킬 수 있다.

다음으로는 콘텐츠의 화자에 대한 이야기로 일상을 소통하는 콘텐츠가 있다. 화자는 개인일 수도 있고, 브랜드나 쇼핑몰 또는 기업일 수도 있다. 쇼핑몰일 경우 쇼핑몰 운영 스토리를 진솔하게 소개하거나, 기업의 경우 조직 구성원들의 일상과 생활을 소개한다면 콘텐츠를 접한 사람들은 기업과 브랜드 또는 기업의 담당자에 대한 친밀도는 더욱 높아질 것이다. 우리도 브랜드와 관련된 진솔한 일상의 이야기를 소개해 보자.

소비자 콘텐츠(User Generated Contents)

브랜드가 발행하는 콘텐츠보다 훨씬 중요한 것이 소비자가 브랜드와 관련되어 만들어 낸 소비자 콘텐츠이다. 브랜드가 운영하는 다양한 채널에서 제품 사용 후기라든지 블로거들의 글을 쉽게 발견할 수 있는 것도 그 이유이다.

1 사용 후기 콘텐츠

　기업이나 브랜드가 만들어 낸 홍보성 콘텐츠가 제품의 특장점과 제품에 대한 설명을 다룬 것과는 달리 사용 후기 콘텐츠는 자신과 동등한 일반적인 소비자가 직접 제품을 사서 사용해 보고 느낀 소감이나 평가들을 담고 있기에 신뢰도가 높다. 또한 실생활에서 활용할 수 있는 다양한 사례를 사진으로 제공하거나, 상품 사용법을 사진과 글로 자세하고도 친절하게 설명하기 때문에 더욱 이해하기 쉬운 콘텐츠가 되는 것이다.

　따라서 우리는 웹사이트나 쇼핑몰 또는 브랜드 사이트 등을 운영하여 사용 후기 게시판을 통해 소비자들의 후기 콘텐츠를 축적해 나가거나, 영향력 있는 블로거나 커뮤니티 회원 대상으로 체험단을 진행함으로써 사용 후기 콘텐츠를 확보하여 다방면에 활용하여야 한다.

2 필진 콘텐츠

　필진 콘텐츠의 경우 블로그에서 가장 쉽게 발견할 수 있다. 특히 대기업 블로그는 해당 기업을 대표하는 에디터, 작가, 파워 블로거 등을 필진으로 구성하여 활용하고 있다. 하지만 대기업이 아니라고 시도하지 못할 사항은 아니다. 앞서 소개한 소비자 서포터즈 그룹을 모집하여 소비자 기자로서 콘텐츠 기고를 요청할 수 있다. 제품 사용 이야기부터 기업과 브랜드와 관련된 주제의 유용한 글을 기고한다거나 취재를 통해 현장의 생생함을 소비자의 글과 사진으로 멋지게 전달할 수 있다.

커뮤니케이션을 통한 콘텐츠 리뷰

　브랜디드 콘텐츠(Branded Contents)는 소비자와의 커뮤니케이션 역할도 한다. 요즘엔 다양해진 소셜 미디어로 인해 온라인에서 소비자와 쉽게 소통할 수 있게 되었다. 바로 콘텐츠를 통해 사람들의 반응을 확인하고, 그들의 생각(소비자 인사이트)을 얻어 낼 수 있으며, 공감을 얻을 수 있는 또 다른 브랜디드 콘텐츠를 기획할 수 있는 요소를 발견해 낼 수 있다.

　콘텐츠를 읽는 소비자들의 피드백을 고려하지 않고 일방적으로 콘텐츠를 발행한다면 독자들의 충성도나 관심은 떨어지게 마련이다. 진정으로 소통하는 팬을 만들려면 콘텐츠에 대한 반응을 수집하여 다시 콘텐츠 기획에 적용하여야 한다. 만약 그것을 인지한 팬이라면 팬심이 더욱 증가할 것이다.

　앞서 이야기한 브랜디드 콘텐츠는 기업 입장에서의 이야기가 아니라 소비자의 관점에서 소비자가 보기로 선택한 콘텐츠이다. 그리고 기업과 소비자는 이런 콘텐츠를 매개로 소통하게 된다.

　예를 들어 블로그에 발행된 콘텐츠를 통해 이웃들과 댓글로 소통한다거나 페이스북 담벼락 게시물 콘텐츠에 대한 댓글로 팬들과 소통을 나눌 수 있다. 우리가 그들과 소통하는 이유는 소비자의 생각을 알아내기 위해서이다. 그들을 통해 소비자들의 생각을 이해하고 성향을 파악하며 커뮤니케이션 한다면 우리는 분명한 소비자 인사이트를 도출할 수 있게 된다.

그들이 관심 있어 하고 선호하는 사항을 알 수 있으며, 그로 인해 그들의 브랜드 관여도를 더욱 높일 수 있으며, 지속적인 관계 형성을 통해 충성도 높은 팬들로 만들 수도 있다. 이러한 팬들이 점차 많아지면 그들은 우리의 이야기를 지속적으로 퍼나르며 일반인과의 브릿지 역할을 하게 되는 것이다.

사람들은 다양한 채널을 통해 우리의 콘텐츠를 접할 수 있다. 그 중 기업이 발행한 콘텐츠보다는 소비자들의 이야기를 더욱 신뢰하기 때문에 기업이 발행하는 브랜디드 콘텐츠보다 소비자 콘텐츠가 더욱 중요하다.

온드 미디어(Owned Media) - 자사 미디어 채널을 운영하자

브랜드 콘셉트와 브랜디드 콘텐츠에 대한 기획 방향이 정해졌다면, 이제 트리플 미디어 구축을 통해 통합적인 마케팅 커뮤니케이션을 시작해 보자.

트리플 미디어 중 기업이 소유하고 있는 온드 미디어 채널은 우리가 흔히 알고 있는 소셜 미디어 채널과 웹사이트, 온라인 쇼핑몰, 오프라인 매장 등 다양하다. 그중 온라인상의 온드 미디어 위주로 살펴보겠다.

온드 미디어 1 블로그 채널 기획 및 운영 방법

온드 미디어 채널 중 콘텐츠 생산 거점인 블로그에 대해 가장 먼저 살펴보자. 수많은 소셜 미디어 중에 단 하나만 운영해야 한다면 필자는 단연 블로그를 꼽을 것이다. 그만큼 블로그는 온드 미디어로서 중요한 역할을 한다.

1 블로그란

블로그(web+log)란 개인의 일상을 적는 일기라고 정의할 수 있다. 그만큼 블로그는 글을 자유롭게 적을 수 있는 공간인 것이다. 1인 미디어로서 개인이 운영하는 블로그도 있지만, 기업이나 브랜드 블로그의 경우 기업 홈페이지에서 보게 되는 딱딱한 글들이 아닌 기업이나 브랜드와 연관되어 소비자가 관심 가질 만한 이야기를 친근한 화자의 어법으로 자연스럽게 이야기하며, 소비자들의 검색 결과에 노출되면서 구매 결정 단계에서 영향력을 행사할 수 있다. 여기에서는 검색 최적화에 유리한 네이버 블로그를 기본으로 블로그 채널 기획 및 운영 방법에 대해서 소개하겠다.

2 블로그 운영 목적 및 목표

기업이나 브랜드 블로그의 운영 목적은 블로그 콘텐츠를 통해 잠재 고객과 소통함으로써 기업과 브랜드를 홍보하는 것이다. 그 과정을 간단하게 3단계로 설명하면 다음과 같다.

(잠재 고객 확보)   (브랜드 인지)   (가입, 신청, 구매)

[그림 4-9] 블로그 마케팅의 단계별 목적

> **Note**
> **블로그 운영 목적**
> ❶ 키워드의 검색엔진 노출로 잠재 고객의 블로그 유입(트래픽)
> ❷ 기업 및 브랜드에 대한 스토리텔링 콘텐츠를 생산하여 소비자와 소통(브랜딩)
> ❸ 소비자에게 원하는 행동 촉구(마케팅 전환)

블로그는 기본적으로 타깃 소비자들이 관심을 가질 만한 정보의 콘텐츠를 발행해야 한다. 이러한 콘텐츠는 제목과 본문에 사용된 특정 키워드로 인해 해당 키워드를 검색한 검색엔진 결과 페이지에 노출되며, 노출된 우리 콘텐츠를 소비자가 클릭함으로써 자사 블로그로 유입된다. 일반 소비자가 블로그에 접근하는 가장 보편적인 행동 단계를 정리하면 다음과 같다.

전략 검색어를 통한 검색 결과 확인 ➔ 관심 고객층이 블로그로 유입
➔ 방문자 중 이웃 신청 or 마케팅 전환

이러한 활동이 잘 이루어지고 있는지, 블로그의 운영 목표를 다음과 같이 수치로 판단할 수 있다.

> **Note**
>
> **블로그 운영 목표**
>
> 블로그 운영 목표 수치로는 채널 영향력을 나타내는 일평균 방문자 수, 이웃 수, 전략 키워드의 SOV를 들 수 있다.
>
> **예** ○○○ 블로그의 연간 운영 목표
>
> ① 전략 키워드의 평균 SOV 25%
> ② 일평균 방문자 수 2,000명 목표
> ③ 이웃 수 5,000명 목표
> ④ 전환율: 방문자 대비 전환된 수
>
> > **참고** 전환의 예: 상담 예약, 구매처 정보 확인, 온라인 쇼핑몰 링크 클릭 등을 들 수 있다.
> >
> > **참고** SOV(Share Of Voice): 검색엔진에서 전략 키워드 검색 시 노출되는 콘텐츠 중 자사의 브랜드가 노출된 콘텐츠의 비율

살펴본 것처럼, 블로그는 전략 키워드와 관련된 스토리가 가미된 콘텐츠를 생산하고 검색엔진 노출을 통해 가망·잠재 고객층의 방문을 이끌어야 한다. 블로그를 방문한 소비자가 우리 블로그의 콘텐츠가 본인에게 도움이 된다고 판단하여 즐겨찾기를 한다거나 이웃 설정을 한 뒤 지속적으로 방문하여 콘텐츠를 보며, 댓글을 통해 더욱 궁금한 점을 묻거나 관심을 보인다면 우리는 답글을 다는 등 콘텐츠를 두고 서로 소통하는 일이 벌어지도록 하여야 한다.

3 블로그 채널 기획

블로그 채널 개설 전에 가장 먼저 할 일은 블로그의 콘셉트를 정하는 것이다. 마케팅에서도 중요시되는 차별화된 콘셉트! 명확한 콘셉트 정립을 위해서 사람들에게 우리 블로그를 뭐라고 소개할 수 있을까에 대해 심도 깊게 고민해야 한다.

❶ 블로그 이름과 콘셉트 설명문 예시

- 삼화페인트 블로그: 삼화지기가 전하는 친환경 페인트 이야기
- 슈킹맘 블로그: 엄마 마케터의 꿈을 이루는 이야기
- 한국마즈 블로그: 반려동물과 함께하는 행복한 삶을 위한 이야기
- 풀무원 블로그: 풀무원의 아주 사적인 이야기

❷ 블로그 스킨 및 디자인

블로그의 콘셉트를 잘 표현할 수 있는 블로그 스킨 디자인 또한 중요하다. 스킨 이외에도 위젯 배너나 글 내 배너 디자인도 통일될 수 있도록 디자인 스타일 가이드를 명확히 하도록 하자.

[그림 4-10] 블로그 스킨 디자인 예시

❸ 블로그의 화자

블로그 콘셉트에 걸맞은 블로그 운영자의 캐릭터를 정하자. 기업이나 브랜드 블로그는 간혹 여러 사람이 운영하므로 어떤 사람이 어떤 성향을 가지고 이야기를 풀어 갈지 일관성을 지녀야 한다. 여러 사람이 운영하는 느낌이 나면 사람들은 진정한 소통보다는 겉껍데기와 소통하는 어색함을 느낄 수 있다.

또는 블로그 운영자 이외에 역량 있는 블로그 외부 필진을 구성하여 콘텐츠를 발행하는 방법도 있다. 외부 필진으로는 대행 업체 담당자나 블로거, 서포터즈, 대학생들을 활용할 수 있다.

❹ 블로그의 핵심 콘텐츠

블로그는 콘텐츠에 대한 고민과 함께 지속적으로 운영하여야 효과를 볼 수 있는 채널이다. 따라서 긴 호흡으로 1년 이상 꾸준히 콘텐츠 생산이 가능한 주제를 핵심 콘텐츠로 삼아야 한다.

> **예** 패션 의류 쇼핑몰 〉 핫한 코디법, 쇼핑몰 운영 스토리
> 캠핑카 대여 사업 〉 캠핑카로 여행하는 국내 여행지 100선

여기서 주의할 것은 핵심 콘텐츠를 홈페이지에서 보는 제품 정보 같은 딱딱한 콘텐츠로 생각해서는 안 된다. 블로그 방문자들을 위한, 그들에게 유용하고, 그들이 공감할 콘텐츠를 핵심 콘텐츠로 기획하여 지속적으로 발행하여야 한다.

4 블로그 이웃들을 열성 팬으로 만드는 법

여느 다른 SNS 채널에 비해 블로그에서는 보다 자세한 이야기를 늘어놓을 수 있어 좋다. 그러므로 블로그 방문자나 이웃들의 충분한 이해를 도울 수 있고 댓글을 통해 보다 자세한 이야기를 주고받을 수 있는 채널이다. 블로그 이웃들을 열성 팬으로 만드는 소통 방법에 대해서 알아보겠다.

❶ 정성스런 댓글로 소통하기

• 댓글 길이로 관심 표현하기

사람들과의 대화에서도 마찬가지이지만, 상대방에게 보다 많은 관심을 가지고 있음을 우리는 대화의 양으로도 표현할 수 있다. 말 섞기 싫거나, 관심 없는 대상에게는 짧은 대답으로 일관하는 것을 생각하면 알 수 있다. 우리가 발행한 블로그 포스팅에 이웃들이 댓글을 달며 관심을 표현했을 때 응대하는 답글의 유형은 다양하다.

다음은 주방을 셀프 페인팅으로 변신한 모습을 소개하는 포스팅에 대한 댓글이다.

#댓글 유형 1

서준이맘 2014/09/29 19:02　　답글 | 삭제 | 신고
너무 예쁜 색이에요~소량씩도 팔았음 좋겠네요^^♥

삼화지기 2014/09/30 18:40　　답글 | 수정 | 삭제
안녕하세요? 서준이맘님~
보통 페인트 최소 단위가 1리터인데, 소량이면 어떤 곳에 페인트 적용하실 생각이신거에요?
갑자기 궁금하네요. 저도 NCS 950 컬러 중 예쁜 색들만 조금씩 갖고 싶긴 하더라고요^^* 흥흥

서준이맘 2014/09/30 16:45　　답글 | 삭제 | 신고
삼화지기 문 한쪽 정도 칠할 땐 페인트 깡통 한통이 아주 부담스러운 양이에요~거실서 보여지는 쪽만 칠하고 싶은 사람도 있을 듯해요~홈스타스텔스OK처럼 0.4L팩으로 만들면 ~전문가가 아닌 저 같은 주부도 여러 곳에 시도해 볼 수 있지 않을까 생각해요~인터넷으로 주문하는 것도 좋지만 마트에 소용량1개씩이라도 다양한 색ㅇ,ㄹ 두면 관심없던 사람도 페인트 칠하기에 관심갖지 않을까 하는 저의생각이에요~페인트 수업땐 마트보다 여러 색이 소용량으로 있긴 하던데요

삼화지기 2014/10/01 11:19　　답글 | 수정 | 삭제
서준이맘 서준이맘님은 홈앤톤즈 강의를 들으셨었나봐요?
홈스타 파스텔 이지팩(0.4리터)는 10가지 색상이 있는데, 현재 이마트, 홈플러스에는 4~5가지 색만 입점되어 있어요.
인터넷 주문으로는 홈스타 파스텔 이지팩 10가지 색상을 구매가능하세요.
그 외에 캔으로된 홈스타 파스텔이나, 더클래시의 경우 950가지 색상이 조색되지만, 말씀하신대로 1리터가 최소 용량이네요.

말씀하신대로, 적은 용량! 더 많은 색상!에 대한 소비자의 니즈가 증가하는 만큼, 상품기획팀에 관련 내용 전달토록 하겠습니다.
소중한 의견 주셔서 감사해요. 즐거운 하루 되세요~^^*

#댓글 유형 2

우선순 2014/09/26 18:58　　답글 | 삭제 | 신고
저도 욕심나는 인테리어 비법들이 많은데
돈 열심히 모아서 하나 하나 차근 차근 부모님 집에
노후 인테리어를 해드리고 싶네요~^^

삼화지기 2014/09/29 10:28　　답글 | 수정 | 삭제
꼭 참고해 주세요

블루아나 2014/09/26 19:18　　답글 | 삭제 | 신고
부모님께 잘 해드려야 하는데..
가정을 꾸리고 살다보니 자주 찾아 뵙질 못하는데 이제부터라도
부모님 먼저 챙겨드려야겠어요

삼화지기 2014/09/29 10:28　　답글 | 수정 | 삭제
많이 활용해주세요 ㅎㅎ

[그림 4-11] 댓글 응대 태도 비교

유형 1에서는 댓글 내용에 대한 피드백과 함께 궁금증을 물으며 3줄 정도의 답글을 달았더니 이웃은 봇물 터지듯 자신의 의견을 털어놓는다. 마치 기업이나 브랜드가 사람과 같이 느껴지는 것이다. 하지만 유형 2에서는 블로그 운영자가 형식적인 답글을 단 경우로, 댓글을 남긴 사람은 '기업 블로그가 내 댓글을 읽었구나' 정도의 생각만 들 뿐 블로그 지기의 온정은 크게 느낄 수 없을 것이다.

> **Tip** 블로그 소통 실천 1

댓글에 답글을 최소 3줄 이상 다는 것을 습관화하자.

댓글 Give & Take 지키기
SNS 채널 운영의 기본 원칙은 Give & Take이다. 누구든지 내 블로그에 와서 댓글을 달았다면 나도 상대방의 블로그를 찾아가 댓글을 달아야 한다. 이는 기업이나 브랜드 블로그에서 마찬가지이다.

> **Tip** 블로그 소통 실천 2

① 오늘 하루 내 블로그를 방문하여 댓글 단 사람들의 블로그를 방문해서 댓글 달아주기
② 방문한 블로거가 브랜드의 타깃 고객에 해당할 경우 이웃 신청하기

트리플 타임으로 신속한 댓글 관리
블로그에 댓글을 달았는데 답글이 오래 지나서 달린다거나 서로 이웃 신청 확인이 지연되면 블로그 관리가 잘 안 되고 있다고 생각할 수 있다. 누구나 본인의 댓글에 신속하게 답글이 달리거나 서로 이웃을 신청하자마자 수락이 된다면 좋아하지 싫어하겠는가? 신속한 블로그 관리를 위해서는 습관이 중요하다. 활성화된 블로거의 경우 하루에 3번 블로그를 체크해서 댓글 및 이웃 신청 관리를 한다면 좋은 반응을 얻을 수 있다.

> **Tip** 블로그 소통 실천 3

트리플 타임(예: 오전 9시, 오후 1시, 오후 5시)으로 하루 3번 이웃 관리와 답글 다는 습관을 들이자.

❷ 블로그 이웃 관리로 열성 Follower 만들기

블로그를 방문하는 유형은 크게 두 가지이다. 검색엔진 검색을 통한 유입과 기타 유입이다. 검색을 통해 방문한 사람들이 우리 블로그를 마음에 들어 지속적인 방문을 하고 싶다면 우리 블로그를 이웃으로 등록하거나, 서로 이웃을 신청하게 된다. 네이버 블로그 관리 메뉴에는 열린 이웃 관리에 대한 3가지 메뉴가 있는데, 이를 활용하여 블로그 이웃 관리하는 노하우를 살펴보자.

• 열린 이웃

❶ 이웃 그룹 관리 ❷ 나를 추가한 이웃 ❸ 서로 이웃 맺기

[그림 4-12] 블로그 관리자 모드-열린 이웃 관리

• 서로 이웃 맺기

우선 서로 이웃에 대한 운영 정책을 정해야 한다. 초반에는 이웃이 없는 상태이므로 서로 이웃을 신청하면 전원 수락하는 것이 좋다. 하지만 네

이버 정책상 내가 추가할 수 있는 이웃의 수는 5,000명이며, 나를 추가할 수 있는 이웃의 수는 무한대이다. 그러므로 내가 추가한 이웃이 5,000명에 가까워진다면 서로 이웃보다는 이웃 신청을 권유하는 것도 방법이다. 하지만 여기서 블로그 운영 초기를 기준으로 이웃 관리 방법을 이야기하도록 하겠다.

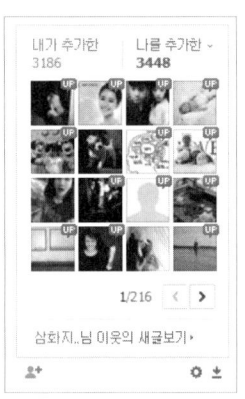

[그림 4-13] 블로그 이웃 관리 위젯

앞서 댓글 운영 방법에서도 이야기했듯이, 서로 이웃 신청 시에도 신속함이 중요하다. 댓글과 마찬가지로 서로 이웃 신청 수락도 하루에 트리플 타임으로 관리한다면 신청한 사람들의 반응이 좋을 것이다.

• 나를 추가한 이웃 관리하기

관리자 메뉴에서 매일 나를 추가한 이웃 목록을 살펴보자. 목록을 통해 개별 블로그를 방문해서 블로그를 파악해 보자. 블로그가 활성화되어 있고, 우리 브랜드에 관심이 있을 법한 블로거로 보인다면 나도 이웃으로 추가하거나, 서로 이웃을 신청해 보자.

[그림 4-14] 블로그 이웃 관리

・통계 보기

내가 추가한 이웃은 하트, 서로 이웃은 오렌지 하트, 상대만 나를 이웃 추가한 사람은 아무 표시가 없다.

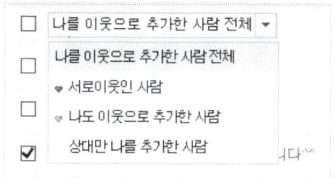

[그림 4-15] 이웃 분류 3가지

❸ 잠재 고객층을 이웃으로 만들러 나가자

내게 이웃을 신청하는 사람들만을 대상으로 이웃 관리를 하는 것은 다소 소극적인 태도일 수 있다. 보다 많은 잠재 고객을 블로그 이웃으로 만들려면 우리가 직접 찾아 나서는 것도 좋은 방법이다. 네이버 검색에서 브랜드 관련 검색어로 검색해 보자. 예를 들어 '셀프 페인팅'이라는 키워드로 검색할 경우 다음과 같은 결과 화면을 확인할 수 있다. 블로그 영역과 카페 영역을 통해 관심 고객층을 찾아보자.

[그림 4-16] 키워드 검색 결과에 노출된 블로그 체크

• 검색 결과에 노출되는 블로그 방문하기

검색 결과의 블로그 포스팅을 살펴보고, 블로그 전체를 둘러본다. 우리 브랜드에 관심을 가질 만한 블로거라고 판단되면 이웃 신청이나 서로 이웃을 신청한다. 서로 이웃 신청할 때는 신청 메시지를 꼭 입력해야 한다. 보통은 자기소개와 함께 상대방 블로그의 포스팅 내용을 칭찬한 뒤 자신의 블로그에도 유용한 정보가 많으니 들러보고 마음에 들면 서로 이웃 수락을 해달라고 요청한다.

이때 메시지 이외에도 신청한 이웃 관리를 위해 이웃 추가 그룹이나 서로 이웃 추가 그룹을 만들어 해당 그룹에 넣어 놓는 것이 좋다.

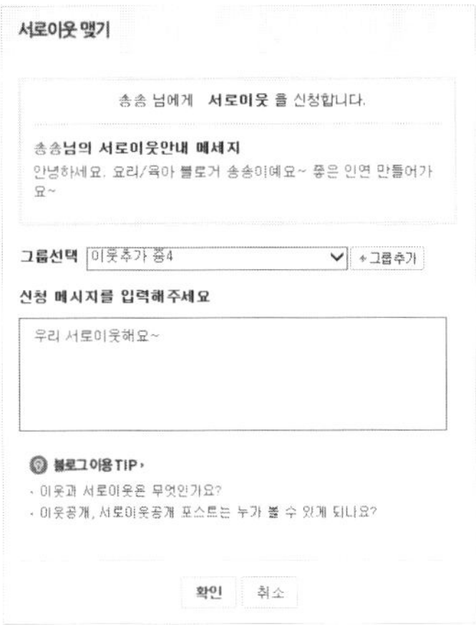

[그림 4-17] 서로 이웃 신청 메시지 보내기

• 검색 결과 내 카페 방문

카페 검색 결과의 경우 관련 글이 등록된 카페명이 명시되어 있다. 카페명 중 우리 브랜드와 관련이 있는 카페를 선택·방문하여 본문 내용을 살펴보자. 또한 카페 글 작성자의 블로그를 방문해 보자. 이때도 우리 브랜드에 관심을 가질 만한 사람일 경우 이웃 신청이나 서로 이웃 신청을 하자.

[그림 4-18] 네이버 블로그 열린 이웃·그룹 관리

3단계 온드 미디어(Owned Media) - 자사 미디어 채널을 운영하자 • 151

이상으로 블로그의 운영 목적 및 목표 설정부터 블로그 채널을 기획하는 방법과 블로그를 운영하면서 블로그 이웃들의 충성도를 높이는 방법까지, 블로그 채널의 전략적 기획·운영하는 방법을 살펴보았다. 단시간에 승부를 보려고 하기보다 앞서 이야기한 원칙을 가지고 꾸준히 방문자와 이웃들과 소통하다 보면 해당 브랜드의 브랜딩은 더욱 굳건해지고, 진솔한 소통을 통해 열혈 팬들이 점점 늘어날 수 있을 것이다.

5 블로그 통계 분석

마지막으로 네이버 블로그의 통계 기능을 활용해 블로그의 유입량, 유입처, 어떤 키워드로 유입이 되고 있는지를 체크해 보자. 주 단위, 월 단위로 블로그 통계를 정기적으로 분석하다 보면 앞으로의 콘텐츠 기획 방향과 블로그 활성화 방안을 찾을 수 있다.

❶ 블로그 방문 트렌드

일 단위 또는 주 단위 방문자 수와 방문 횟수, 페이지 뷰의 변화 추이를 통해 블로그의 변화를 살펴보자. 방문자 수가 증가하거나 감소하는 시점의 경우 유입 경로 분석이나 방문자 분포 등을 살펴 그 이유를 알아보아야 한다.

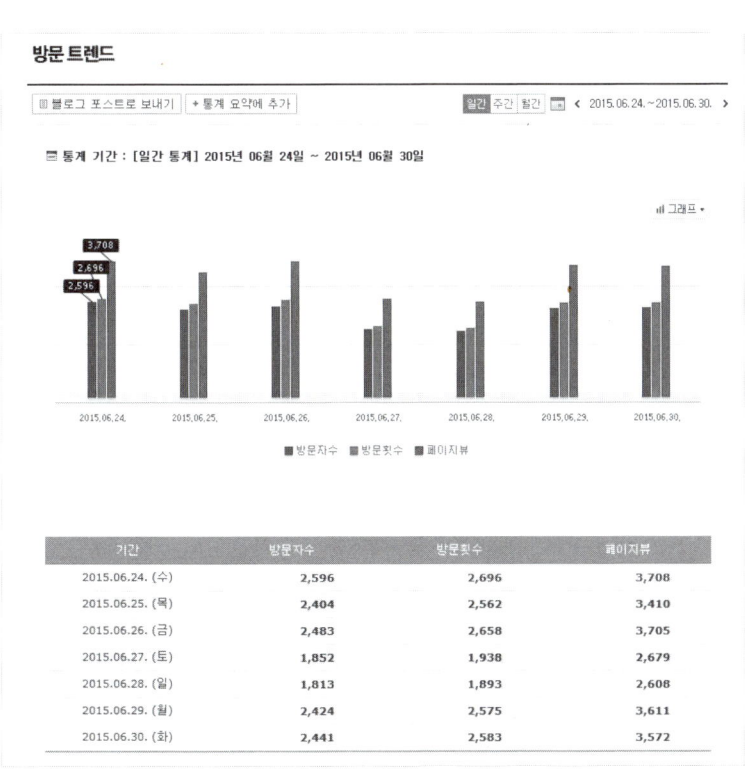

[그림 4-19] 일주일간 블로그 방문 통계

❷ 블로그 유입 분석

네이버 블로그의 경우 검색 유입의 비율이 높다. 검색엔진에서 어떤 검색어로 유입되었는지 파악하여 향후 콘텐츠 기획 시 반영해 보자.

블로그로 유입되는 실제 URL을 통해 정확한 유입처를 알아낼 수 있다. 검색엔진 이외에 어떤 웹사이트 또는 소셜 미디어 채널을 통해 블로그로 유입되는지 확인하여 연계 채널을 활용할 수 있다.

검색유입 분석

[통계 기간: [주간 통계] 2015년 06월 22일 ~ 2015년 06월 28일]

검색유입분석
● 검색유입 ● 기타유입

□ 검색어 검색엔진 별 유입률

순위	검색어	유입률	검색엔진비중	
1	페인트 인테리어	16.0%	네이버 100.0%	
2	페인트종류	11.7%	네이버 86.0%	다음 14.0%
3	벽지페인트	10.2%	네이버 100.0%	
4	가구리폼페인트	9.5%	네이버 100.0%	
5	셀프 페인트 인테리어	9.3%	네이버 100.0%	
6	더 클래시	9.2%	네이버 99.5%	다음 0.5%
7	친환경벽지페인트	9.1%	네이버 99.5%	다음 0.5%
8	유성페인트 지우는법	9.1%	네이버 100.0%	
9	천장 페인트칠	8.0%	네이버 100.0%	
10	삼화페인트	8.0%	네이버 91.7%	다음 8.3%

[그림 4-20] 일주일간 검색엔진 유입 키워드 분석

유입 URL 분석

[통계 기간: [주간 통계] 2015년 06월 22일 ~ 2015년 06월 28일]

순위	사이트 URL	유입수	유입률
1	http://naver.com	2,237	73.9%
2	http://daum.net	417	13.8%
3	http://spi.co.kr	273	9.0%
4	http://facebook.com	35	1.2%
5	http://theclassypaint.com	25	0.8%
6	http://google.co.kr	12	0.4%
7	http://naverblogwidget.com	10	0.3%
8	http://eventhouse.kr	8	0.3%
9	http://me2.do	8	0.3%
10	http://kakao.com	4	0.1%

[그림 4-21] 일주일간 블로그 유입 URL 분석

❸ 블로그 인기 포스트 분석

기간별 조회 수가 높은 콘텐츠를 살펴보자. 사람들이 많이 찾는 검색어를 사용한 포스팅이 검색엔진 상위에 노출될 경우 상위 조회 수에 해당하는 콘텐츠가 된다.

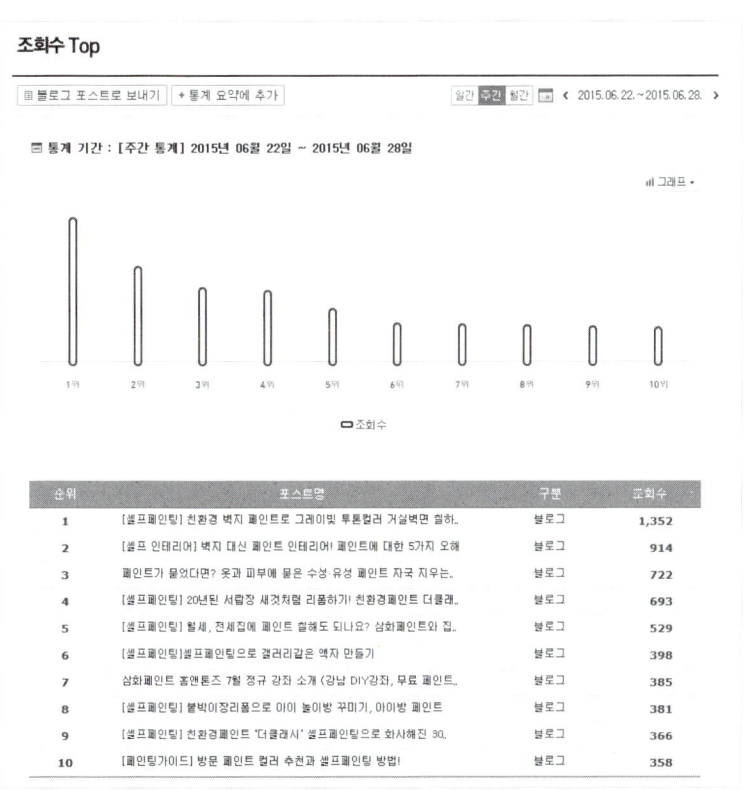

[그림 4-22] 일주일간 블로그 글 조회 수 TOP 10

❹ 블로그 댓글 분석

소셜 채널의 가장 큰 기능은 소통으로, 우리가 발행한 콘텐츠에 소비자들이 어떤 반응을 보이는지는 직접 댓글을 확인함으로써 알 수 있다. 그런데 대행사에게만 맡겨 운영한다면 소비자와의 진정한 소통을 할 수 없어 소셜 채널을 제대로 활용하지 못하는 경우가 될 것이다.

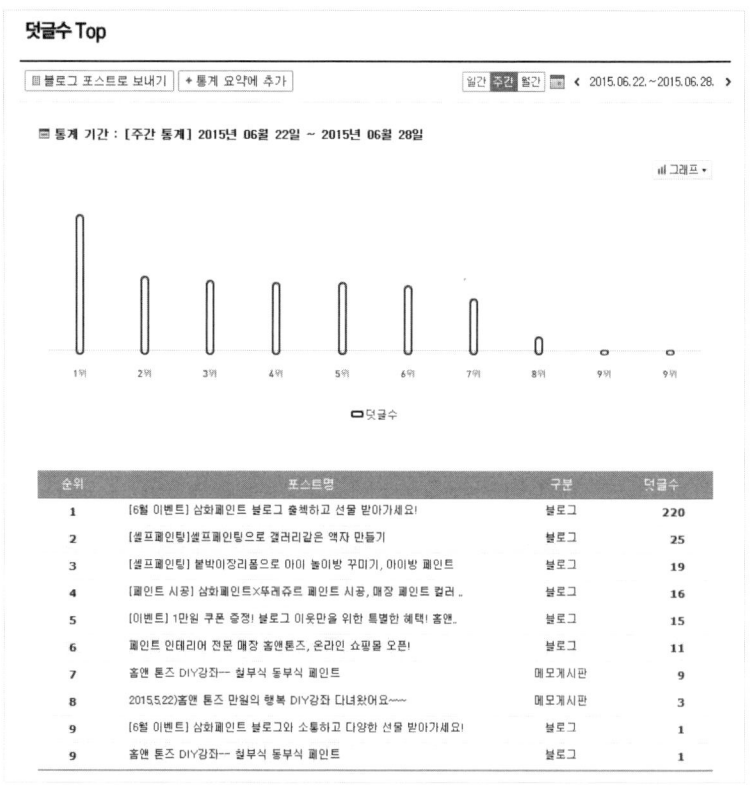

[그림 4-23] 일주일간 블로그 글 댓글 Top 10

블로그 운영은 마라톤과 같다. 장기적 안목을 가지고 소비자들이 궁금해하고 관심 있어 할 만한 콘텐츠를 기획·발행하며, 양질의 콘텐츠를 지속적으로 만들어 내고, 콘텐츠를 통해 사람들과 지속적으로 소통하여, 소비자의 목소리를 귀 기울여 듣고 반영하는 모습을 보인다면 채널의 영향력뿐 아니라 진정한 블로그 이웃 팬층이 확대될 것이다.

온드 미디어 2 페이스북 채널 기획 및 운영 방법

기업이나 브랜드가 주로 활동하는 SNS(소셜 네트워크 서비스)로는 페이스북, 카카오스토리, 핀터레스트, 인스타그램 등 다양한 소셜 미디어 채널이 있다. 관계 형성과 소통을 목적으로 하는 SNS의 대표 채널 중 20대가 가장 많이 사용하고 있는 페이스북에 대해 알아보자.

1 페이스북이란

페이스북은 세계 최대의 소셜 네트워크 서비스이다. 페이스북 서비스 중 기업이나 브랜드가 사용하는 페이스북 페이지는 '좋아요'를 통해 팬을 확보하는 팬 중심의 커뮤니티 형태로, 브랜드가 발행한 콘텐츠가 팬들의 뉴스피드를 통해 전달되는 형식이다. 이에 상대방은 게시 글에 대한 좋아요나 댓글, 공유를 통해 관심을 표현할 수 있다.

페이스북은 개방형 SNS로 강력한 인맥 구축이 가능하다. 홈페이지나 블로그에 비해 적은 비용과 노력으로 페이지를 운영할 수 있다. 물론 많은 팬을 확보하기 위해서는 페이스북 광고가 필수이기도 하지만 페이스북은 사용자의 연령, 지역, 성별뿐 아니라 생각, 관심, 행동 등 방대한 자료를 보유하고 있어 브랜드의 타깃 소비자에게 접근하는 데 용이한 장점을 가지고 있다.

페이스북 프로필 & 페이지

페이스북은 개인이 사용하는 '프로필'이라는 서비스가 있고, 기업이나 브랜드가 운영하는 '페이지' 서비스가 있다. 페이스북 프로필을 운영할 시에는 '친구' 관계를 한쪽에서 신청하고, 다른 한쪽에서 수락하여야 친구 관계가 형성된다. 하지만 페이스북 페이지의 경우 한쪽에서 '좋아요'를 클릭함으로써 팬이라는 관계를 맺을 수 있다. 이 두 가지 서비스를 비교해 보면 프로필은 인간적인 반면에, 페이지는 인간적인 면이 부족하다고 대부분의 사람들이 느낀다. 진정한 소통을 위해서는 인간적인 면이 유리할 텐데, 왜 기업들은 페이지를 운영하는 걸까?

가장 큰 이유로는 보다 많은 사람들을 팬층으로 확보하기 위함이다. 프로필은 최대 5,000명의 친구를 가질 수 있지만, 페이지는 무한대의 팬을 확보할 수 있다. 페이지는 페이지를 방문하여 댓글을 단 사람에 한해 답글을 달 수 있으며, '좋아요'를 한 팬들의 프로필에 댓글을 달 수가 없다. 페이지에서 자신의 콘텐츠를 발행하며, 팬들의 댓글을 기다릴 뿐이다. 하지만 프로필의 경우 친구들의 콘텐츠에 직접 반응할 수 있다. 반면 페이지의 경우 페이스북 광고를 집행함으로써 타깃에 근접한 팬들을 확보할 수 있으며, 운영상의 성과를 분석함으로써 효과적인 운영이 가능하다.

[그림 4-24] 페이스북 페이지 & 프로필

 필자는 페이스북 마케팅을 진행한다면 페이지와 프로필을 함께 운영할 것을 추천한다. 페이스북 정책상 프로필은 개인이 운영토록 권유하기 때문에 기업의 소셜 마케팅 담당자나 상점의 대표가 직접 운영하여야 하며, 운영하는 프로필로 페이지를 '좋아요' 한 친구들 중 영향력 있고 소통이 활발한 팬을 찾아보자. 프로필 계정을 통해 친구를 맺어 그 관계를 돈독히 맺어 나간다면 프로필에서의 친구 관계가 아는 사이로 발전하여 페이스북 페이지에 보다 적극적으로 반응하게 하는 열성 팬을 만들어 준다.

2 페이스북 운영 목적 및 목표

 기업이나 상점이 페이스북을 운영하는 이유는 블로그와 마찬가지로 잠재 고객과 관계를 맺음으로써 친밀감과 신뢰를 쌓아 기업과 브랜드를 자연스럽게 홍보하기 위함이다.

[그림 4-25] 페이스북 마케팅의 단계별 목적

그러기 위해서는 기업과 브랜드와 관련된 주제이면서 타깃 소비자가 공감할 만한 콘텐츠를 기획하여 팬들의 공감대를 이끌어 내며, 관계를 형성해 나가야 한다. 콘텐츠에 반응(좋아요, 댓글)을 일으키거나, 확산(공유)을 일으켜 친구의 친구들에게도 자사의 페이스북이 소개되어 친구가 좋아한 페이지를 나도 좋아요를 하도록 하거나, 콘텐츠에 반응할 타깃을 설정하여 페이스북 광고를 집행함으로써 콘텐츠를 통해 페이지를 홍보하여야 한다. 또한 이 책에서 중요시 여기는 소비자를 열성 팬으로 만드는 방법으로 콘텐츠를 통해 팬들의 이야기에 정성스러운 댓글을 주고받으며, 소비자로 하여금 브랜드가 자신을 특별하게 생각한다고 느끼도록 만들어야 한다.

❶ 페이스북 운영 목적

- 관계 형성을 통해 친밀감 높이고, 신뢰도 구축(관계 형성)
- 공감 콘텐츠를 발행하여 브랜드 인지(브랜드 인지)
- 콘텐츠를 팬들이 공유하여 확산토록 함으로써 팬들의 네트워크를 활용한 브랜드 전파(확산)
- 팬들의 의견을 경청하고 소통함으로써 소비자 인사이트 획득(의견 경청)

❷ 페이스북 운영 목표(정량 지표)

기업 페이스북의 운영 목표로는 페이스북 팬 수, 페이스북 소비자 반응 수, 페이스북 도달 수로 정량적 성과 지표를 정하고 있다.

- 페이스북 팬 수 = '좋아요' 한 페이스북 친구의 수(채널 영향력)
- 페이스북 소비자 반응 수 = 주간 게시물 좋아요, 댓글, 공유 수의 합
- 페이스북 도달 수 = 페이스북 유저에게 게시물 도달 수

3 페이스북 채널 기획

❶ 페이스북 페이지 이름

기업·브랜드·상호명을 페이스북 이름으로 사용하거나, 조금 더 자연스럽게 다가가려면 주제와 관련된 단어를 페이지 이름으로 정하는 것도 좋은 방법이다.

예 삼화페인트 vs 페인트로 집 꾸미기

❷ 페이스북 콘셉트 및 주제

우리의 페이스북 콘셉트는 주체가 무엇이냐에 따라 달라진다. 기업이 운영하는 페이스북이라면 기업의 아이덴티티를 표출할 수 있어야 하고, 브랜드 페이스북이라면 브랜드의 콘셉트를 나타낼 수 있어야 한다. 또한 콘셉트를 설득할 수 있는 주제를 다루어야 한다.

예를 들어 포스코의 경우 대한민국 대표 철강 회사라는 기업의 이미지를, 일반인 삶과 다소 멀어 보이지만 일상 속 곳곳에 철이 존재한다는 내용으로 '철을 만지다'라는 광고 문구를 사용하며, '생활 속 철 이야기'를 주제로 삼고 있고 있다.

원룸 만들기 페이스북 페이지의 경우 원룸 생활자들이 관심 있어 할 원룸에 적합한 가구, 소품, 생활용품을 소개함과 동시에 원룸 생활자들의 방을 제보받아 '원룸 꾸미기'를 주제로 스토리와 함께 소개하고 있다. 만약 반찬 가게 쇼핑몰을 운영하는 페이스북이라면 어떤 재료로 반찬을 만드는지, 재료의 신선함을 담아 '반찬 요리 레시피'를 주제로 하는 것도 방법이다.

❸ 페이스북 콘텐츠 제작

앞서 정의한 페이스북 주제와 관련 있는 차별화된 콘텐츠를 기획하여야 한다. 동종 업계의 페이스북에서 흔히 볼 수 있는 콘텐츠가 아닌, 우리 브랜드만이 독자적으로 발행하는 콘텐츠를 만들어야 한다. 앞 장의 콘텐츠 기획 파트에서 다룬 홍보성, 정보성, 소통형, 소비자 콘텐츠를 가지로 삼아 브레인스토밍을 하거나 여러 가지 콘텐츠 소재를 가지고 기획해 보자. 페이스북에서는 특히 이미지의 소구가 중요하므로 해당 내용을 사진이나 이미지로 어떻게 표현할지에 대해서도 신경 써야 한다. 또한 콘텐츠 텍스트는 블로그와 같이 긴 서술형이 아니라 조금 명료한 문장으로 작성해야 한다.

	3/23	3/26	3/27
Key Item	컬러	정보	컬러
Strategy	캐주얼	캐주얼	이벤트
Update Section	사진 콘텐츠	사진 콘텐츠	사진 콘텐츠
Message	'홈앤톤즈'에 봄이 찾아왔어요~! 봄을 느끼게 하는 피치 & 스카이블루 컬러로 홈앤톤즈 봄낮이 새 단장 완성! 봄나들이는 홈앤톤즈로~go go 〉 찾아오는 길 http://bit.ly/1857pK7 #페인팅Tip #지그재그_벽면_분할페인팅	아파트 복도에서 흔히 볼 수 있는 이것! 다채무늬 도료, 늘푸른 OOOO를 소개합니다. 힌트 보러가기 ▶ http://bit.ly/IBLxste 빈칸의 정답을 맞추는 3분께 추첨을 통해 스타벅스 기프티콘을 드릴께요~! ※ 4월 2일(목) 발표	★이달의 컬러 찾기 이벤트★ 싱그러운 봄 컬러는 파릇파릇 푸르른 #그린!! 생활 속 곳곳에 그린 컬러를 찾아주세요! 추첨을 통해 #조셉조셉 도마를 드립니다. ▶ 참여방법  그린 컬러를 찾아 찰칵찰칵!  사진 댓글로 이벤트 응모하면 끝! ※ 4월 17일(금) 4명 발표
Design References			

[그림 4-26] 페이스북 페이지 콘텐츠 기획 예시

페이스북의 성공 비결은 본질에 충실하는 것이다. 사람들과 관계를 형성하면서 자신에 관한 진솔한 이야기와 주제에 맞는 이야기를 꾸준하게 하는 것이다. 이런 콘텐츠를 통한 소통 중에 사람들의 이야기에 귀 기울이고 소비자들의 생각과 필요한 사항을 캐치하여 기업, 브랜드에 반영시키기 위한 노력을 보여준다면 진정한 팬층이 형성될 수 있다.

4 페이스북 이벤트 기획

페이스북 이벤트는 담벼락 포스팅 이벤트와 페이스북 앱을 활용한 이벤트로 나눌 수 있다. 페이스북 앱을 활용하려면 별도의 코딩 및 개발이 필요한 경우도 있으므로 이 책에서는 쉽게 소통하며 운영할 수 있는 담벼락 포스팅 이벤트에 대해서만 이야기하겠다. 담벼락의 특징상 타임라인을 통해 둘러보다가 눈에 띄는 이미지의 이벤트를 발견하거나, 친구가 공유한 이벤트에 관심을 갖게 된다. 눈에 띄는 이미지를 만들려면 어떻게 해야 할까? 물론 디자인적인 부분도 중요하지만, 이벤트의 특성을 잘 반영한 일상의 자연스러운 사진을 활용하는 것이 가장 좋다. 즉 궁금증을 유발하거나 사람들의 관심을 유발할 수 있는 이미지와 이벤트 내용이 필요하다. 그러기 위해서는 우리 브랜드의 콘셉트나 특성과 개연성이 있어야 함은 물론, 외부 환경을 적극 고려하여 사람들의 관심을 얻어야 한다.

❶ 성공적인 페이스북 이벤트의 3가지 특징

- **❶ 시기성** – 시기상으로 적절한 이벤트인가?
- **❷ 개연성** – 우리 브랜드의 특성과 메시지가 녹아 있는가?
- **❸ 의외성** – 뻔한 이벤트는 아닌가? 참여자가 신선하게 느끼고 참여하겠는가?

❷ 시기에 맞는 페이스북 이벤트의 예

[그림 4-27] 크리스마스 시기에 맞춘 이벤트의 예

예를 들어 12월 24일에 진행할 페이스북 이벤트로는 많은 사람들이 관심 있어하는 크리스마스라는 소재를 시기상 생각할 수 있다.

'Merry Christmas'라는 문구와 함께 빨간 모자를 쓴 루돌프 그림 안에 '더클래시'라는 친환경페인트 캔을 캐릭터화해서 함께 넣어보았다. 그리고 왼쪽과 오른쪽의 틀린 그림을 찾아 몇 개의 틀린 그림이 있는지 정답을 댓글로 남기며 응모한다.

퀴즈를 푸는 동안 더클래시라는 브랜드를 잠시나마 인지하게 하며, 이벤트 정답이 7개인지 8개인지 의견이 분분해지며 응모자들의 관심을 받게 된다.

다음에서는 몇 가지 페이스북 이벤트 사례들을 통해 성공 요인을 살펴보자.

• 이벤트 예시 1 •

빈칸 채우기 이벤트

아이들의 그림일기를 활용한 브랜디드 콘텐츠에 이벤트를 걸었다. 세타필 로션은 까칠한 피부에 보습, 영양을 주는 효과를 가진 제품이라는 특성과 강점을 대놓고 알리기보다는 어린아이의 시선에서 이야기하고 있다. 브랜드와의 개연성에 맞춰 의도적으로 작성된 일기이긴 하나, 그 아이디어가 신선하여 참신성을 가지고 있다. 이벤트 빈칸 OOO에 브랜드명을 댓글로 적음으로써 쉽게 응모할 수 있다.

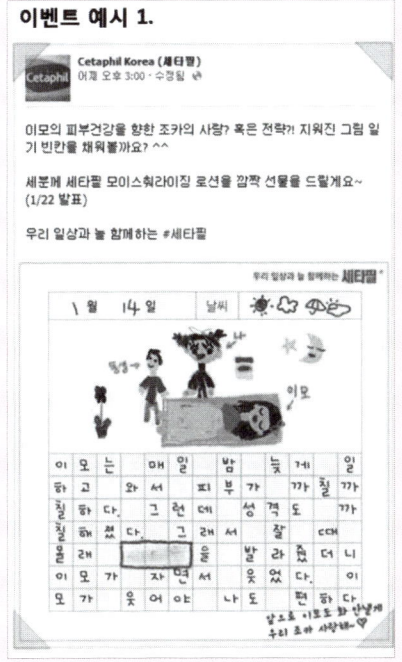

[그림 4-28] 세타필의 브랜드명 빈칸 채우기 이벤트

• 이벤트 예시 2 •

부적 공유 이벤트

"안 좋은 기억 싹 없애주고, 좋은 일만 생기는 대박 좋은 부적"이라는 글과 함께 롯데월드의 캐릭터인 '로이'가 부적에 그려져 있다. 매년 초만 되면 새해 복 많이 받으라는 덕담을 여기저기 전하느라 바쁘다. 이런 시점에 행운의 부적을 만들어 공유하면 어떨까? 시의성이 잘 반영된 이벤트이며, 참신한 아이디어로 의외성, 롯데월드 로이 캐릭터를 부적에 넣어 개연성까지 모두 완벽한 이벤트이다.

[그림 4-29] 롯데월드의 캐릭터 부적 공유 이벤트

• 이벤트 예시 3 •

퀴즈 이벤트

"시장에 가면 OOO도 있고"라는 놀이를 소재로, 한강에 가면 이곳 저곳에 삼화페인트 제품이 사용되었음을 알려주는 이벤트이다. 일반인은 세상 곳곳에 쓰인 페인트에 관심이 없다. 자신과 관여도가 적기 때문이다. 그런 제품에 대해 소비자의 환기를 이끌어 내기 위해 한강이라는 익숙한 장소의 곳곳을 소재로 관심을 일으키는 퀴즈 이벤트이다.

[그림 4-30] 삼화 페인트의 퀴즈 이벤트

5 페이스북 인사이트 분석

　페이스북 페이지의 경우 인사이트 메뉴를 통해 페이스북 운영 현황을 알 수 있다. 우리 페이지를 '좋아요' 한 수에서부터 새로 발행된 게시물에 대한 반응을 수치화하여 봄으로써 정량적 분석뿐 아니라 콘텐츠의 영향력, 팬들의 반응을 살펴볼 수 있다.

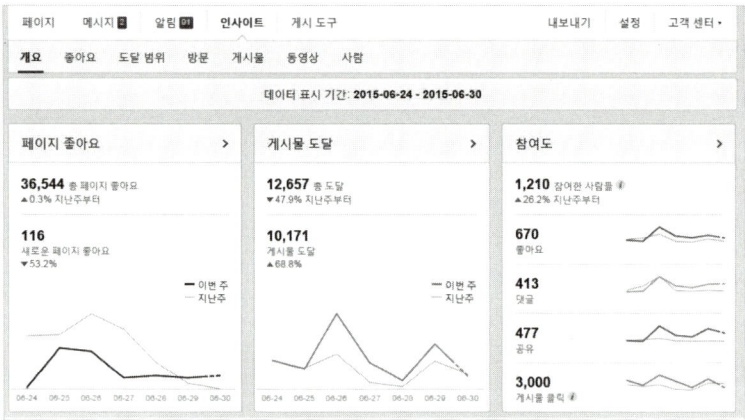

[그림 4-31] 페이스북 페이지 인사이트 - 개요

　일단 인사이트의 개요를 살펴보자. 최근 7일 동안 페이지에서 일어난 활동에 대한 정보를 파악할 수 있다.

- 페이지 좋아요: 총 페이지 좋아요와 7일 동안 새로운 페이지 좋아요 수
- 게시물 도달: 총 도달 수와 7일 동안 게시물 도달 수
- 참여도: 7일 동안 게시물 좋아요 수 + 댓글 수 + 공유 수의 합

[그림 4-32] 페이스북 페이지 인사이트 - 게시물

또한 발행된 게시물별로 게시물이 도달한 수와 게시물에 반응한 참여도 수를 살펴볼 수 있다. 도달 수의 경우 유기적 노출인지, 광고 노출인지, 팬과 팬이 아닌 사람에게도 게시물이 얼마나 전파되었는지 파악할 수 있다. 소비자 참여도를 통해서는 인기 게시물을 확인할 수 있다. 게시물의 클릭 수와 게시물 좋아요, 댓글, 공유 수의 합을 통해 소비자들이 공감하는 콘텐츠가 무엇인지 확인한 후 콘텐츠 기획 방향에 반영하여 소비자 인게이지먼트를 지속적으로 확대해야 한다.

온드 미디어 3 | 카카오 스토리채널 기획 및 운영 방법

　현재 운영되는 SNS 채널 중 가장 인기 있는 채널은 페이스북이다. 하지만 여러분의 브랜드가 30~40대 여성을 타깃으로 하고 있다면 페이스북보다 카카오 스토리채널을 주목해야 할 필요가 있다.

　카카오 스토리채널은 어떤 특징을 가지고 있기에 페이스북과 다른 연령대의 사용자층을 다수 보유하고 있는 것일까? 페이스북과 카카오 스토리채널의 차이점을 이해하고, 채널 사용자들을 이해함으로써 소비자와의 소통 채널로 카카오 스토리채널을 어떻게 활용할 수 있는지 그 기획 방법에 대해서 살펴보도록 하겠다.

1 페이스북과 카카오스토리의 차이

[그림 4-33] 카카오톡 / 카카오스토리 / 페이스북 - 화면

　대한민국 국민 모바일 메신저는 단연 카카오톡이다. 카카오톡 사

용자가 증가하면서 카카오스토리의 사용자도 자연스럽게 증가하고 있다. 카카오톡은 휴대폰에 전화번호만 등록되어 있으면 자동으로 친구를 추가할 수 있으며, 카카오톡 친구가 되면 카카오스토리 친구가 되는 것은 쉬운 일이다. 카카오스토리는 카카오톡과 연계되어 있기 때문에 많은 장점을 가진 대한민국 토종의 소셜 미디어 채널이다.

페이스북과 비교되는 카카오스토리의 특징을 한마디로 이야기하면 폐쇄형 SNS라고 할 수 있다. 페이스북은 자신이 모르는 사람들, 바로 친구의 친구들에게까지 자신의 이야기가 공개되는 공개형 SNS이다. 하지만 카카오스토리는 휴대폰 번호를 알고 일면식이 있는 사람들과 친구 맺기를 하며, 알고 지내는 친구에게만 본인의 소식이 보이기 때문에 폐쇄형 성격을 가진 SNS라고 할 수 있다. 이렇게 알고 지내는 사람들과 친구를 맺고 있기 때문에 자신의 셀카 사진을 올리거나, 아이들이며 가족 이야기 등 사생활도 편하게 공개할 수 있다.

또한 카카오스토리는 10대와 30~40대가 가장 많이 사용하는 SNS에 해당된다. 특히 주부층이나 연세가 많은 분들이라도 쉽게 사용할 수 있는 채널이다. 필자의 경우 페이스북에는 일과 관련된 이야기나 개인적인 의견을 담아 일상을 공유한다면, 카카오스토리에는 나와 가족의 소소한 일상을 공개한다. 또한 카카오스토리는 전 연령층이 사용할 수 있을 정도로 간단하기 때문에 카카오스토리에 올린 글은 필자의 아버지도 보시고 이야기를 해주지만, 페이스북에 올린 글은 그럴 수가 없다.

2 카카오 스토리채널이란

이제부터는 기업이나 브랜드가 이용할 수 있는 카카오스토리의 서비스인 '카카오 스토리채널'에 대해서 살펴보자.

개인이 사용하는 카카오스토리는 1,000명밖에 친구를 맺을 수 없다는 한계가 존재한다. 페이스북의 프로필 팔로어 5,000명에 비해 적은 수이다. 물론 일반인에게 친구 1,000명은 많은 숫자이겠지만, 브랜드를 알리는 데 1,000명의 친구는 많이 부족하다. 그렇기 때문에 카카오스토리의 비즈니스용 채널인 스토리채널이 개설되었으며, 우리는 스토리채널을 활용하여야 한다.

페이스북과 마찬가지로 대부분의 SNS 채널은 개인용과 기업용으로 구분된다. 카카오도 개인이 사용하는 카카오스토리와 기업이나 브랜드가 사용하는 스토리채널로 구분되어 있다. 개인이 보는 카카오스토리 뉴스피드에는 개인용, 기업용 계정의 이야기가 혼재되어 노출된다. 그러므로 개인의 SNS 타임라인에서 보다 쉽고 보다 친근하게 기업과 브랜드의 이야기를 볼 수 있다. 이런 점에서 우리는 SNS라는 채널이 고객과 소통하기 좋은 수단이라고 말하는 것이다.

	카카오스토리	카카오 스토리채널
계정 만들기	개인 이메일 계정	모든 이메일 계정
관계	서로 친구 맺기(서로 함께 친구 맺기)	구독자가 소식 받기(구독하고자 하는 사람이 신청만 하면 됨)
댓글 달기	모든 게시물에 댓글 가능	내 게시물에만 댓글 가능

[표 4-5] 카카오스토리와 카카오 스토리채널 비교

카카오 스토리채널은 이메일 계정이 있다면 누구나 개설이 가능하다. 개설 후에는 구독을 원하는 사람이 소식 받기를 클릭하면 기업과 브랜드의 스토리채널이 개인과 구독자로서 관계를 맺는다. 스토리채널 운영자는 자신의 스토리채널 콘텐츠에 달린 댓글에만 댓글을 달 수 있으며, 개인의 카카오스토리로 이동하여 댓글을 다는 것은 제한된다.

커피스토리라는 스토리채널을 예시로 구독자가 스토리채널과 관계 맺는 과정을 살펴보자.

[그림 4-34] 개인의 소식 피드 노출 → 느낌 메뉴 → 댓글 메뉴 → 공유 메뉴

카카오스토리상의 친구가 커피스토리 채널의 글을 공유하였는데, 콘텐츠가 참 유익하다. 해당 채널에 들어가 소식 받기를 클릭함으로써 구독을 신청한다. 소식 받기 시작한 브랜드의 스토리채널이 새로운 콘텐츠가 발행될 때마다 자신의 소식 피드에 노출된다. 사람들은 관

심 있는 콘텐츠의 경우 더보기로 전체 글을 보면서 3가지 액션을 취할 수 있다.

- 느낌 표현 – 좋아요, 멋져요, 기뻐요, 슬퍼요, 힘내요

페이스북의 '좋아요'라는 단편적인 표정과 대비되는 다양한 느낌을 표현할 수 있다.

- 댓글 달기

더욱 적극적인 관심을 표현하거나 의견을 남기고 싶을 때 댓글 아이콘을 누르면 댓글을 입력할 수 있다.

스토리채널 운영자의 주요 역할은 구독자들의 댓글에 반응하며, 구독자들과 진심으로 소통하는 일이다.

- 공유하기

유익한 정보가 있어 내 스토리에 공유하여 담거나 특정 대상에게 알리고 싶다면 카카오톡, 카카오그룹에 공유하고, 해당 콘텐츠를 직접 볼 수 있는 URL을 복사할 수도 있다.

3 카카오 스토리채널 운영 목적 및 목표

카카오 스토리채널의 전반적인 특징을 파악하였다면 브랜드 스토리채널을 운영함으로써 얻고자 하는 목적과 목표에 대해서 생각해 보자. 목적성이 다른 스토리채널의 사례를 살펴보면서 스토리채널을 운영하는 우리의 목적을 분명히 해보자.

📍 정보 제공 및 제품 판매 - 예 육아공식 스토리채널

[그림 4-35] 육아공식 스토리채널(https://story.kakao.com/ch/babycare8)

　육아공식 스토리채널은 아이를 키우는 엄마들을 위한 육아 정보 및 살림 노하우 같은 정보성 콘텐츠를 발행하면서 육아용품 및 생활 용품을 공동구매하는 스토리채널이다. 다른 SNS에서는 이런 공동구매를 목적으로 하는 채널 운영이 쉽지 않지만, 카카오스토리의 경우 소상공인이나 소기업에서 공동구매 형태의 스토리채널을 성황리에 운영하고 있다. 주문은 직접 댓글을 남긴 후 무통장 입금으로 받거나, 별도의 쇼핑몰을 운영하면서 쇼핑몰 링크를 통해 쇼핑몰에서 주문하게끔 하고 있다.

　여러분의 브랜드가 30~40대 주부층이 타깃 고객이며, 직접 판매가 필요하다면 SNS 채널 중에 스토리채널을 운영할 것을 추천한다.

♀ 정보 제공 및 수강생 모집 - 예 커피스토리 스토리채널

[그림 4-36] 커피스토리 스토리채널(https://story.kakao.com/ch/coffeestory)

커피스토리라는 이름에서 느껴지듯이 커피에 대한 정보를 제공하며, 바리스타에 관심이 있거나 커피숍 창업을 희망하는 구독자를 대상으로 관련 강의를 소개하는 카카오 스토리채널이다. 다만 커피가 메인 주제라고 해서 커피 이야기만으로 콘텐츠를 구성하지는 않는다. 인생을 사는 데 지침이 되는 좋은 문구나 이야기들도 함께 소개함으로써 커피에 직접적인 관심을 가지지 않은 잠재 고객을 유인하는 역할도 하고 있다. 물론 목적하는 바는 커피 강의나 창업 강의 수강생을 모집하는 것이다. 네이버 카페 채널도 함께 운영하고 있어 양쪽 채널에서 같은 콘텐츠로 공지가 되며, 강의 신청은 구글독스를 활용해 쉽게 신청을 받으며 비용은 무통장 입금으로 받고 있다.

이렇게 스토리채널의 활용법과 몇 가지 인터넷 사용법만 알고 있다면 마케팅 전환을 이끄는 상담, 신청, 구매 등의 활동을 할 수 있는 홍보 채널로 스토리채널을 유용하게 활용할 수 있다.

♥ 정보 제공 & 관심 타깃 모객 — 예 요리하고 사랑하고 스토리채널

[그림 4-37] 요리하고 사랑하고 스토리채널(https://story.kakao.com/ch/mizcook)

　다음은 매일 한 개의 요리 레시피를 연재하고 있는 '요리하고 사랑하고'라는 스토리채널이다. 30~40대 여성들의 최대 관심사인 "오늘 뭐 해 먹지?"라는 고민을 해결해 주는 알찬 요리 레시피가 매일 업데이트되고 있다. 카카오스토리 사용자들은 생활에 도움이 되는 이런 콘텐츠에 열광한다. 보통은 정보성 콘텐츠와 홍보성 콘텐츠를 혼재하여 노출하지만, 이 채널은 상세 레시피가 DAUM 요리 레시피로 연결된 것 이외에 홍보적인 부분을 발견할 수가 없다.

　또한 구독자들의 댓글에 대해 답글을 달지 않는 정책을 유지하고 있다. 그런데도 콘텐츠가 좋기 때문에 많은 사람들이 두고두고 보기 위해 자신의 카카오 스토리채널로 공유해 가는 수가 상당한 것이다. 공유 수가 상당하므로 공유해 간 글을 본 친구들이 또다시 해당 채널에 소식 받기를 하게 된다. SNS의 최강점인 N:N의 커뮤니케이션을 가장 잘 활용하고 있는 사례이기도 하다.

사람들은 기업이나 브랜드가 운영하는 채널의 홍보성 내용에 대해 거부감을 느낀다. 그래서 초반 일정 기간 동안에는 홍보성 글을 절대 올리지 않고 정보성 글만으로 유지하여 구독자를 일정 인원 이상 확보한 다음에 홍보성 콘텐츠를 노출하거나, 아니면 지속적이고 경쟁력 있는 콘텐츠를 누적하여 콘텐츠 사업을 진행하는 채널 운영 전략을 펼치고 있다.

♥ 개인 브랜딩 & 홍보 － 예 김미경의 톡앤쇼

[그림 4-38] 김미경의 톡앤쇼 스토리채널(https://story.kakao.com/ch/kimmikyung)

다음은 개인 브랜딩과 홍보를 위해 채널을 운영하는 사례이다. 개인 브랜딩이란 자신의 이름 석 자가 브랜드가 되는 것이다. [그림 4-38]에서 예로 든 김미경 씨와 같은 유명인만 개인 브랜딩을 하는 것이 아니라 일반인도 자신을 브랜딩하는 일은 요즘 정말 중요하다. 현재 직장이나 가족의 구성원인 나에서 자신만의 특징을 만들어 이름 석 자와 매치하는 일에 스토리채널을 활용해 보는 방법도 의미 있는 일이다. 김미경의 톡앤쇼 스토리채널의 경우 "당신의 꿈을 응원합니다"라는 슬로건과 함께 강연 정보 및 강연 이야기와 개인의 일상을 소개하면서 본인의 생각을 많은 팬과 공유하며 소통하고 있다.

📍 브랜딩 & 홍보 – 예 롯데홈쇼핑

[그림 4-39] 롯데홈쇼핑 스토리채널(https://story.kakao.com/ch/lottehomeshopping)

롯데홈쇼핑 스토리채널은 기업이 운영하는 채널의 전형적인 형태이다. 기업이나 브랜드를 홍보하는 것을 주 목적으로 롯데홈쇼핑과 관련된 행사 및 이벤트 또는 TV 홈쇼핑의 특정 프로그램을 소개하고 있다. 간혹 유용한 정보를 제공하기도 하지만 후반부에는 해당 상품이나 관련 콘텐츠를 링크하고 있다.

스토리채널 운영 목적

앞서 살펴본 스토리채널 유형을 통해 우리가 오픈하고자 하는 스토리채널을 어떤 목적 아래 운영해야 할지 구체화할 수 있다. 또한 이 모든 채널의 공통점도 찾을 수 있다.

콘텐츠 제공 ➡ 브랜딩 ➡ 마케팅 전환

모든 SNS 채널의 공통된 사항은 콘텐츠를 통해 소통하고, 콘텐츠를 통해 우리 브랜드 이미지를 알리는 일이다. 스토리채널에서 마케팅 전환을 일으킬 수 있다면 가장 좋지만, 브랜드 커뮤니케이션만으로도 채널 운영 목적은 충분한 것이다.

스토리채널 운영 목표(정량 지표)

스토리채널 운영의 정량 목표로는 구독자 수, 활동 사용자 수, 방문 사용자 수, 액션 버튼 클릭 수를 정량적 성과 지표로 정하고 있으며, 채널 운영 목적에 따라 목표 항목을 추가하는 것이 좋다.

공동 구매 목적의 스토리채널이라면 공동 구매 성사 건수 및 공동 구매 매출을 들 수 있고, 강의 홍보 채널이라면 강의 신청 수 등을 추가할 수 있다.

- 구독자 수 = 주간 구독자의 증감 수(소식 받기에서 소식 끊기 한 사람의 수를 뺀 수)
- 활동 사용자 수 = 주간 댓글/느낌/공유 활동을 한 사용자 수(중복 제외)
- 방문 사용자 수 = 스토리채널 홈 방문 + 게시글 상세 보기에 진입한 사용자 수(중복 제외)

앞의 사례에서도 보았듯이 공통 목적 사항 이외에도 스토리채널만의 중요한 운영 목표들이 존재하므로 목적에 맞게 채널을 기획하여 활용해 보도록 하자.

4 카카오 스토리채널 기획

이제부터 우리가 운영할 스토리채널을 기획해 보자. 필자가 운영하였던 홈앤톤즈 스토리채널을 예로 들어 채널 기획 방법에 대해서 소개하도록 하겠다.

홈앤톤즈는 서울 강남에 위치한 페인트 플래그십 스토어로, 친환경 페인트 판매부터 아카데미 운영, 컬러 컨설팅 서비스를 제공하고 있다. 그리고 매장의 서비스를 카카오 스토리채널을 통해 알리고 있다. 채널에서는 친환경 페인트 사용법과 컬러 인테리어 영감을 줄 수 있는 이미지들과 함께 페인트로 집을 꾸미려는 사람들에게 유용한 정보를 제공하려고 한다.

[그림 4-40] 홈앤톤즈 스토리채널(https://story.kakao.com/ch/homentones)

스토리채널 타깃

카카오 스토리채널에서 우리가 타깃으로 삼고 있는 소비자는 어떤 사람들인지 정의해보자. 홈앤톤즈 스토리채널의 경우 집 꾸미기에 관심 있는 30~40대 주부층을 타깃으로 하고 있다.

스토리채널 이름

페이스북과 마찬가지로 기업, 브랜드, 상호 이름을 스토리채널 이름으로 사용하거나(예: 홈앤톤즈 브랜드) 타깃 소비자층이 기대하는 바를 분명하고 매력적으로 나타내기 위해 주제와 관련된 단어를 스토리채널 이름으로 정하는 방법이 있다(예: 페인트로 집 꾸미기). 여기서 고려할 부분은 전자의 경우 초반에는 소비자 관심도가 떨어질 수 있지만 장기적으로 꾸준히 운영함으로써 브랜드 이름을 기억시키며 브랜딩 하는 데 유리하다. 후자의 경우는 홍보적인 면을 싫어하는 소비자들에게 초반에 좋은 반응을 일으키며, 보다 많은 사람을 구독자로 만들 수 있으며, 어느 정도 구독자가 생성된 후에는 기업과 브랜드를 홍보하는 콘텐츠를 더해 나갈 수 있다.

스토리채널 콘셉트 및 차별화 전략

브랜드 콘셉트 정립과 마찬가지로, 새로운 카카오 스토리채널을 오픈하는 데 있어서 콘셉트 정립은 중요하다. 먼저 우리가 다루고자 하는 콘텐츠의 주제가 무엇인지, 우리 채널이 구독자들에게 어떤 채널로 인식되었으면 하는지 생각해 보자. 경쟁사가 운영하는 채널과 우리는 무엇이 다른지, 그 다른 점을 보여주기 위해 어떤 전략으로 채널을 운영해야 할지가 명확히 서 있어야 경쟁력을 갖춘 채널로 성장시킬 수 있다. 이런 차별점은 주로 유니크한 콘텐츠를 기획하거나 스토리채널 회원에게 제공하는 다양한 혜택이나 서비스에서 만들어질 수 있다.

항목	내용
타깃층	20~40대 주부
스토리채널 이름	홈앤톤즈
스토리채널 콘셉트	홈앤톤즈 페인트 인테리어
스토리채널 차별화 전략	셀프 페인팅 사례 및 방법 연재 시즌 컬러 페인트 제공
스토리채널 운영 정책	주 4~5회 발행 질문에 대해 답변 댓글

[표 4-6] 스토리채널의 콘셉트 정립을 위한 항목과 내용들

5 카카오 스토리채널 활성화 이벤트 기획

스토리채널에서는 주로 다음 네 가지 형태의 이벤트를 진행한다. 예시를 통해 이벤트의 목적을 살펴보자.

♥ 소식 받기 이벤트

[그림 4-41] 소식 받기 이벤트 예시

스토리채널을 오픈한 후 가장 먼저 진행하는 이벤트로, 우리가 운영하는 스토리채널을 소식 받기 하도록 유도하는 것이 목적이다. 보통 채널 오픈 때 기본적으로 진행하는 이벤트이지만, 정기적으로 운영하면서 지속적으로 구독자를 늘리기 위한 방법이기도 하다.

● 댓글 남기기 이벤트

[그림 4-42] 댓글 이벤트 예시

포스팅을 보는 구독자들의 참여를 유도하기 위한 이벤트다. 신규 브랜드를 기억시키기 위해 브랜드명을 댓글로 달게 하거나, 구독자들의 의견을 묻거나, 관심 상품이나 갖고 싶은 상품을 댓글로 남기도록 하는 이벤트에 참여할 경우 구매 고려 상품에 대한 관심이 증대될 수 있다.

해시태그 이벤트

[그림 4-43] 해시태그 이벤트 예시

자신의 SNS에 우리 스토리채널과 연관된 게시물을 올리면서 #해시태그를 남기도록 유도하는 이벤트이다. 제품을 직접 경험해 본 소비자들의 후기라든지 기대평, 또는 관심 상품을 캡처해서 자신의 SNS에 공지하게끔 함으로써 브랜드나 우리의 스토리채널이 홍보될 수 있다. 이후 지정한 #해시태그로 검색을 하여 응모자를 모은 뒤 그중 당첨자를 선정할 수 있다.

친구 소환 이벤트

스토리채널의 공유 이벤트가 금지된 후 차선책으로 많이 사용하는 것이 친구 소환 이벤트이다. 소식 받기 이벤트나 댓글 이벤트와 함께 진행하는 경우도 많다. 댓글을 달면서 관심 있어 할 만한 친구 이름 앞에 @를 붙여 해당 친구의 소식 피드에 우리의 스토리채널 콘텐츠를 노출시킴으로써 친구에게 홍보할 수 있다.

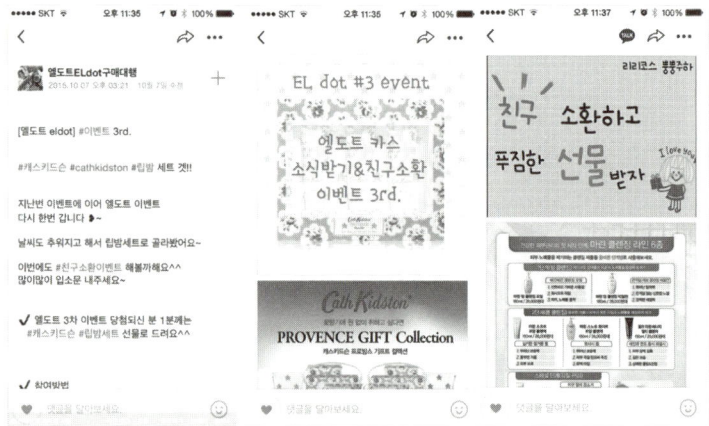

[그림 4-44] 친구 소환 이벤트

　이러한 네 가지 형태를 활용하여 다양한 이벤트를 기획할 수 있다. 제품 나눔 이벤트부터 체험단 모집, 1,000원 경매, 해시태그를 활용한 후기 쓰기 이벤트 등 스토리채널을 운영하면서 신규 구독자를 늘리고 구독자들의 참여를 이끌 수 있도록 재미있는 이벤트를 기획하여 실행해 보자.

6 카카오 스토리채널 통계 분석

　마지막으로 카카오스토리에서 제공하는 통계 기능을 활용하여 운영 채널 현황을 분석하고 운영 방안을 모색해 볼 수 있다. 스토리채널의 경우 별도의 모바일 앱을 가지고 있어 휴대폰으로 손쉽게 자신이 운영하는 스토리채널에 게시글을 올릴 수 있다. 또한 구독자들의 댓글이 새롭게 달린 게시물에는 N 이모티콘이 표시되므로 해당 댓글을 바로 찾아서 손쉽게 답글을 달 수 있다.

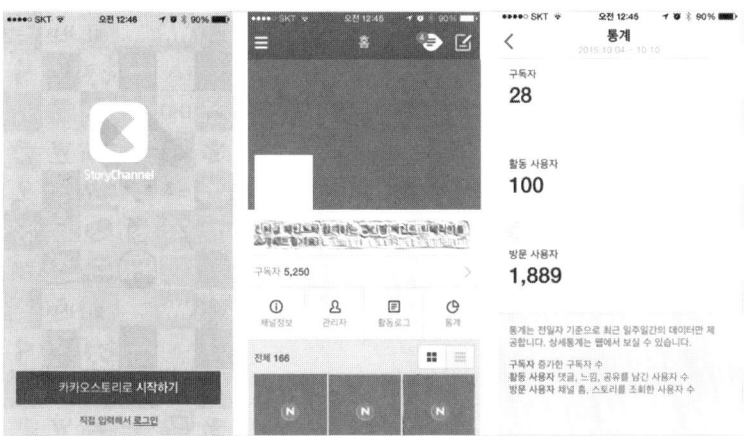

[그림 4-45] 카카오 스토리채널 - 모바일 앱 통계 메뉴. 그림은 스토리채널의 모바일 앱 화면이다.

하지만 모바일 앱의 통계 메뉴에서는 간단한 수치만 확인 가능하므로 보다 자세한 데이터를 원한다면 스토리채널 PC 버전을 로그인하여 살펴보아야 한다.

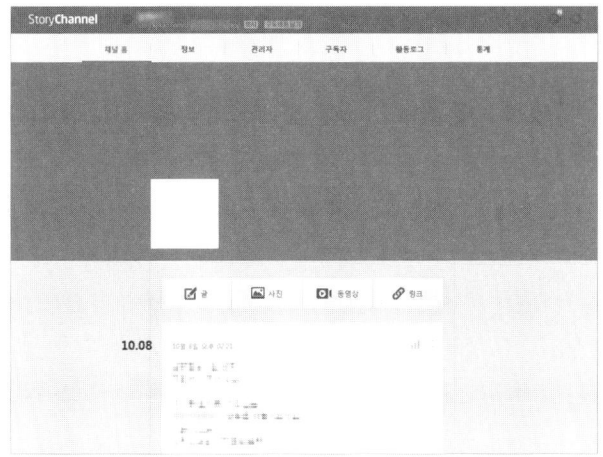

[그림 4-46] 카카오 스토리채널 - PC 버전 관리자 페이지

PC 버전 스토리채널 관리자로 로그인 시 채널 관리부터 구독자 현황, 활동 로그, 통계 기능을 살펴볼 수 있다.

다음 화면에서 주간 통계 데이터의 일자별 수치를 확인해 보자.

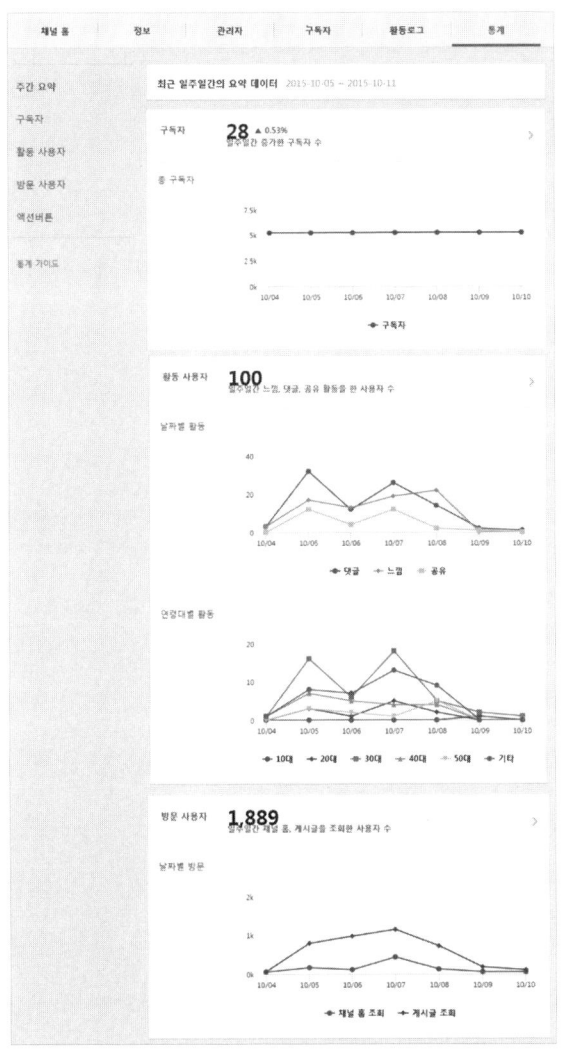

[그림 4-47] 카카오 스토리채널 통계 - 주간 요약 페이지

앞서 스토리채널 운영 목표에서 다루었던 채널 성과 지표에 대한 항목들을 통계 페이지에서 자세히 볼 수 있다. 주간 요약 하단 메뉴를 누르면 원하는 기간 동안의 데이터를 확인할 수 있다. 최장 90일까지의 데이터를 볼 수 있기 때문에 연 단위 비교를 위해서는 관련 데이터를 다운로드할 필요가 있다.

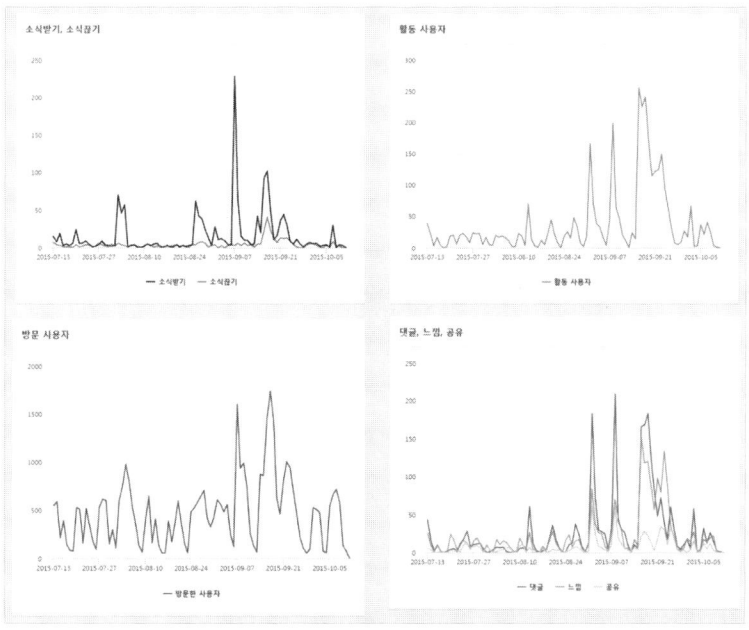

[그림 4-48] 카카오 스토리채널 통계 그래프

최장 90일간의 데이터를 통해 수치가 특정 시점에 반등하거나 저조할 경우 그 원인에 대해서 분석해 보아야 한다. 발행한 콘텐츠에 대한 반응부터 스토리채널 자체 이벤트의 효과를 판단하거나 제휴 채널을 통해 유입하여 소식 받기가 증가하였는지 등 해당 시점의 활동 내용을 추적해 주는 통계 메뉴를 채널 운영의 효율성을 높이는 데 꼭 활용하도록 하자.

온드 미디어 4 웹사이트(브랜드 사이트 or 온라인 쇼핑몰)

1 웹사이트 운영 목적 및 목표

브랜드 웹사이트의 일반적인 운영 목적은 브랜딩이며, 온라인 쇼핑몰의 운영 목적은 매출이다. 이러한 목적을 이루기 위해서 해야 할 가장 기본적인 단계는 일단 웹사이트 방문(Visits)을 일으키는 것이다.

[그림 4-49] 웹사이트 마케팅 단계별 목적

일반적인 웹사이트 운영 목표를 정리해 보자.

- [방문] 트래픽 확보(예: 연 방문자 수 2,000,000명)
- [브랜딩] 회원 가입 유도(연 회원 가입자 수 10,000명)
- [브랜딩] 회원 참여 유도(이벤트 참여자 수 2,000명)
- [전환] 서비스 예약(예약 건수 500건)
- [전환] 매출(연 매출 10억 원)

2 웹사이트와 트리플 미디어의 연계

소셜 미디어 채널과 함께 이 책에서 중요하게 여기는 채널은 웹사이트

(브랜드 사이트, 온라인 쇼핑몰 등)이다. 소셜 미디어가 없던 시절에 웹사이트는 검색엔진 키워드 광고를 통합 유입이 대다수였다. 하지만 요즘은 자사의 소셜 채널인 온드 미디어와 언드 미디어, 페이드 미디어의 트리플 미디어를 통해 웹사이트로의 유입이 더욱 자연스러워졌다.

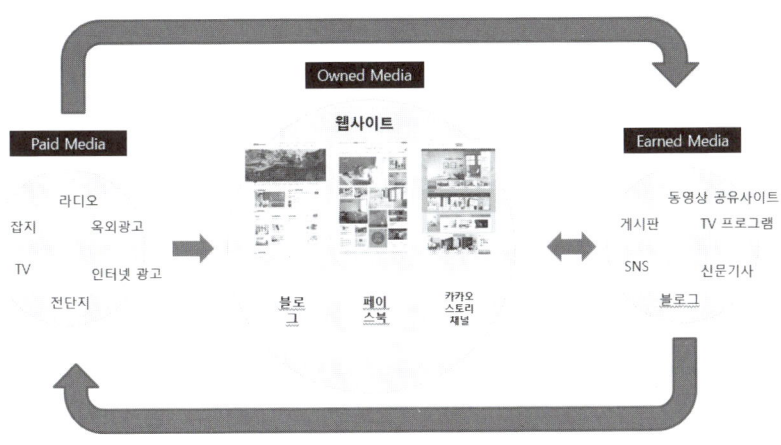

[그림 4-50] 웹사이트와 트리플 미디어

다양한 경로로 웹사이트에 유입된 소비자들은 목적하는 정보를 습득하고, 브랜드의 인지뿐 아니라 이벤트나 캠페인을 통한 간접 체험을 통해 브랜드의 공유 가치에 공감하게 된다. 이렇듯 웹사이트(브랜드 사이트, 온라인 쇼핑몰)는 소셜 채널보다 깊은 커뮤니케이션을 통해 잠재 고객을 고객으로 전환하고, 충성도를 높이는 데 중요한 역할을 하고 있다.

또한 소셜 플러그인을 탑재한 웹사이트의 경우는 [그림 4-51]과 같은 다른 그림을 그릴 수 있다.

[그림 4-51] 소셜 플러그인이 포함된 웹사이트

[그림 4-50]을 살펴보면 외부 채널에서 웹사이트에 유입하여 콘텐츠를 보고(Views), 관심을 가지게 된 사람들이(Interaction) 소셜 플러그인을 통해 자신의 소셜 미디어에 공유(Shares)를 하게 된다. 그들의 공유 콘텐츠를 통해 소셜 지인들의 방문(Visits)을 이끌고, 지인의 이야기를 통해 접근한 방문자들의 일부가 전환(Conversation)을 일으키게 된다.

다시 한 번 이야기하면, 사이트 방문자는 노출된 콘텐츠에 관심을 보이며 반응을 하게 된다. 유익한 콘텐츠라는 생각이 들면 콘텐츠를 공유하고, 그 글은 또 다른 소비자들에게 노출되어 해당 링크를 통해 웹사이트로 유입시켜 전환을 일으킬 수 있는 것이다.

3 마케팅 전환을 일으키는 웹사이트(쇼핑몰) 기획하기

다양한 목적으로 사이트를 찾아온 방문자들을 만족시키려면 랜딩 페이지에 그들이 원하는 정보가 정확히 존재하면서, 더 많은 페이지를 보고자 하는 욕구가 생기도록 해야 한다. 이때 더 많은 페이지에 해당되는 사이트의 다른 메뉴들은 어떤 요소를 필수적으로 가지고 있어야 우리가 원하는 전환을 일으킬 수 있을지를 소개토록 하겠다.

웹사이트 랜딩 페이지 디자인

웹사이트 랜딩 페이지에 도착한 방문자들이 원하는 정보를 바로 찾아볼 수 있도록 하여 페이지에 머무르는 시간을 늘리도록 하자. 뒷 페이지 [그림 4-53]의 예시를 통해 랜딩 페이지의 구성 요소를 살펴보자.

이벤트 & 캠페인 영역

이벤트 캠페인을 외부 채널에 광고로 진행한다면 광고의 Link는 본 캠페인으로 바로 랜딩되도록 하여야 한다. 캠페인 기획 방법은 뒷 장에서 더욱 구체적으로 다루도록 하겠다.

- **Social Library** : 웹사이트에 소셜 라이브러리가 설치되어 캠페인이 연동된다면 별도의 회원 가입 없이 방문자들의 소셜 계정 로그인을 통해 이벤트, 캠페인의 참여 및 공유가 보다 쉽게 이루어질 수 있다.

[그림 4-52] 소셜 라이브러리 댓글 창

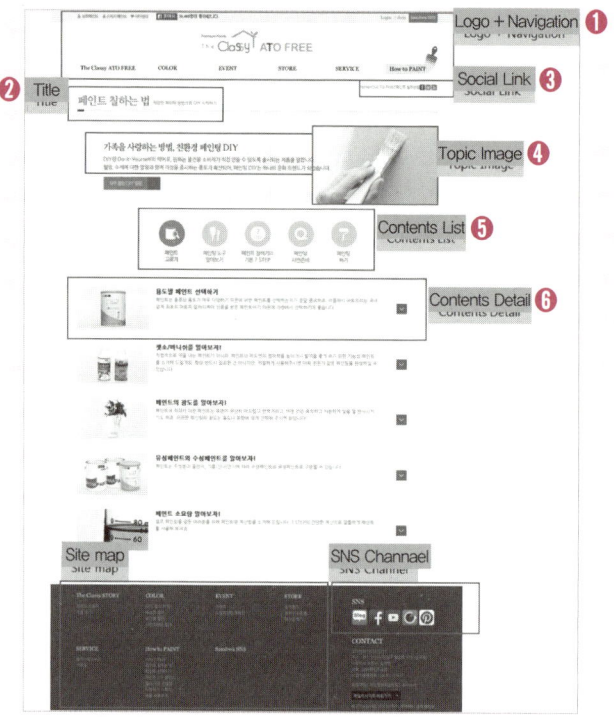

❶ Logo + Navigation: 브랜드 명이나 웹사이트 명을 나타내는 로고와 전체 메뉴를 보여주는 내비게이션

❷ Title: 눈길을 끌 만한 웹 페이지 제목

❸ Social Link: 웹페이지의 콘텐츠를 쉽게 공유할 수 있는 소셜 채널 링크 버튼

❹ Topic Image: 하나 이상의 컬러풀한 이미지로 페이지의 콘텐츠를 대표하는 이미지

❺ Contents List: 웹페이지에서 다루는 콘텐츠 항목 명

❻ Contents Detail: 콘텐츠 세부 내용

[그림 4-53] 랜딩 페이지 구성 요소와 기능

커뮤니티 영역

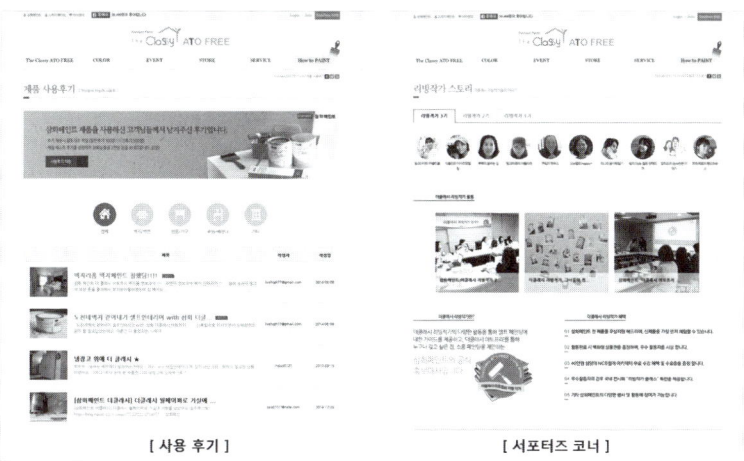

[사용 후기]　　　　　　　　[서포터즈 코너]

[그림 4-54] 웹사이트 커뮤니티 코너 예시

　커뮤니티 영역에는 기본적으로 제품 사용 후기, 서비스 체험 후기 등을 담고 있다. 우리 브랜드의 제품과 서비스를 경험한 사람들은 누구라도 본인의 경험을 이야기할 수 있는 공간을 마련해 놓는 것이다. 물론 경험을 이야기한 것에 대한 보상은 웹사이트 기획 시 마련해 놓아야 하지만 그리 거창한 것은 아니어도 된다. 사람들은 본인의 만족과 불만족에 대해 이야기하고 싶어 한다. 본인의 소셜 미디어상에서도 이야기할 수 있지만, 브랜드 사이트나 쇼핑몰에 후기를 남긴다면 구매 결정 의사가 있는 방문자에게 큰 도움이 될 것이다.

　다음으로 브랜드 서포터즈가 있다면 그들의 이야기를 연재할 수 있는 코너를 만들 것을 추천한다. 브랜드를 러브마크로 여길 수 있는 서포터즈를 모집하여 이들의 활동이나 경험 이야기를 특별 코너 형식으로 보여 주는 곳을 만들어 보자. 이는 브랜드 사이트나 쇼핑몰 모두에 추천하는 사항이다.

쇼핑 영역

쇼핑 영역에는 직접적인 상품 링크보다는 소비자 니즈에 부응하는 상품 스토리를 담은 기획전 형태의 페이지를 배치하는 것이 효과적이다. 사람들은 상업적인 것보다는 자신에게 필요한 이야기와 상품을 매치해 주기를 원한다. 각 상품으로의 직접 연결도 필요하겠지만, 소비자 관점에서 매력적인 내용과 함께 구매 이유를 통해 설득할 수 있도록 랜딩 페이지가 구성되어야 한다. 또한 상품 페이지에서 바로 상품평을 남기고 확인할 수 있도록 하는 것도 중요하다.

이상으로 마케팅 전환을 효과적으로 일으키는 사이트가 필수적으로 가지고 있어야 하는 메뉴들을 살펴보았다.

4. 모바일 페이지는 필수!

마지막으로 웹사이트를 기획할 때는 모바일 페이지를 필수로 가져가야 한다. 요즘의 웹사이트는 반응형 웹 형태로, PC와 모바일을 자동으로 인식하여 화면을 변경하는 방법도 있지만, 비용상 부담을 느낀다면 반응형은 아니더라도 모바일에 최적화된 모바일 페이지를 제작하면 된다.

우리나라는 스마트폰 보급률 세계 1위의 나라로, 모바일 접속량이 PC 접속량을 이긴 지 오래되었다. PC용 웹사이트보다 모바일 웹사이트를 먼저 만드는 경우도 이러한 중요성을 인식해서이다.

스마트폰으로 가장 많이 하는 일이 SNS이기 때문에 다양한 소비자 언드 미디어의 확산을 통해 유입된 가망 고객들이 사이트를 이탈하지 않도록 모바일 페이지를 필수적으로 제작하기 바란다.

언드 미디어(Earned Media) – 소비자의 입소문을 만들어 내라

 누구든 쉽게 자신의 목소리를 낼 수 있는 소셜 미디어 시대의 도래로 인해 소비자의 중요성은 더욱 커져 가고 있다. 이는 기업이 운영하는 채널에서 기업이 발행한 이야기뿐만 아니라, 소비자들 자신이 자신의 소셜 미디어 채널을 통해 언제든지 쉽게 기업이나 브랜드와 연관된 이야기를 할 수 있게 되었기 때문이다.

[그림 4-55] 옹호자 vs 영향력자 언드 미디어

 이 장에서 이야기하는 언드 미디어^{Earned Media}는 소비자가 자체 생산한 콘텐츠가 영향력을 발휘하면서, 우리의 제품과 브랜드에 대해 고객의 신뢰와 평판이 만들어지는 평가 미디어를 말한다. 쉽게 이야기하면 과거 입소문의 연장으로 보면 된다. 보다 분명하게 이야기하자면, 앞서 살펴본 AICAS 이론의 C(비교 검토) 과정 중 Search(검색), Review(사용 후기), SNS(소셜 입소문)에서 접하는 콘텐츠를 언드 미디어가 발행함으로써 온라인상의 제3자인 소비자의 '입'을 통해 자사의 브랜드에 대한 평판이 생성되는 것이다.

A(인지) - I(관심) - C(비교 검토) - A(행동) - S(공유)

S(검색) - R(참조) / U(사용) - V(입소문)
· 신뢰의 관계   · 청중 ➜ 팬 ➜ 전파자

필자가 경험한 언드 미디어의 여덟 가지 유형을 살펴보고, 소셜 미디어에서 소비자들의 평가와 입소문을 만들고 확산시키는 언드 미디어를 어떻게 활용할 수 있는지 알아보자.

언드 미디어 1 옹호자(Advocator) 언드 미디어

1 충성 고객형(사용 후기)

제품이나 서비스를 경험한 '순수한 구매 고객'이 가장 기본적인 언드 미디어이다. 그들의 구매 후기야말로 제대로 된 제품과 서비스에 대한 평판일 것이다. 그러므로 우리는 쇼핑몰이며 브랜드 사이트며 어느

곳이든 소비자들이 구매 후기를 남길 수 있는 코너를 마련한 후, 후기 작성자에게는 보상(Reward)을 꼭 제공해야 한다. 보통 이들은 보상이라는 혜택을 얻기 위해 후기를 남기는 경우도 있지만, 대개는 자신의 경험을 남들에게 알려 구매 결정에 도움을 주고자 하는 선한 의지가 있는 소비자일 경우가 높다.

충성 고객을 찾는 다른 방법으로는 구매자 대상 설문 조사가 있다. 쇼핑몰과 브랜드 사이트의 회원 프로파일 정보와 함께 제품의 만족도를 측정하고, 해당 제품을 다른 사람에게 소개할 의향이 있는지 파악할 수 있다면 진정한 충성 고객형 언드 미디어를 찾아낼 수 있다. 이후 이들에게 이메일 뉴스레터 같은 방법으로 입소문 활동에 대한 감사를 전하면서 관계를 맺으며 브랜드 마니아로 만들 수 있을 것이다.

2 서포터즈형(브랜드 홍보대사 역할 - 블로그 포스팅, SNS 입소문)

브랜드 서포터즈는 브랜드를 대표하는 홍보대사로서 브랜드에 대한 자세한 정보 습득과 함께 다양한 경험을 하게 된다. 임기 동안 브랜드의 가치를 몸소 경험하면서 자신이 느꼈던 점들을 생동감 넘치게 이야기할 수 있게 된다. 보통 서포터즈는 본인이 관심 있어 하는 기업이나 브랜드에 한해 스스로 지원한다. 금전적으로 큰 대가가 주어지지 않으므로 브랜드에 대한 호감과 적극성이 있어야 진정한 서포터즈 활동이 가능하다. 진정성 있는 서포터즈들의 다양한 참여 활동 이야기가 블로그 포스팅을 통해 콘텐츠로 만들어져 유통된다. 소비자들의 구매 결정 단계 중 검색이라는 단계에서 정보성 콘텐츠로 노출된다. 이런 과정을 통해 블로그 바이럴 마케팅의 효과를 발휘하는 것이다. 물론 기업과 브랜드의 블로그 이외에도 자신의 소셜 채널에 서포터즈 활동 이야기를 공개하거나 브랜드가 만들어 낸 브랜디드 콘텐츠를 공유하며 확산되게끔도 한다.

3 제품 체험단형(제품 경험 공유자 블로그 포스팅, SNS)

제품을 무료로 사용해 보고 싶은 소비자를 대상으로 제품 체험단을 진행한다. 평상시 해당 제품에 관심이 있는 소비자들이 직접 지원하며, 이들의 체험 후기는 기업에서 제작한 상품 설명을 뛰어넘는 다양한 사용 사례와 제품 활용 방안을 제안하기도 한다.

예전에 전자제품을 사면 항상 매뉴얼이 동봉되어 있었지만, 막상 매뉴얼을 펼쳐 보면 딱딱한 문어체로 이해하기 힘든 설명이 빽빽했던 기억이 있을 것이다. 이 매뉴얼은 바로 제품 기술자 입장에서 작성한 설명서이기 때문이다.

요새는 전자제품을 구입하면 매뉴얼보다 인터넷 검색을 통해 블로그 후기를 찾아 읽게 된다. 전자제품을 잘 모르는 소비자 입장에서 더욱 쉽게 이해할 수 있도록 직접 찍은 사진과 함께 제품의 사용법을 자세히 알려 주기 때문이다.

이러한 체험 후기는 제품 체험단을 모집하거나 해당 제품을 전문적으로 리뷰하는 전문가, 또는 브랜드 서포터즈의 미션을 통해서 다양한 콘텐츠를 수집할 수 있다.

4 소셜 친구형(자사 소셜 콘텐츠에 반응 – 댓글, 좋아요, 공유)

온드 미디어 부분에서 소개했던 자사 소셜 채널의 친구들이야말로 중요한 언드 미디어에 해당한다. 즐겨 소통을 나누는 절친 팔로어나 콘텐츠에 반응하는 소셜 친구들을 통해 자사의 콘텐츠를 더욱 쉽게 공유·확산시킬 수 있다. 소셜 채널 친구들을 대상으로 댓글, 좋아요, 공유 등의 반응을 일으켜 친구의 친구들에게까지 콘텐츠를 확산시켜 보자. 이를 가능하게 하기 위해 가장 중요한 것은 앞서 콘텐츠 파트에서 이야기했던 공유될 만한 콘텐츠의 기획, 반응을 일으킬 만한 콘텐츠의 기획이다. 예전의 마케팅은 광고 매체 buying에 많은 비용을 들였다면, 이제는 콘텐츠 기획 부분에 더 많은 노력과 비용을 들여야 한다. 양질의 콘텐츠를 기획·발행함으로써 소셜 친구들이 신나게 콘텐츠를 공유·확산시키도록 하자.

5 커뮤니티형(타깃 접점 마케팅 – 커뮤니티 게시판, 댓글, 스크랩)

우리의 타깃 고객이 군집해 있는 커뮤니티를 찾아내 보자. 인테리어 관심 소비자의 경우 네이버 카페, 페이스북, 카카오스토리, 앱 등 다양한 채널에 커뮤니티가 개설돼 있다. 이들 커뮤니티에 특별한 혜택을 제공하거나 이벤트를 진행해 보자. 간단한 댓글 이벤트로 커뮤니티 회원들의 반응을 살펴보고, 관심 고객들이 제품을 경험하게 하고, 경험한 내용을 커뮤니티에서 떠들게 하자. 군중 심리가 작용해서 커뮤니티 내에 관심 브랜드가 되도록 커뮤니티에 접근하자.

언드 미디어 2 영향력자형(Influencer) 언드 미디어

1 파워 블로거형(타깃 소비자 영향력 – 블로그 포스팅)

네이버 파워 블로거야말로 인터넷 영향력자 중에 하나일 것이다. 물론 예전에 베비로즈 사건처럼, 상업성 포스팅으로 인해 가짜 리뷰에 대한 논란도 있었지만, 요즘 소비자는 이미 많은 경험을 했기 때문에 나름의 잣대를 가지고 블로그 포스팅에서 얻을 수 있는 정보를 파악하고, 콘텐츠를 습득하고 있다. 파워 블로거란 해당 주제에 대해 양질의 콘텐츠를 발행하며, 이웃과 좋은 커뮤니케이션을 하는 블로거에 해당된다. 이들을 활용할 경우 포스팅 비용을 지불해야 하기 때문에 스폰서드 언드 미디어(Sponsored Earned Media)라고 할 수 있다. 이들은 블로그 상위 노출뿐 아니라 일 방문자 수가 높고, 많은 팬층을 확보하고 있기 때문에 이들을 활용할 블로그 포스팅을 통해 브랜드의 홍보를 요청하는 업체가 많다. 우리 브랜드의 제품 카테고리나 브랜드 가치에 부흥하는 파워 블로거가 있다면 스폰서십을 통해 관계를 유지하며 그들의 블로그에 배너 게재, 제품 후기 포스팅 등의 방법으로 브랜드의 신뢰와 평판을 형성하는 것도 좋은 방법이다.

2 SNS 파워 유저형(타깃 소비자 영향력 – SNS 홍보)

페이스북, 카카오스토리, 인스타그램 등 SNS 채널에도 네이버 파워 블로거와 마찬가지로 많은 팬층을 거느리고 있는 SNS 파워 유저가 존재한다. 이들이 발행하는 콘텐츠에 열렬히 반응하는 사람들이 많기 때문에 이들의 SNS 콘텐츠는 영향력이 높다. 이들은 팬들의 기대에 부응하는 재미있고 놀랄 만한 콘텐츠를 기획해 낸다. 특히 앞서 이야기한 브랜디드 콘텐츠의 기획에 열심이다. 번뜩이는 아이디어로 브랜드와의 개연성을 녹인 공감 콘텐츠를 발행하여 브랜드를 노출시켜 보자.

3 유명인 or 전문가(오피니언 리더 의견)

매스컴을 통해 소비자들에게 영향력을 발휘하는 유명인이나 해당 분야의 오피니언 리더인 전문가를 언드 미디어로 활용해 보자. 이들의 경우 셀레브러티로 분류하여 자사 브랜드의 신제품 출시 시 해당 제품을 가장 먼저 사용해 보게끔 하거나, 특별 VIP 키트를 기획하여 제품을 체험해 보게끔 연락을 취하는 것이 좋다. 이들은 공인이기 때문에 우리 브랜드에 대한 신뢰가 생겨야 비로소 언드 미디어로서의 역할을 하므로 마케터의 많은 노력이 필요하다.

페이드 미디어(Paid Media) – 광고 미디어로 노출을 증대시켜라

페이드 미디어는 광고비를 지출하는 모든 미디어를 말한다. 언드 미디어와 온드 미디어의 결합만으로도 시너지를 내지만, 페이드 미디어까지 결합되면 보다 많은 트래픽을 일으킬 수 있다. 온드 미디어와 언드 미디어에 방문자의 유입을 증가시키거나 콘텐츠의 노출 양을 높이기 위해 다양한 페이드 미디어를 활용할 수 있다.

이 책의 주제는 광고비가 필요 없는 여성 소셜 마케팅이지만, 이번 장에서는 가능하다면 최소한의 광고를 집행해 마케팅 성과를 높이는 방향으로 페이드 미디어에 대해 이야기하겠다. 특히 우리는 다양한 고객층을 대상으로 하는 TV, 신문, 잡지, 라디오, 옥외 광고 같은 5대 광고 매체, 즉 ATL(Above The Lines)광고보다는 최소한의 광고 집행을 표방하기 때문에 BTL(Below The Lines)광고 중 가장 대표적인 검색 광고, 타깃 접점 채널 광고를 살펴보도록 하겠다.

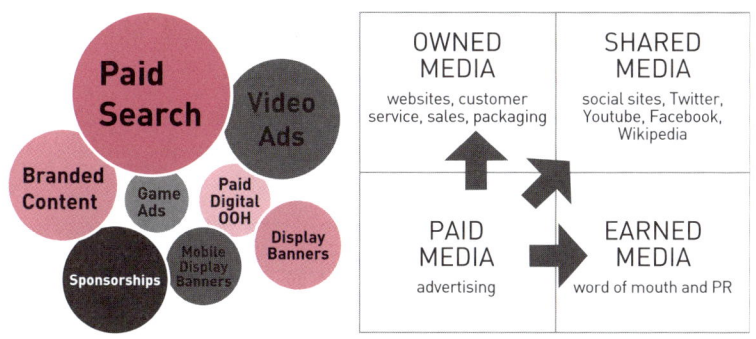

[그림 4-56] 페이드 미디어의 예시와 역할

페이드 미디어 1 | 검색엔진 키워드 광고

다양한 페이드 미디어 중에 검색엔진 키워드 광고는 가장 보편적이고 효과적인 광고이다. 일반적인 Push 형태의 광고가 아니라 소비자가 자신의 니즈를 가지고 검색엔진에 관심 키워드를 입력하여 검색하게 된다. 검색 결과인 페이지 상단에 노출된 사이트 중 자신이 클릭한 사이트로 이동하는 방식으로, 클릭당 과금 형식으로 운영되기 때문에 합리적인 광고 상품이다.

키워드 광고는 현재 검색엔진의 75% 점유율을 차지하며 독점적인 지위에 있는 네이버 키워드 광고를 기준으로 설명하겠다. 앞으로 키워드 광고의 목적, 전략 키워드의 선정부터 광고의 랜딩 페이지 최적화 및 검색 결과 분석을 통해 효과뿐 아니라 효율적인 키워드 광고를 집행해 보도록 하자.

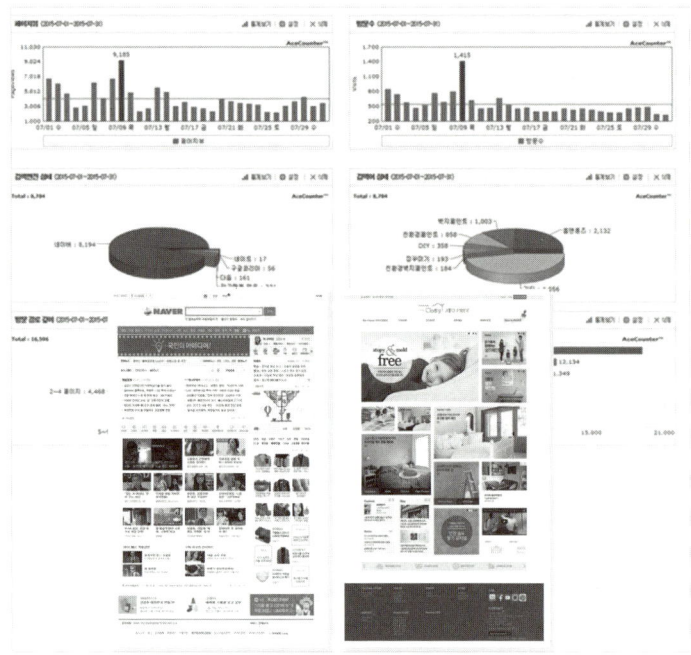

[그림 4-57] 키워드 광고 분석

1 키워드 광고의 목적

키워드 광고의 궁극적인 목적 역시 매출 향상이다. 하지만 앞서 이야기한 것처럼 모든 마케팅 활동이 매출로 직결되는지를 입증하는 것은 어려운 일이다. 그래서 매출과 직결되기 전 단계의 ACTION을 기획하는 것이다. 그러한 ACTION을 마케팅에서는 '전환'이라는 단어를 사용한다.

키워드 광고의 전환은 어떤 것들이 있을까? 일반적인 브랜드 사이트의 경우 소비자들이 궁금해하는 제품, 서비스와 연관된 정보성 콘텐츠를 통해 사이트로 유입시켜 회원 가입이나 상담, 예약 신청, 이벤트 참여,

구매처 정보를 연계하는 등의 활동을 전환 지수라고 한다.

온라인 쇼핑몰의 경우 매출 발생과 직접적으로 연관 지을 수 있기 때문에 키워드 광고는 필수이기도 하다. 하지만 쇼핑몰의 경우도 바로 상품 페이지로 연결되는 것보다는 소비자가 궁금해하는 정보성 콘텐츠나 시즌, 트렌드를 반영한 기획전으로 유입시켜 소비자의 관심을 일으켜 제품과 서비스에 매료되게 하면 구매 결정을 유도하기 쉽다. 쇼핑몰이라고 해서 매출만을 목표로 하기보다 장기적인 안목으로 매출 이외에 방문자 수, 회원 가입 수, 이벤트 응모, 상담 신청 등 다양한 지표를 목표로 설정할 수 있다.

2 키워드 분석 및 전략 키워드 선정

우리 브랜드·제품 카테고리와 연관된 키워드를 살펴보고, 어떤 키워드로 광고를 집행할지 키워드를 선정해 보자. 우선 우리 제품과 서비스를 일컫는 카테고리명에 대해서 살펴보자. 필자가 마케팅을 담당한 상품 브랜드 중 프리미엄 친환경 페인트 '더클래시'를 예로 들어 이야기해 보겠다.

브랜드 대표 카테고리

더클래시라는 제품의 카테고리를 우리는 페인트, 수성페인트, 친환경페인트로 이야기할 수 있다. 네이버 검색 창에서 친환경페인트를 검색해 보자. 파워링크 10개 사이트, 비즈링크 5개 사이트가 꽉꽉 채워져 있다. 그만큼 많은 브랜드가 친환경페인트라는 키워드로 광고를 하고 있는 것이다.

[그림 4-58] 네이버 검색엔진의 '친환경페인트' 검색 결과

우리도 친환경페인트라는 대표 키워드를 사용하여 광고를 할 테지만 비싼 단가로 인해 부담스러울 수 있다. 그러므로 보다 자세한 세부 키워드를 찾아보기 위해 검색 창 하단을 살펴보자.

추천 검색어 & 연관 검색어

검색 결과 페이지의 검색 창 하단에서 추천 검색어나 연관 검색어를 발견할 수 있다. 이들은 친환경페인트를 검색한 후 그 뒤로 많이 검색하는 검색어들을 나열하는 영역이다. 이 중 친환경페인트가 상업성 키워드라면 추천 검색어라는 명칭으로 노출되며, 네이버 기준상 비상업성 키워드라면 연관 검색어로 명칭이 노출된다.

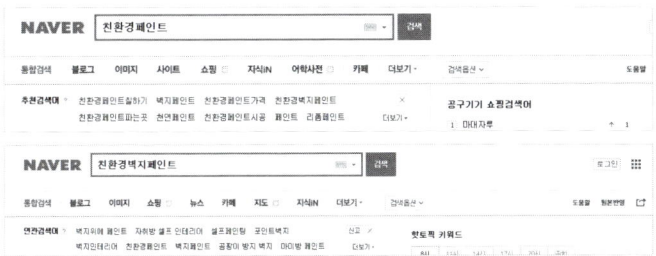

[그림 4-59] 추천 검색어 & 연관 검색어의 사례

검색어 후보 찾기

이제 대표 키워드인 친환경페인트 하단의 추천 검색어들을 각각 검색해 보고, 그들의 추천·연관 검색어를 살펴보자. 친환경페인트의 추천 검색어를 모두 검색한 결과, 연관·추천 검색어들을 모아 아래와 같이 정리할 수 있다.

친환경 페인트		추천 검색어 / 연관 검색어						
친환경 페인트 칠하기	1	곰팡이 방지 페인트	베란다 곰팡이 방지	현관문 페인트				
벽지 페인트	2	셀프 벽지 페인트	벽지 페인트 칠하기	벽지용 페인트	벽지 페인트 시공	실크 벽지 페인트	천연 벽지 페인트	벽지 페인트 파는곳
친환경 페인트 가격	1							
친환경 벽지 페인트	2	벽지 위에 페인트	자취방 셀프 인테리어	셀프 페인팅	아이 방 페인트	벽지 페인트	셀프 페인트 인테리어	
친환경 페인트 파는곳	1							
천연 페인트	1							
친환경 페인트 시공	1							
페인트	1	수성 페인트	페인트 종류	페인트 칠 하는법	페인트 가격	페인트 시공	페인트 칠	페인트 공사
리폼 페인트	1	가구 리폼 페인트	싱크대 리폼	책상 페인트	책상 페인트 칠	가구 페인트 칠하기	방문 리폼 페인트	

[표 4-7] 추천 검색어와 연관 검색어 모음

또는 자사의 브랜드 블로그를 운영한다면 블로그에 검색 유입되는 검색어들도 키워드 검색어 후보로 넣어 보자. 필자가 운영하는 블로그에 유입되는 검색어들은 [그림 4-60]과 같다.

순위	검색어	유입률	검색엔진비중	
1	방수페인트	16.8%	다음 100.0%	
2	삼화페인트	16.4%	네이버 65.2%	다음 34.8%
3	수성페인트 지우는 방법	13.6%	다음 100.0%	
4	페인트종류	12.6%	다음 99.1%	네이버 0.9%
5	삼화페인트 블로그	11.2%	네이버 97.9%	다음 2.1%
6	셀프페인팅	7.5%	네이버 98.4%	다음 1.6%
7	상추씨 뿌리는시기	6.4%	다음 100.0%	
8	냉장고 리폼	5.3%	네이버 100.0%	
9	실내에서 키우기 좋은 식물	5.2%	네이버 72.7%	다음 27.3%
10	방문 페인트	5.0%	네이버 90.5%	다음 9.5%

[그림 4-60] 블로그 유입 검색어의 예시

블로그 유입 검색어 중 연관성 있는 키워드인 방수 페인트 / 페인트 종류 / 셀프 페인팅 / 냉장고 리폼 / 방문 페인트 등의 키워드를 추출해 보았다. 다음으로는 해당 검색어를 찾는 사용자층의 입장에서 궁금해할 사항을 생각해 보자. 또는 시즌별로 어떤 부분에 관심을 많이 가지는 지도 살펴볼 수 있다.

검색어 분석하기

이제 후보로 찾은 검색어들을 네이버 검색 광고 관리 시스템을 통해 분석해 보자. 네이버 메인 화면 하단의 회사 소개 우측에 '광고'라는 문구를 클릭하면 네이버의 다양한 광고 상품을 소개하는 페이지가 나오는데, 거기서 '검색광고'를 클릭해 보자.

우측의 광고주 신규신청 메뉴를 통해 광고주 가입을 하면 누구든지 검색광고와 관련된 정보들을 열람할 수 있다. 로그인 후 좌측 하단의 '키워드 도구'라는 버튼을 클릭해 보자.

[그림 4-61] 네이버 검색광고 관리 시스템(http://searchad.naver.com/)

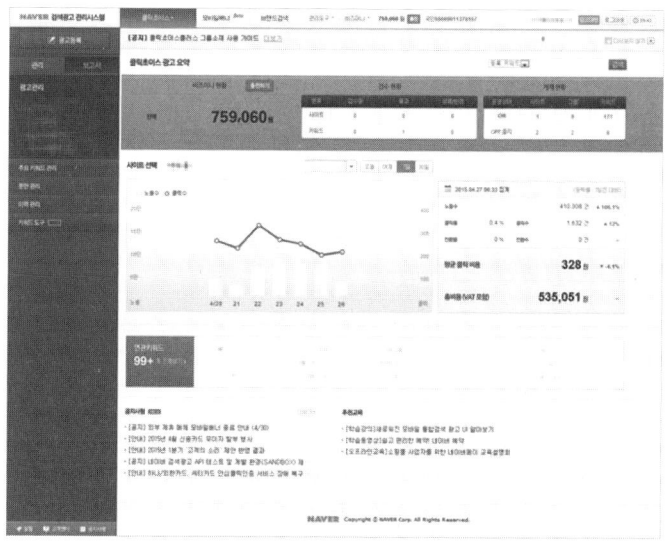

[그림 4-62] 네이버 검색광고 관리 시스템(http://searchad.naver.com/)

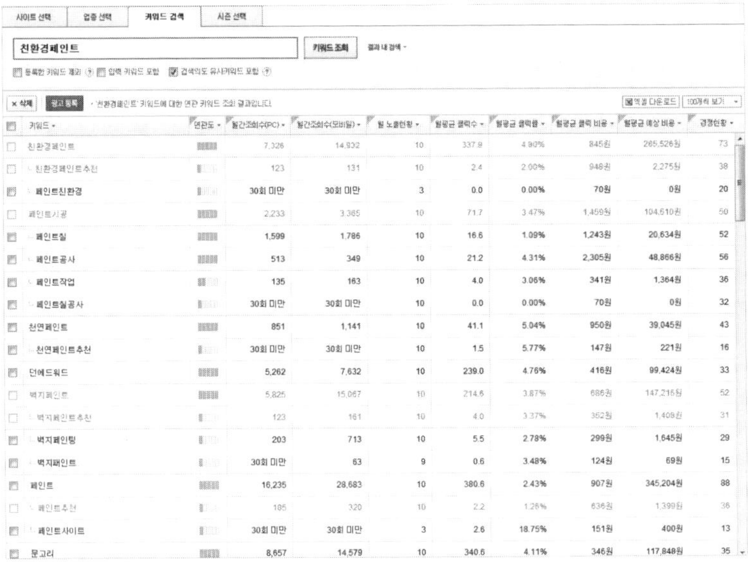

키워드	연관도	월간조회수(PC)	월간조회수(모바일)	월 노출현황	월평균 클릭수	월평균 클릭률	월평균 클릭 비용	월평균 예상 비용	경쟁현황
친환경페인트		7,326	14,932	10	337.9	4.90%	845원	265,526원	73
친환경페인트추천		123	131	10	2.4	2.00%	948원	2,275원	38
페인트친환경		30회 미만	30회 미만	3	0.0	0.00%	70원	0원	20
페인트시공		2,233	3,385	10	71.7	3.47%	1,459원	104,610원	50
페인트칠		1,599	1,786	10	16.6	1.09%	1,243원	20,634원	52
페인트공사		513	349	10	21.2	4.31%	2,305원	48,866원	56
페인트작업		135	163	10	4.0	3.06%	341원	1,364원	36
페인트칠공사		30회 미만	30회 미만	10	0.0	0.00%	70원	0원	32
천연페인트		851	1,141	10	41.1	5.04%	950원	39,045원	43
천연페인트추천		30회 미만	30회 미만	10	1.5	5.77%	147원	221원	16
던에드워드		5,262	7,632	10	239.0	4.76%	416원	99,424원	33
벽지페인트		5,825	15,067	10	214.6	3.87%	686원	147,216원	52
벽지페인트추천		123	161	10	4.0	3.37%	352원	1,408원	31
벽지페인팅		203	713	10	5.5	2.78%	299원	1,645원	29
벽지패인트		30회 미만	63	9	0.6	3.48%	124원	69원	15
페인트		16,235	28,683	10	380.6	2.43%	907원	345,204원	88
페인트추천		185	320	10	2.2	1.26%	636원	1,399원	36
페인트사이트		30회 미만	30회 미만	3	2.6	18.75%	151원	400원	13
문고리		8,657	14,579	10	340.6	4.11%	346원	117,848원	35

[그림 4-63] 네이버 검색광고 관리 시스템 – 키워드 도구 〉 키워드 검색

키워드 검색 탭을 클릭한 후 앞서 정리한 검색어 후보들을 검색해 보자. 검색 결과를 통해 후보들 중에 사람들이 많이 조회하는 검색어는 무엇인지, 노출당 클릭률이 높은 검색어는 무엇인지, 해당 키워드를 선정하여 광고를 집행할 경우 예상되는 월 클릭 수와 클릭 비용은 얼마 정도 예상되는지를 판별할 수 있다.

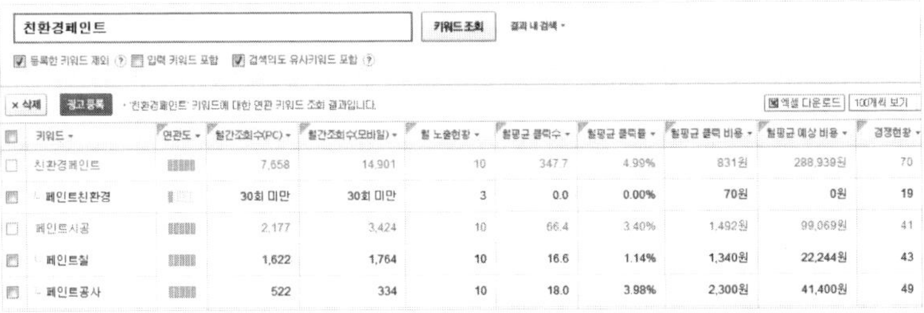

키워드	연관도	월간조회수(PC)	월간조회수(모바일)	월 노출현황	월평균 클릭수	월평균 클릭률	월평균 클릭 비용	월평균 예상 비용	경쟁현황
친환경페인트		7,658	14,901	10	347.7	4.99%	831원	288,939원	70
페인트친환경		30회 미만	30회 미만	3	0.0	0.00%	70원	0원	19
페인트시공		2,177	3,424	10	66.4	3.40%	1,492원	99,069원	41
페인트칠		1,622	1,764	10	16.6	1.14%	1,340원	22,244원	43
페인트공사		522	334	10	18.0	3.98%	2,300원	41,400원	49

[그림 4-64] 네이버 검색광고 키워드별 정보 탐색

- **월 노출 현황**: 해당 검색어로 광고를 하는 사이트의 수가 표기되어 있다.
- **월 평균 클릭 수**: 최근 한 달 동안 해당 키워드로 검색 시 노출된 광고의 평균 클릭 수를 보여 준다.
- **월 평균 클릭률**: 최근 한 달 동안 해당 키워드로 검색 시 노출된 광고의 평균 클릭률로, 검색 후 사이트로 이동될 확률이 높은 키워드의 경우 클릭률이 높다.
- **월 평균 클릭 비용**: 최근 한 달간 해당 키워드 검색 결과를 1번 클릭했을 때의 평균 비용이다. 클릭당 비용 CPC임.

CPC(클릭당 비용)가 높은 키워드로 광고를 해보고 싶지만 광고비가 부담이 된다면, CPC가 낮은 키워드 중 클릭률이 높은 키워드를 선별해서 광고를 진행해 보자. 또는 CPC 높은 키워드의 광고 효율과 CPC 낮은 키워드의 광고 효율을 각각 비교해 보도록 하자.

대부분 광고주는 여기까지 검색어를 분석하는 경우가 많다. 하지만 가장 중요한 것은 소비자가 해당 키워드로 검색했을 때 보여지는 검색 결과 사이트 중 우리 사이트가 선택받아야 하고, 만약 선택받았다면 우리 사이트의 특정 페이지로 랜딩되어서 본인이 기대하는 정보를 얻을 수 있어야 한다. 로그 분석 서비스를 이용한다면 검색어를 통한 유입의 마케팅 전환으로 회원 가입, 이벤트 응모, 구매 측정이 가능하기 때문에 경쟁력을 갖춘 랜딩 페이지를 만들 수 있다.

3 랜딩 페이지 최적화 전략

키워드 분석을 통해 선정된 키워드로 광고를 집행한 후, 성공적인 광고 결과를 만들어 내기 위해서 해당 검색어의 검색 결과로 보이는 경쟁사 사이트들을 모니터링해 보자. 동일 키워드로 접근해서 우리 사이트와 경쟁사 사이트를 방문했을 때 랜딩되는 페이지 중에 우리 사이트가 확실히 경쟁력을 가지고 있는지 여부를 파악하는 일이 바로 전환율을 높이는 가장 중요한 요소인 것이다. 랜딩 페이지의 최적화 전략을 짜기 위해 소비자가 검색을 통해 얻고자 하는 정보를 몇 가지로 분류해 보았다.

제품 또는 서비스에 대한 정보 획득

요즘 제품·서비스에 대한 정보는 웹사이트 이외에도 블로그를 통해 보다 진솔한 정보 등을 얻을 수 있다. 하지만 키워드 광고에 노출된 웹사이트를 방문해서 정보를 얻으려는 소비자의 경우 제품·서비스에 대한 정보뿐 아니라 소비자의 문제점을 해결해 주고, 니즈를 충족시켜 줄 솔루션으로 특정 브랜드 사이트를 찾으려는 의도가 있다. 그러므로 랜딩 페이지에는 소비자가 궁금해하는 사항들을 쉽게 이해할 수 있도록 페이지를 구성해야 하며, 종국에는 자신의 브랜드를 좋은 솔루션으로 선택되게끔 하여야 한다.

이벤트 또는 캠페인 참여

구매할 브랜드를 찾는 과정에서 브랜드 레벨이 대동소이하거나, 해당 카테고리의 브랜드 관여도가 높지 않다면 세일즈 프로모션에 대해 민감해지게 된다. 검색한 소비자가 얻을 수 있는 실질적인 혜택을 광고 문안으로 전달해 보자. 해당 혜택을 이벤트 페이지에 잘 녹여서 보여 준다면 처음의 관심이 이어져서 이벤트나 캠페인 참여로까지 이끌 가능성이 높아진다.

구매할 제품 찾기

마지막으로 구매할 제품을 찾는 사람들에게는 제품의 특징이나 효익 등을 강조하는 광고 문안과 함께 제품 소개 페이지나 쇼핑몰 상품 페이지로 연결한다. 쇼핑몰의 경우 가격 경쟁력이 가장 중요한 결정 요인이겠지만, 브랜드 사이트는 가격이 아닌 제품의 특장점을 부각하고, 해당 구매처를 간접적으로 소개하는 것도 좋은 방법이다.

4 키워드 리포트 분석 및 피드백

일반적으로 키워드 광고 대행사를 이용하다 보면 대행사에서는 월 평균 1회로 키워드 리포트를 전달받을 수 있다. 리포트에서 아래 예시와 같은 사항들을 살펴서 분석해 보자.

> **예** 선정된 키워드별 월 조회 수, 클릭 수와 전환 수를 분석해 보자.
> 키워드를 그룹 1, 그룹 2로 나누어서 2주에서 한 달간 운영해 보자. 그룹별 키워드 광고의 집행 결과를 분석해서 효율이 높거나, 효과가 높은 키워드를 선별하여 차월 키워드로 선정해 보도록 하자.
> - 유입 수가 많은 키워드 선별
> - 전환 수가 많은 키워드 선별

네이버 검색광고 페이지 보고서

네이버 검색광고 관리 페이지에서는 보고서 메뉴가 존재한다. 해당 메뉴에서 사이트별 검색광고의 운영 현황을 알 수 있다. 사이트에서 진행하는 키워드 광고들의 기간별, 요일별, 매체별로 노출 수와 클릭 수를 알 수 있다.

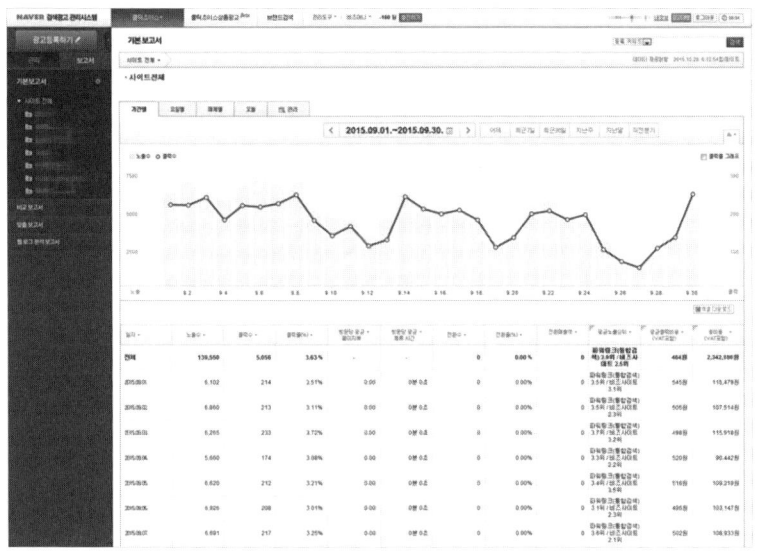

[그림 4-65] 네이버 검색광고 시스템 - 기본 보고서 화면

키워드의 세부적인 운영 현황을 보려면 왼쪽의 '맞춤보고서' 메뉴를 통해 보고서를 생성할 수 있다. 해당 페이지에 들어가서 '맞춤 보고서 추가' 버튼을 클릭하면 여러 가지 보고서를 생성시켜 다운로드 할 수 있다. 그중 가장 많이 보는 메뉴로 키워드 보고서를 다운로드해 보자.

	사이트명	표시 URL	그룹명	키워드	노출 수	클릭 수	클릭률	클릭 비용 (VAT 포함)	총비용 (VAT 포함)
2015.10.			키워드 700원 이상	친환경 페인트	4774	670	14.04	996	666,743
2015.10.			키워드 300원 이하	15평 신혼집 인테리어	1139	86	7.56	457	39,226
2015.10.			키워드 500원 이상	수성 페인트	2038	83	4.08	431	35,695
2015.10.			키워드 24시간 키워드	더클래시 페인트	54	13	24.08	98	1,265
2015.10.			키워드 300원 이상	페인트 롤러	583	13	2.23	204	2,651

[표 4-8] 네이버 검색광고 시스템 키워드 보고서 예시

　키워드 등록 시 배정해 두었던 그룹명과 키워드별 노출 수, 클릭 수, 클릭률, 클릭당 비용, 총비용 등의 자료를 살펴볼 수 있다. CPC가 높은 키워드는 효과가 좋지만, 효율까지 좋다고 할 수는 없다. 하지만 저가 키워드의 경우 효율적인 운영이 가능하다.

페이드 미디어2　타깃 채널 광고

　브랜드를 알리기 위해서는 온드 미디어로서의 자사 채널과 언드 미디어로서 소비자 서포터즈 이외에 타깃 소비자들이 모여 있는 다양한 채널이나 플랫폼에 우리 브랜드를 알려 온드 미디어로의 집객을 하는 부분도 중요하다. 하지만 영향력 있는 채널에 브랜드를 홍보하려면 광고비가 필수 불가결하다. 방문자가 많은 플랫폼을 갖고 있는 사이트나 커뮤니티, 앱에 광고 비용을 지불해야 하는 것이다.

　우리가 타깃으로 하는 목표 고객이 많이 방문하고 있는 제휴처를 찾아서 합리적인 광고비를 지불하고 효과적인 프로모션을 통해 목표 고객에게 메시지를 전달함으로써 우리의 온드 미디어로 유입을 시켜 보도록 하자.

1 타깃 채널 선정

우리 브랜드의 타깃 고객 접점은 어디일까? 특정 주제에 관심 있는 사람들의 커뮤니티나 소셜 채널 등이 이에 해당된다. 예를 들어 인테리어에 관심이 많은 타깃 소비자를 찾으려면 각각의 채널 중 해당 분야에 가장 활성화된 커뮤니티를 찾아보자.

예
- 네이버 카페: 인테리어 부문 – 레몬테라스(http://cafe.naver.com/remonterrace)
- 페이스북: 페이지 인테리어 부문 – 집꾸미기 커뮤니티(https://www.facebook.com/ggumim2013)
- 카카오스토리: 인테리어 관련 채널 – HOUSE(https://story.kakao.com/ch/housestory)

2 타깃 채널 프로모션 기획 및 집행

해당 제휴처에 단순한 브랜드 광고를 하는 것보다는 커뮤니티 회원들의 관심을 살 수 있는 이벤트를 기획해 보자. 먼저 회원들의 반응을 얻을 수 있으려면 어떤 내용으로 다가가야 할까 고민해 보자.

친환경페인트의 소구층은 집 안에 변화를 주고 싶어 하는 주부일 경우가 많다. 30~40대 주부층을 메인 타깃으로 하는 카카오 스토리채널의 인테리어 채널 중 가장 유명한 채널을 찾아보자. 바로 하우스라는 채널을 발견하였다. 해당 채널에서 여름이 다가오는 시점에 맞춰 집 안에 산뜻한 컬러를 들이라는 이벤트를 기획해 보았다. 브랜드명을 적는 OOOO 간단 퀴즈 형태와 벽을 산뜻한 컬러로 바꿔 예뻐진 공간 사진 중에서 마음에 드는 컬러를 선택하면 응모 끝. 이처럼 쉽고 간단하지만 타깃 고객에게 어필할 수 있는 이벤트를 기획해 보자.

집안에 산뜻한 변화를 주기! 여러분의 집에 여름의 컬러를 들이세요.
★홈앤톤즈 x 하우스, Summer Happy Wall 이벤트★

친환경 페인트 전문샵 OOOO가 제안하는
여름 페인트 컬러 중 마음에 드는 컬러를 골라주세요.
추첨을 통해 20분께 무독성 친환경 페인트 더클래시와 도구세트를 드립니다.

홈앤톤즈 보러가기
http://bit.ly/1LDfPWS

- 참여방법: 빈칸 OOOO/ 마음에 드는 컬러/ 휴대폰 번호 뒷 4자리
- 이벤트 기간: 2015.6.29(월)~7.5(일)
- 당첨자 발표: 7.8(수)
- 당첨인원: 20명
- 경품: 무독성 친환경 페인트 더클래시 2L, 고급 도구세트

* 이벤트 기간 내 홈앤톤즈 회원가입을 해주시는 모든 분들께 10,000원 쿠폰 지급!
  (추천인 ID: 하우스 기입자에 한함)
  매주 월요일 전 주 회원가입자 일괄 쿠폰 증정 (유효 기간: ~9/30)

▼ 가입하러 가기!
http://bit.ly/1LJ4OQC

▼ 홈앤톤즈 셀프페인팅 강의 신청
http://bit.ly/1Cy7dZd

[그림 4-66] 프로모션 예시

3 타깃 채널 광고 결과 분석

타깃 채널 광고의 결과는 해당 채널에서의 직접적인 이벤트 응모자 수뿐만 아니라 이벤트 내용 중 Link를 통해 자사 사이트로의 유입량을 살펴봄으로써 분석할 수 있다.

앞에서 하우스 카카오스토리 채널에서 진행한 이벤트의 경우, 댓글로 홍보하고자 하는 브랜드 이름과 마음에 드는 여름 컬러를 댓글로 적게 하여 응모를 받았다. 결과 수치로는 댓글 응모자 수와 해당 이벤트에 반응을 나타나는 느낌 수, 공유 수 등을 들 수 있다. 추가로 이벤트 내용 중에 쇼핑몰 메인, 회원 가입 페이지, 강의 신청 페이지로 바로 갈 수 있는 Link를 추가함으로써 얼마나 쇼핑몰로 유입이 되었는지 알아볼 수 있다.

응모자 수	반응 수		유입량			TTL
	느낌	공유	쇼핑몰 메인 Link	회원 가입 Link	강의 신청 Link	
4972	501	348	2,737 http://bit.ly/1LDfPWS	1,335 http://bit.ly/1LJ4OQC	655 http://bit.ly/1Cy7dZd	4727

[표 4-9] 타깃 채널에서 진행한 이벤트의 결과표 예시

여기서 Link URL를 살펴보면 http://bit.ly로 앞이 통일되어 있다. '비틀리(http://bitly.com)'라는 사이트는 긴 URL을 짧은 URL로 바꾸어 주는 서비스를 무료로 제공한다. 예를 들어 다음과 같은 긴 주소를 가진 사이트가 있다고 가정해 보자.

http://homentones.com/event/20151120/happywall/happywall.asp?src=text&kw=000049

위와 같은 긴 주소를 http://bit.ly/1LDPWS 같이 바꾸는 기능을 하는가 하면, 또 다른 중요한 기능으로는 bit.ly 주소를 생성한 후 해당 bit.ly 주소를 블로그, SNS 채널, 휴대폰 문자 등 어느 곳에나 붙여넣기 한 후, 해당 주소를 클릭한 전체 수를 파악할 수 있다.

> **Tip 비틀리에서 요약 주소 받기**
>
> ❶ bit.ly 사이트에서 검색창에 긴 주소를 붙여넣기 한다.
>
> ❷ SHORTEN 버튼을 클릭하면 하단에 bit.ly 주소가 생성된다.
>
> ❸ 이 상태에서 만들어진 URL옆에 생긴 'COPY' 버튼을 클릭하여 URL을 복사하여 사용한다.

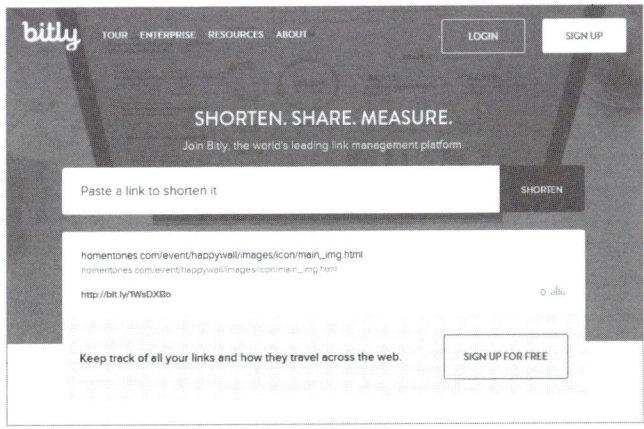

위의 [표 4-9]의 결과표 예시를 보면, 각각의 페이지별로 bit.ly 주소를 만들어 이벤트 내용 중에 소개함으로써 각각의 클릭 수를 측정한 결과이다.

Tip 비틀리에서 클릭 수 알기

bit.ly 주소 뒤에 '+'를 붙이면 누구나 클릭 수를 알 수 있다.

인터넷 주소창에 bit.ly 주소를 넣으면 bit.ly 주소로 변환했던 긴 URL에 해당되는 페이지로 이동한다. 하지만 인터넷 주소창에 생성된 bit.ly 주소를 넣고 그 뒤로 '+'를 붙이면, 다음과 같은 결과를 볼 수 있는 bit.ly 페이지로 이동한다.

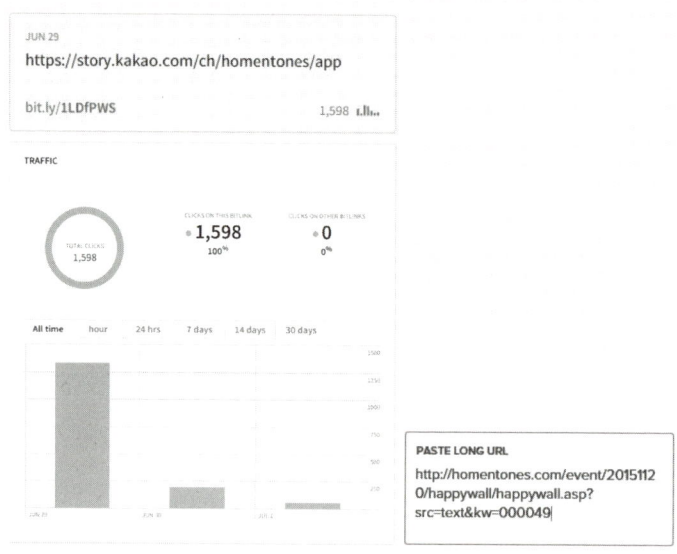

[그림 4-67] bit.ly 결과 그래프

이처럼 쉽고 간단하게 이벤트에 대항 반응을 알 수 있다. 또한 추가로 쇼핑몰 회원 가입 내용 중 에 추천인 아이디 house를 입력하게 하여 가입된 인원까지 체크해 보자. 이벤트에 대한 결과를 명확하게 알 수가 있기 때문에 해당 채널의 이벤트 효과를 평가하여 향후 마케팅 홍보 수단으로 재이용할지 결과를 평가해 볼 수 있다.

6단계

입소문 나는
이벤트 기획하기

소셜 미디어를 활용한 마케팅은 매스미디어를 활용한 마케팅에 비해 우리가 전달하고자 하는 메시지를 전파하는 데는 장기전일 수 있다. 하지만 콘셉트를 뒷받침할 수 있는 콘텐츠라는 고정적인 요소에 이벤트라는 화젯거리를 덧붙여 보면 전파 속도가 빨라진다.

입소문 나는 이벤트 기획하기

1 입소문 나는 이벤트란

소비자들의 관심을 얻기 위해서는 그들에게 자극과 변화를 주어야 한다. 이러한 목적으로 진행되는 것을 우리는 보통 이벤트라고 부른다. 사이트 오픈 이벤트, 고객 사은 이벤트, 연말 감사 이벤트 등 다양한 이벤트가 항상 이곳저곳에서 진행되고 있다. 사람들에게 기업이나 브랜드를 이야기하게 하려면 계기가 필요하다. 보통은 타깃 고객들이 관심 있어 할 만한 내용이나 경품을 걸고 다양한 이벤트를 진행한다. 하지만 여기서 간과하는 부분은 브랜드나 제품의 차별화된 콘셉트를 부각시키거나 남들과 다른 독특함에 대한 고민 없이 천편일률적인 이벤트를 진행하는 것이다. 입소문 나는 이벤트가 되게 하려면 어떤 요소를 갖춰야 할까? 다음 몇 가지 유형의 이벤트를 통해 알아보자.

2 제품 사용자들의 진정한 입소문을 유발시키는 이벤트

우리는 앞서 여성 소비자를 활용해 제품 체험단, 서포터즈, 주부 모니터 등의 다양한 우군을 만들어 왔다. 거기다 우리가 운영하는 자사 미디어의 팬층과 소통하면서 브랜드와 제품을 체험시켜 왔다. 이러한 활동의 연장선상에서 우리의 제품을 사용해 본 사람들이 자신의 경험을 이야기하게끔 하는 계기를 만들어 줄 이벤트가 필요하다.

제품을 사용해 보고 만족한 사람이 자신의 지인에게 "이 제품 내가 사용해 봤는데 좋더라. 이번에 이런 이벤트를 하더라. 관심 있으면 너도 한번 참여해 봐."라고 진솔하게 권유하도록 하여야 한다. 그렇다면 어떤 이벤트를 기획해야 제품을 사용해 본 사람들이 잘 참여할 수 있을까?

가장 기본적인 이벤트는 구매자의 사용 후기 이벤트이다. 사람들은 제품을 구매하기 전에 제품에 대한 확신이 없기 때문에 선택하는데 상당히 불안해한다. 하지만 지인이나 해당 상품을 써 본 누군가로부터 "내가 이거 써 봤는데 좋더라."라는 말 한마디를 듣는다면 약간은 안심할 것이다. 덧붙여서 "어떤 점이 특별히 좋아."라고 세부적인 이유가 여기저기 적혀 있다면 그 제품을 바로 신뢰하게 된다.

사용 후기 이벤트

사용 후기 이벤트는 가장 기본적이고 중요한 입소문 이벤트이다. 구매자들의 사용 후기 내용은 정말 중요하다. 브랜드 사이트나 온라인 쇼핑몰 같은 웹사이트에는 제품 정보 이외에 이러한 후기들이 모여 있는 메뉴가 꼭 있어야 한다. 사용 후기 이벤트 이외에도 자사의 소셜 미디어나 온라인 커뮤니티 또는 본인 블로그나 SNS 등에 자신이 직접 사용 후기를 남기고 선물이나 적립금을 신청하면 지급해 주는 이벤트도 효과적이다.

[그림 4-68] 사용 후기 이벤트 예시

회원 추천인 이벤트

다음으로는 회원 가입 시 추천인 ID를 입력하면 추천인에게 선물을 지급해 주는 이벤트가 있다. 많은 친구 추천을 유도하기 위해 추천인 수가 늘어남에 따라 새로운 선물을 추가로 주거나 선물이 업그레이드되도록 해보자. 그리고 최우수 추천왕에게는 큰 경품을 걸어보자.

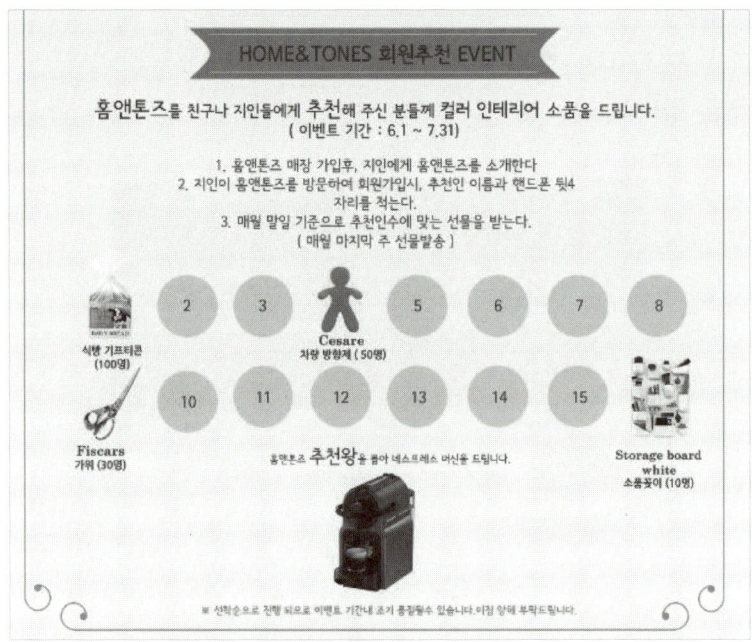

[그림 4-69] 회원 추천 이벤트 예시

콘테스트 이벤트 - 자랑거리

우리 브랜드를 사용해 본 경험이 있다면 누구나 참가할 수 있는 UCC 콘테스트를 기획해 보자. 일반적인 사용 후기를 벗어나서 우리 브랜드에 대해 사용자가 겪은 에피소드를 소개하는 UCC 콘테스트를 소비자가 직접 제작하게 한다면 어떨까? 이러한 이벤트는 충성도 있는 팬층이 생성되어 있을 때 진행하는 것이 좋으며, 경품 내용도 더욱 신경 써야 할 이벤트이다.

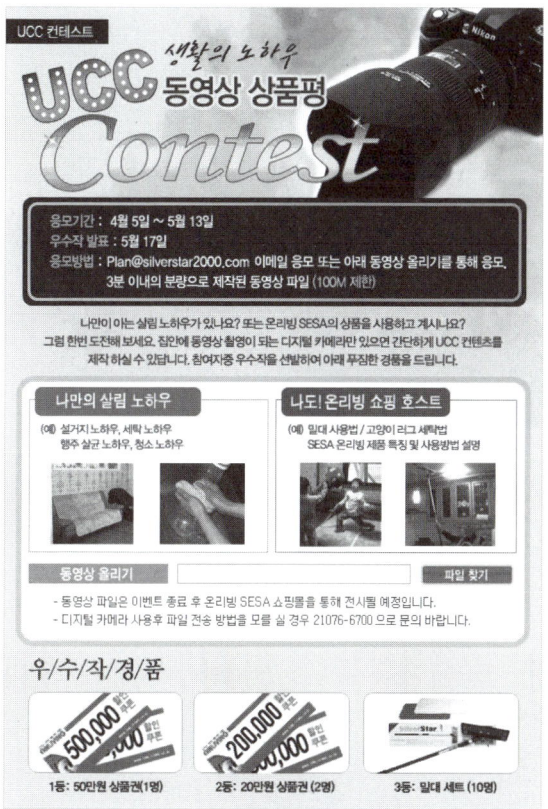

[그림 4-70] 콘테스트 이벤트 예시

영향력 있는 소비자, 준전문가들이 속한 커뮤니티 이벤트

활성화된 블로그를 운영하는 파워 블로거이거나 타깃 고객들이 존재하는 커뮤니티에 영향력을 행사하는 빅 마우스, 해당 분야의 전문적인 식견을 갖춘 준전문가를 대상으로 우리 브랜드를 체험하게 하자. 그 다음에는 그들과 관계된 커뮤니티 회원, 블로그 이웃을 대상으로 체험의 기회를 제공하거나 판촉물을 주는 이벤트를 진행해 보자. 이런 이벤트는 브랜드 체험자의 제품에 대한 의견과 함께 해당 제품을 추천하지 않고는 자신의 이름을 걸고 진행할 리 없기 때문에 제3자 보증 브랜드로서의 효과를 볼 수 있는 이벤트이기도 하다.

오프라인 행사 초대 이벤트

온라인의 경험뿐 아니라 특별한 오프라인 행사를 기획해서 우리 브랜드 서포터즈나 브랜드를 경험한 영향력자인 스폰서를 그들의 지인과 함께 초대해 보자. 함께 참석한 지인은 한정된 사람들 중의 하나로 초대를 받아, 오프라인 행사에서 특별한 대접을 받고, 특별한 경험을 하며, 브랜드에 대한 관심이 고조될 것이다. 한 번 참여한 사람은 다음 행사 때 또 한 명의 지인과 동석하게끔 한다면 한정된 혜택은 더욱 입소문 나게 될 것이다. 지인으로부터 얻을 수 있는 누구나 가질 수 없는 경험, 누구나 올 수 없는 행사에서의 경험을 가진 사람들은 그 경험을 결코 말하지 않고는 못 배기게 될 것이기 때문이다.

3 이야기하고 싶게 만드는 독특한 이벤트

이제는 브랜드와 제품을 경험하지 않았더라도 내용이 독특해서 말하고 싶게 만드는 이벤트를 이야기해 보자. 이 독특함은 제품 속성이나 브랜드 콘셉트와 연관되면 가장 좋다. 하지만 연관성을 찾지 못한다면 다른 독특한 요소를 찾아 만들어야 하고, 대부분의 독특함은 역발상에서 나온다. 흔한 이야기가 아니라 예상치 못한 이야기에서 나오는 것이다.

공짜

우리는 무료라는 말을 좋아한다. 어디를 가면, 또는 어떻게 하면 내가 갖고 싶은 게 공짜라는 말에 한 번쯤은 귀가 솔깃한 적이 있을 것이다. 한정된 시간, 한정된 장소, 한정된 방법으로 공짜 혜택을 얻을 수 있다면 이것은 정말 쉽게 이야기될 수 있는 소재이다. 이런 고급 정보, 유용한 정보를 다른 사람에게 알려 준다면 그 정보를 얻은 사람들의 반응은 끝내준다. 하지만 공짜라는 이미지는 제품, 브랜드 가치를 저하시키는 요소도 될 수 있으니 잘 고려해서 공짜 이벤트를 기획해 보자.

특별한 서비스를 제공하는 이벤트

특별함은 보통 의외의 것에서 온다. 인기 있는 병원에 가면 대기 시간이 다소 길 수 있다. 그런데 그 병원 대기실에 세상에서 가장 안락하고 포근한 1인용 소파가 줄지어 있어 기다리면서도 편안함에 흠뻑 취했다면 이런 특별한 경험을 주변 사람들에게 이야기하고 싶지 않겠는가? 매장이든 웹사이트든 특별한 요소를 이벤트로 만들어 보자.

시즌 이슈 연관 이벤트

  사계절이 변화할 때마다 사람들의 공통 관심사도 변한다. 봄에는 봄맞이 집 청소를 생각하고, 여름에는 바캉스에 관심을 갖게 된다. 또는 밸런타인데이, 크리스마스 같은 특별한 날이나 설날, 추석 같은 명절 등 시즌 이슈와 연관 지어 이벤트를 기획한다면, 많은 사람들의 관심을 받을 수 있는 이점이 있다. 사람들의 입에 오르내리기 위해서는 시즌 이슈성을 고려해서 이벤트를 기획하는 것도 효과적이다.

역발상 이벤트(독특한 콘셉트)

  제품 속성이나 브랜드 콘셉트에서 역발상 요소를 못 찾았다면 쉽게 발견할 수 있는 다른 부분에서 역발상 요소를 찾아보자. 우리 주변에 있는 요소 중 고정 관념이나 일반적인 룰을 뒤집어서 생각해 보자. 듣자마자 너무 신선해서 이야기하고 싶게 만들어지는 독특한 이벤트를 곁들여서 말이다.

  영국 런던의 요텔Yotel이라는 호텔은 "숙박비는 1일을 기준으로 한다."는 일반적인 룰을 깼다. 일반적인 호텔들은 1박을 기준으로 요금을 청구하지만, 요텔은 4시간을 기본으로 하고, 한 시간 초과 시마다 요금을 증액해서 받았다. '오후 3시 체크인 - 다음 날 낮 12시 체크아웃'이라는 룰이 없어지니 밤 비행기로 새벽에 도착한 사람들에게 인기가 많았다. 이런 내용을 역발상 이벤트로 기획해서 퍼트려 보면 어떨까? 나중에는 이벤트가 아니라 이 호텔의 고정 콘셉트가 되어 버렸겠지만, 사람들이 이 호텔에 대해 이야기하게 하고, 많은 사람들이 알게 되면서 이곳을 찾게 되도록 말이다.

또는 거꾸로 생각해 볼 일반적인 룰을 발견하지 못했다면 약점을 강조하는 예시를 살펴보자. 미국 미네소타 주 세인트 폴 세인츠 야구단의 경우 마이너 리그에 속한 탓에 선수며 경기도 사람들의 관심을 끌지 못했다. 그런데 이런 약점을 거꾸로 생각해 강점으로 만들어 냈다. 마이너 리그라 안 돼가 아니라 '되는 것'을 찾은 것이다.

메이저 리그의 경우 매 이닝 사이에 협찬사 행사나 광고를 하느라 바쁘지만, 마이너 리그의 경우 야구와 전혀 관련 없는 이벤트를 펼칠 수 있다. 예를 들어 관객들과 선수들이 함께 미니카 경주를 한다든지, 야구와 전혀 어울리지 않는 발레 공연을 했다. 또 관중석에 마사지사나 이발사를 대기시켜 야구 경기를 보며 서비스를 받게 하기도 했다. 이러한 독특한 이벤트가 화제가 되면서 입장권이 매진되고, 시즌 티켓을 사겠다는 사람들이 줄을 서게 되었다고 한다.

마지막은 위기를 기회로 삼은 일본 아모리 현 사과밭의 역발상 이벤트이다. 어느 해 심한 태풍으로 인해 전체 사과의 10%만 남게 되었다. 하지만 '태풍 속에서도 떨어지지 않는 사과'라며 이 사과를 먹으면 시험에 떨어지지 않고 합격하는 행운을 가져다준다는 콘셉트를 부여해 수험생에게 10배 이상의 가격으로 사과를 판매해 대박을 터트렸다.

이처럼 사람들이 좋아하는 스토리를 섞여서 이벤트를 진행한다면 입소문이 퍼지기 쉬운 이벤트가 된다. 역발상 이벤트는 단순히 상식을 깨는 의미만 있는 게 아니고, 소비자에 대한 진정한 이해와 시장에 대한 통찰이 있어야 만들어질 수 있다.

영국 요텔 호텔의 경우도 새벽 비행기로 도착하는 사람들은 1박 숙박비를 아까워한다는 소비자들의 생각을 이해하고, 항공 운항 중 저가 항공의 포션을 생각했을 때 이 시장의 파이를 선점할 수 있는 묘책으로 해당 서비스나 이벤트를 기획한 것이다.

마이너 리그 세인츠 야구단의 경우도 메이저 리그에서 볼 수 없는 이벤트들을 사람들이 참신하고 신선하게 받아들일 것이라는 생각, 예를 들어 아모리 현 사과의 경우도 행운을 얻고 싶은 수험생들의 마음에 대한 이해를 기반으로 기획된 것이다.

자랑거리 제공

이벤트에 도전해서 얻을 수 있는 명예로운 경험을 제공한 후 자랑하게 만든다. 브랜드와 관련된 주제로 도전할 수 있는 온라인 게임을 기획하거나 매장을 방문한 사람에게 체험 기회를 제공하는 이벤트 형태로 기획해 보자. 흥미로웠던 경험이라면 확실히 이야기하게 될 것이다.

입소문 보상 이벤트

이야기하고 싶게 하는 이벤트를 기획하기 위해서는 화제가 될 만한 소재가 물론 중요하지만 브랜드를 소개하거나 제품을 사용한 경험을 후기로 작성하는 소비자에게 확실한 보상이 있음을 알리는 것도 함께 기획해 보자. 소비자들의 움직임을 이끌어 내기 위해 꼭 진행해야 할 이벤트이다.

개인화된 이야기로 스타를 만들어라

우리 브랜드를 경험한 사람들이 많아질수록 개개인의 스토리는 다양해질 것이다. 그중 스토리가 재미있는 소비자들을 찾아보자. 이벤트의 인물, 캠페인의 인물은 브랜드가 아니라 소비자가 되게끔 개인의 브랜드에 대한 경험 등을 기반으로 브랜드의 주인공으로 만들어라. 사진보다는 영상으로 어필하기에 좋은 이벤트 소재일 것이다.

참여 이벤트

참여를 통한 진정한 경험이야말로 입소문을 유발하는 가장 좋은 방법일 것이다. 누구나 쉽게 참여할 수 있는 이벤트를 기획하라. 단순 노출로 브랜드를 인지한 소비자보다 소셜 미디어상에서 직접 이벤트에 참여하거나 오프 행사에서 브랜드 이벤트에 참여한 사람들을 많이 만드는 일이 이벤트의 중요한 목적이기 때문이다.

공감되는 브랜드 캠페인 기획하기

공감되는 브랜드 캠페인이란

일반적인 캠페인은 사회·정치적 목적을 위하여 조직적이고도 지속적으로 행하는 운동을 말한다. 또는 공공 캠페인이란 다수의 사람들을 대상으로 정해진 일정 기간 내에 어떤 특정 결과를 만들어 내기 위해 미디어를 이용해서 캠페인 메시지를 전달하는 조직화된 커뮤니케이션 활동이라 정의하고 있다. 그렇다면 브랜드에서 진행하는 브랜드 캠페인이란 사회적인 관계를 활용해 캠페인을 진행하는 것으로 일정 기간 동안 캠페인을 진행하면서 브랜드에 대한 가치를 공감할 수 있는 콘텐츠를 통해 지속적인 메시지를 전달하며 사람들의 참여와 관심을 이끌어 메시지를 공유하고 전파토록 하여 커뮤니케이션 하도록 하는 행위를 말한다.

특히 소셜 캠페인은 소셜 미디어를 통해 확산성을 높임으로써, 자신이 아는 사람을 통해 소식을 접하게 함으로써 메시지에 대해 관심을 높이고, 캠페인 참여 가능성을 높이고 있다. 특히 캠페인의 타깃층이 여성 소비자라면 이 책에서 이야기하는 여성 언드 미디어를 통해 캠페인을 더 수월하게 전파할 수 있다.

이러한 소셜 캠페인의 경우 광고적인 성향보다는 사람들의 삶에서 기업과 브랜드가 줄 수 있는 가치에 대해 이야기하는 것이 보다 효과적이기 때문에, 일반적인 세일즈 프로모션 형태의 캠페인보다는

브랜딩과 CSR 목적의 소셜 캠페인이 사람들의 참여를 이끌기에는 더욱 적합하다.

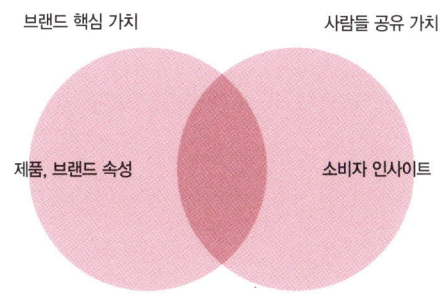

[그림 4-71] 브랜드 핵심 가치와 소비자 공유 가치 교차점

따라서 기업이 이야기하는 브랜드 가치와 소비자가 생각하는 브랜드 가치를 일치시켜 공감을 얻을 수 있는 소셜 캠페인을 기획해야 한다.

1 공감되는 브랜드 소셜 캠페인 기획하기

공감되는 브랜드 캠페인을 위한 브랜드 가치를 이해하였다면, 이제는 공감되는 소셜 캠페인을 기획해 보자.

❶ 소셜 캠페인의 목적
❷ 소셜 캠페인 기획하기

❸ 소셜 캠페인 콘텐츠 기획하기
❹ 소셜 마케팅의 랜딩 페이지 정하기
❺ 트리플 미디어를 통해 링크 유통시키기
❻ 마케팅 활동을 추적하고, 결과를 다시 반영하기

소셜 캠페인의 목적

소셜 캠페인을 통해 어떤 목적을 달성하고자 하는지 목적을 분명히 하고 캠페인을 기획해 보도록 하자. 소셜 캠페인의 목적에 따라 브랜드 인지도 제고를 위한 브랜딩 소셜 캠페인, 지속 가능 경영을 실천하는 기업 이미지 제고 목적을 위한 CSR 소셜 캠페인, 구매 유도나 매장 방문 확대를 위한 세일즈 프로모션이 목적인 소셜 캠페인으로 구분할 수 있다.

브랜딩	CSR	세일즈 프로모션
브랜드 인지도 제고	지속 가능 경영 기업 이미지 제고	구매 유도 매장 방문 확대

[표 4-10] 소셜 캠페인의 목적에 따른 구분

소셜 캠페인 기획하기

공감되는 소셜 캠페인을 기획하기 위해 우리는 '소비자는 어떤 가치에 공감할까'를 고민하여야 한다. 단순히 제품의 특장점이나 혜택만을 이야기하는 경우도 있지만, 소비자의 입장에서 중요시하는 것이 무엇인지 '역지사지'의 마음으로 공감할 수 있는 브랜드 가치를 찾아 구체화해야 한다. 다음 몇 가지 캠페인 유형을 살펴보면서 이해를 돕도록 하겠다.

• 캠페인 유형 1 – 신제품 또는 브랜드 속성 전파(브랜딩)

　제품과 브랜드의 속성과 연관 지은 소셜 캠페인의 경우 소비자가 제품을 직접 느끼고 체험하게끔 하는 것이 최상의 방법이다. 하지만 이는 장소 및 비용의 한계로 이런 직접 경험을 제공하기 어렵다면 많은 사람들이 간접 경험을 할 수 있게끔 캠페인을 기획하여야 한다.

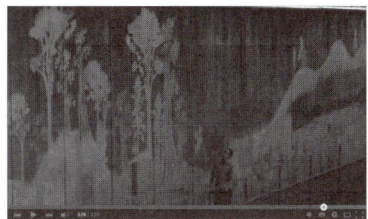 

[그림 4-72] 그린웍스 역그래피티 캠페인

　그린웍스라는 세제의 경우 친환경적이며, 세정력이 좋은 제품임을 알리기 위해 역그래피티를 캠페인 소재로 담았다. 먼지와 이끼가 낀 더러운 벽을 그린웍스 세제를 사용해 때를 지우면서 벽 위에 멋진 작품을 만든 영상 콘텐츠를 선보였다. 역그래피티가 적용된 벽을 직접 본 사람도 있겠지만, 온라인 사이트를 통해 많은 사람들이 간접 경험을 할 수 있도록 제작한 영상을 유포하여 그린웍스라는 세제의 효과를 경험하도록 할 수 있었다.

 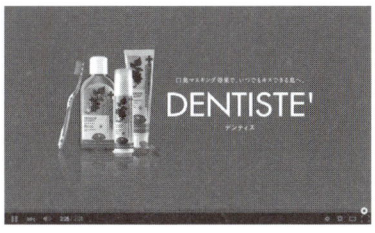

[그림 4-73] 덴티스트 옥외 광고
https://www.youtube.com/watch?v=5IX-2sP0JFw&list=PL2E2EFE4290B4068F

또는 제품과 브랜드가 갖는 직접적인 속성을 알리기보다 그것과 연관된 소재를 찾아 캠페인을 진행하는 경우도 있다. 덴티스트는 일본에 옥외 광고를 설치한 장소를 키스 명소로 만들었다. 이곳에서 키스를 하면 그 장면이 실루엣으로 남아 커플의 아름다운 모습을 사진으로 남길 수 있다. 사랑하는 사람과 키스를 하기 위해서는 입안이 깨끗해야 하기 때문에 구취를 예방하는 덴티스트의 역할에 대해 브랜딩을 한 것이다. 이처럼 오프라인 행사와 맞물려 해당 스토리와 캠페인을 온라인상에서 기획할 수 있다.

- **캠페인 유형 2 – 유익성, 공익성 캠페인을 통한 브랜드 공유 가치 제고**
(브랜딩, CSR)

제품의 속성이 특별하지 않을 경우는 소비자 인사이트를 조사하여 사람들이 공감할 수 있는 새로운 콘셉트를 기획해 보자. 차별화되고 독특한 콘셉트와 공유 가치를 연결한 캠페인을 기획하면 목표로 하는 타깃의 반응을 얻을 수 있다.

[그림 4-74] 기아자동차 Re:Design 글로벌 캠페인
http://blog.hyundai.co.kr/Group-Story/Co-efficient/hyundai-kia-redesign.blg#.VjNQetLhCUk
http://redesign.kia.com/

기아자동차의 'Re:Design'이라는 글로벌 브랜드 캠페인을 예시로 보자. 이 캠페인은 자동차가 소비자의 삶을 다시 디자인할 수 있는 매개체

로서의 역할을 할 수 있음을 브랜드의 공유 가치로 삼았다. 'Father & Son's Road Trip'이라는 주제로, 서먹해진 아빠와 아들의 관계를 개선해 나가는 진정한 드라이브의 의미를 영상을 통해 보여 주었다. 또한 어색하고 먼 사이가 된 아버지와 아들의 사연을 받아 전 세계 11개 국 12커플의 아버지와 아들을 선정하여 기아자동차를 타고 떠나는 로드 트립Trip을 지원한 뒤 그 스토리를 공개하였다. 자동차를 단순한 이동 수단이 아니라 목적지까지 가는 과정 중에 삶의 가치를 일깨워 주는 역할자로서, 자동차를 소유한 사람들의 삶의 질 향상을 위해 노력함을 브랜드는 보여 주고 있다. 혹시 이러한 예시로 인해 캠페인은 대기업만 할 수 있는 것으로 오인할 수 있을 것 같다. 해당 예시를 통해 우리가 이해해야 하는 것은 캠페인의 규모가 아니라 소비자 중심 사고에서 캠페인이 기획되어야 하며, 브랜드의 특장점만을 이야기 한다면 그것은 단순한 세일즈 프로모션이 되지만, 브랜드가 소비자에게 줄 수 있는 삶의 가치를 이야기한다면 해당 캠페인이 소비자들에게 내 이야기로 여겨지며 더욱 소비자들에게 와 닿을 수 있다는 사실을 이해해야 할 것이다.

- **캠페인 유형 3** – 재미있는 경험을 통해 브랜드 호감도 제고(브랜딩)

제품의 속성상 차별성을 부각하기 어려운 제품군이거나 제품의 핵심 가치를 공유 가치로 연계하기 힘든 브랜드라면 재미있는 경험을 통해 브랜드 호감도를 제고하는 것도 좋은 방법이다. 재미 요소가 있는 캠페인 콘텐츠의 경우 공유성이 강하며, 즐거운 경험으로 인해 브랜드를 선택할 때 유리하게 작용할 수 있다.

[그림 4-75] 코카콜라 Share a Coke with your friend 캠페인
(출처: 코카콜라 페이스북 마케팅 http://blog.imccube.com/166364848)

코카콜라는 호주에서 제품 소비가 늘지 않자 'Share a Coke with Friends'라는 캠페인을 진행하였다. Coca Cola라는 문구 대신 친구들의 이름을 캔에 인쇄하여 선물하게 하는 캠페인으로 재미를 선물하고, 공유하게끔 하여 코카콜라에 대한 인식을 좋게 만들었다.

[그림 4-76] The Social Swipe 기부 캠페인

http://youtu.be/ZcgsRhMH080

재미있는 기부 캠페인 사례도 있다. 사람들이 기부를 하고 싶지만 자신이 기부한 것이 정말로 제대로 사용되는지에 대한 의심 때문에 기부를 망설인다는 소비자 인사이트를 얻게 되었다. 그래서 기획된 것이 'Social Swipe'라는 캠페인이다. 옥외 광고판에 신용 카드를 긁으면 빵을 직접 잘라서 주는 장면을 보여 주거나, 억압받는 사람들의 손목을 묶은 줄을 풀어 주는 비주얼한 장면을 보여 줌으로써 기부라는 행위에 실질적인 결

과를 체험하고, 재미를 부여하면서 참여율을 높인 캠페인의 사례이다.

앞서 이야기한 소셜 캠페인의 몇 가지 유형은 실제 경험을 제공하는 오프라인 상의 체험 위주였다. 하지만 오프라인상에서 만날 수 있는 사람의 수는 한정되어 있기 때문에 우리는 오프라인 행사와 연계하여 온라인상의 많은 사람들에게 간접 경험을 제공할 수 있어야 한다.

[그림 4-77] 현대자동차 Count Down 캠페인(영상 - 웹사이트 - 오프라인 행사)

오프라인 행사와 연결된 온라인상의 소셜 캠페인으로 현대자동차 'Count down' 캠페인을 예시로 살펴보자. 2011년부터 4년째 진행해 온 캠페인으로, 서울 강남대로에 위시볼을 설치하여 사람들에게 새해 희망을 적게 한 뒤 하늘로 날려 보내는 행사이다. 관련 영상을 만들어 확산하고, 캠페인 사이트로 유입하여, 오프라인 행사 내용과 캠페인 주인공들의 스토리를 볼 수 있으며, 실제 현장에 못 오는 사람들을 위해서는 SNS를 통해 '나만의 위시볼 만들기'에 간접적으로 참여할 수 있다. 실제 경험은 아니지만 온라인상의 간접 경험을 통해 많은 사람들이 참여할 수 있도록 하였다.

이상으로 소비자가 공감할 수 있는 소셜 캠페인을 온·오프라인과 연계하여 어떻게 기획해야 하는지 살펴보았다.

2 소셜 캠페인 콘텐츠 기획하기

'콘텐츠 기획' 장에서 우리는 브랜드 콘셉트를 뒷받침해 줄 수 있는 브랜디드 콘텐츠의 기획 방법과 여성들의 경험을 이야기하는 소비자 콘텐츠의 기획 방법에 대해서 다루었다. 소셜 캠페인 콘텐츠의 경우도 브랜드가 직접 캠페인 콘텐츠를 기획·발행하거나 우리의 우군인 서포터즈와 빅 마우스인 영향력자들이 캠페인에 직접 참여해서 경험한 이야기를 콘텐츠로 유통시키게끔 하여 캠페인을 확산시키고, 확산된 링크를 통해 캠페인의 상세 랜딩 페이지로 유입시킬 수 있다.

먼저 브랜드가 제작한 캠페인 콘텐츠의 경우, 캠페인의 취지를 이해시키고 캠페인의 공유를 이끌 수 있는 공유 가능한 콘텐츠(Sharable Contents)를 기획하여야 한다. 일반적으로 관련 이미지와 텍스트 이외에 캠페인 영상이나 제작된 게임 등을 통해 콘텐츠를 구성하면 더욱 효과적이다. 콘텐츠를 접한 관심 소비자들이 이를 공유하거나 연결된 캠페인에 유입되어 캠페인을 응원하거나 참여토록 하기 위해 콘텐츠 기획에 심혈을 기울여야 한다.

[그림 4-78] 언드 미디어의 SNS 공유 확산

　다음은 캠페인이 기획되면 타깃 고객층에게 영향력을 끼칠 수 있는 빅 마우스, 여성 언드 미디어인 서포터즈와 SNS 파워 유저들을 통해 콘텐츠를 직접 양산하고 확산시켜 보자. 브랜드와 캠페인에 대한 단순 설명이 아닌, 그들이 브랜드를 경험한 스토리가 담긴 진정성 있는 콘텐츠를 발행토록 요청해 보자. 어느 정도 영향력이 있는 블로거라면 자신의 팬들이 반응할 수 있는 콘텐츠에 대한 이해는 충분할 것이다. 미리 전달된 광고 코드와 노출 코드를 삽입하여 공유될 만큼 리마커블하게 유용한 정보를 콘텐츠로 다루다거나 본인이 직접 겪은 리얼 스토리를 콘텐츠로 만든다면 캠페인 랜딩 페이지로의 유입을 이끄는 데 효과적일 것이다.

3 소셜 캠페인 랜딩 페이지 설정하기

　이제 우리는 어떤 채널에서 소셜 캠페인을 참여토록 할지 결정하여야 한다. 마케팅 허브로서의 역할을 어떤 채널에서 해야 소셜 캠페인의 응원과 참여를 이끄는 데 효과적일지에 대한 고민은 중요하다. 브랜드 웹사이트 내에 소셜 캠페인을 랜딩시킬 수도 있고, 페이스북 앱이나 유튜브 채널에도 캠페인을 랜딩시킬 수 있다. 특정 채널을 랜딩 페이지로 사용하는 데 어떤 장점이 있는지 알아보고, 캠페인을 진행할 마케팅 허브를 결정해 보자.

- **페이스북 앱**: 페이스북 유저들이 주요 타깃으로 작용, 유저의 행동 유발이 쉬움.

  예 코카콜라 Share a Coke With Friend

- **유튜브 채널**: 영상만으로 캠페인을 바이럴할 경우 효과적임.

  예 하기스 옹알이 번역기

- **브랜드 사이트**: 브랜드에 대한 자세한 인지 및 다양한 콘텐츠 제공, 참여 기록 관리.

  예 피에스타 무브먼트

- **온라인 쇼핑몰**: 캠페인 참여와 함께 구매를 이끄는 장점.

  예 홈앤톤즈 Happy Wall 캠페인

이들 채널 중 마케팅 허브를 결정하였다면 허브 채널로 유입시키기 위해 다채널 그물망을 설계하여야 한다. 이제까지 준비해 온 콘텐츠·이벤트·캠페인을 IMC(Inergrated Marketing Communication: 통합 마케팅 커뮤니케이션) 전략하에 트리플 미디어를 통해 폭발시키는 계획에 대해 다음 장에서 마케팅 전체 맵을 살펴보며 연결 고리를 만들어 보자.

사례_브랜드 가치 찾기와 소셜 캠페인 기획 예시

브랜드의 가치 찾기 과정을 통해 소비자들의 생각과 행동에서 소비자 인사이트를 얻고, 소비자가 공감할 수 있는 소셜 캠페인을 기획해 보도록 하자.

소비자는 브랜드의 어떤 가치에 공감할까? 브랜드의 가치를 더욱 구체화해 보자. 브랜드의 공유 가치는 제품의 특장점이나 혜택과는 조금 다르다. '제품이 가지는 속성으로 인해 소비자의 삶, 더 나아가 우리 사회 구성원의 삶이 어떻게 좋아질까?'라는 질문에 답할 수 있어야 한다. 바로 브랜드의 핵심 가치를 사람들의 공유 가치로 연관 지을 수 있어야 공감되는 소셜 캠페인이 가능하다.

> **Note**
>
> • 소셜 캠페인 기획을 위한 브랜드 가치 찾기 예시
>
> 홈앤톤즈는 서울 대치동에 위치한 친환경페인트 플래그십 스토어이다. 페인트는 냄새 나고 유해하다는 일반인의 선입견을 깬 냄새 없는 친환경페인트를 직접 보고, 체험해 볼 수 있는 멀티 공간이다. 홈앤톤즈의 장점은 컬러 컨설팅과 DIY 아카데미다. 방문 시 컬러 컨설턴트가 소비자의 라이프스타일에 맞는 컬러를 제안하며, 필요한 페인트 양과 페인트 도구들을 안내해 주며, 2층 아카데미에서는 매월 셀프 페인팅 강의를 진행하는데 관심 있는 사람들은 언제든지 신청하여 들을 수 있다.
>
> 이런 홈앤톤즈가 소비자의 삶에 어떤 가치를 전달해 줄 수 있을까? 벽지 위에 칠하는 냄새 없는 친환경페인트라는 제품 속성으로 인해 집 안 벽면에 힐링이 되는 컬러를 입힘으로써 자신과 가족이 생활하는 공간을 보다 감성적으로 표현하고, 안락한 공간으로 변신시킬 수 있다. 소비자가 이런 일을 결심하고 실행하는데 홈앤톤즈는 여러 가지 도움을 줄 수 있다. 하지만 그중에 중요한 한 가지만을 소비자에게 각인시켜야 한다.

홈앤톤즈는 단순한 페인트 매장이 아니라
공간 거주자, 즉 소비자의 삶의 가치를 높이기 위해
공간 컬러 아이디어를 제공하는 멀티숍이다.

이렇게 브랜드 콘셉트를 정의하고 소비자가 공감할 수 있는 브랜드 가치를 찾아보자. 제품의 속성으로 인해 이성적으로는 벽지 위에 바르는 친환경페인트라는 제품 콘셉트를 이해하고, 그보다 더 큰 것은 브랜드에 대해 감성적으로 느끼는 속성이다. 이 브랜드를 쓰면 안심되고 컬러로 힐링될 수 있는 공간을 만들 수 있을 것 같은 느낌을 가져야 하는 것이다. 이 모든 것을 이해시키고 공유되도록 하기 위해서는 브랜드의 핵심 가치가 사람들에게 유익한 공유 가치로 이야기될 수 있도록 캠페인의 기획부터 소비자의 공감을 얻을 수 있는 콘텐츠를 제작함으로써 사람들이 공유하고 싶게끔 만들어야 하는 것이 소셜 캠페인의 가장 중요한 과제이다.

소비자 인사이트를 통해 이런 브랜드의 콘셉트를 정립하였다면, 이제 소비자들의 ACTION을 유도하기 위한 실질적인 소셜 캠페인을 기획해 보도록 하자. 소비자가 이 페인트를 필요로 하는 이유는 집 안 벽지 위에 친환경 페인트를 바름으로써 현재 거주하는 공간을 보다 안락하고 힐링되는 행복한 공간으로 변신시킬 수 있다는 생각에서이다. 우리는 캠페인 제목을 '홈앤톤즈 HAPPY WALL'로 정리해 보았다.

바꾸고 싶은 공간의 사진을 찍어 응모한다. 총 80명에게 더클래시 페인트와 도구 세트를 증정한다. 페인팅이 처음이라 망설여지는 사람들은 해피 월을 만드는 실습 클래스를 수강할 수 있다. 오프라인 매장에서는 벽지 셀프 페인팅 방법뿐 아니라 해피 월 만드는 방법의 컬러 인테리어 강의도 함께 진행한다. 페인트를 제공받은 사람들과 더클래시 제품을 사용한 사람이라면 누구나 해피 월 캠페인 포토 콘테스트에 응모할 수 있다. 응모자들의 참여 내용을 서로 공유하면서, 참여자들은 홈앤톤즈가 주는 삶의 가치를 공유하게 될 것이다.

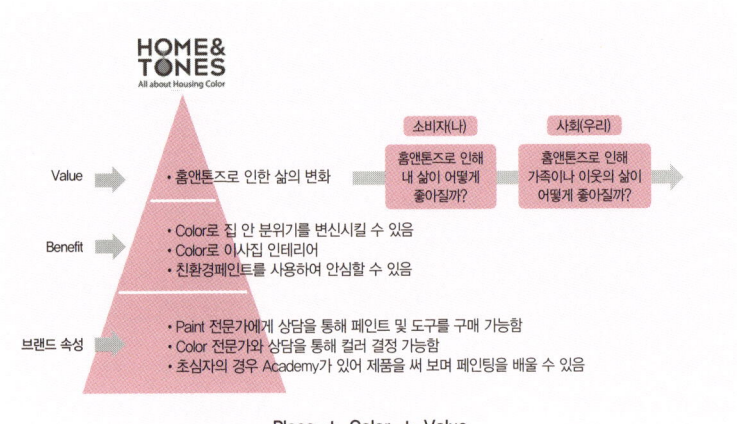

[그림 4-79] 홈앤톤즈의 브랜드 콘셉트와 연관된 공유 가치 찾기

트리플 미디어를 활용한 캠페인 확산과 성과 측정하기

소셜 마케팅 로드맵 및 마케팅 허브 결정

소셜 입소문 마케팅 전체 맵을 그리는 방법은 전체 마케팅의 중심에 어떤 채널을 마케팅 허브로 놓을지 결정한 후, 허브에 유입시킬 다양한

채널을 트리플 미디어로 구분하여 그려 보면 된다.

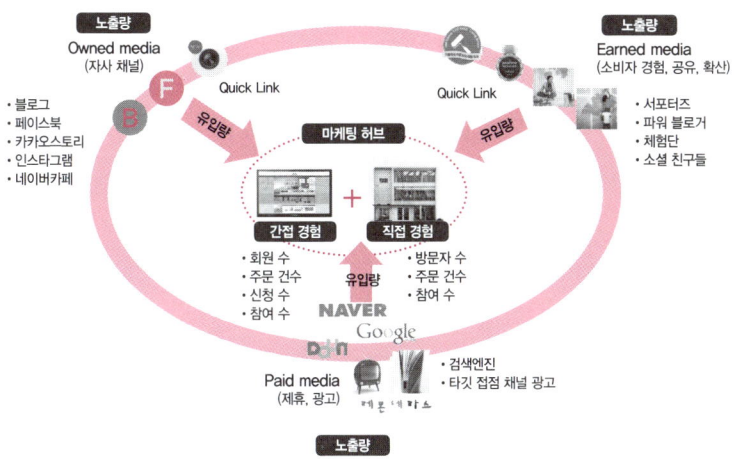

[그림 4-80] 소셜 마케팅 로드맵

그렇다면 우리가 가장 먼저 해야 할 일은 소셜 마케팅의 허브 역할을 할 자사 채널을 정하는 것이다.

마케팅 허브 결정

캠페인의 성격과 타깃에 따라 마케팅 허브를 정하는 것이 좋다. 페이스북, 블로그 등의 소셜 채널도 마케팅 허브로 역할을 할 수 있다. 하지만 캠페인을 통해 소비자 경험을 넓히려면 웹사이트를 마케팅 허브로 가져갈 것을 추천한다. 웹사이트는 캠페인에 대해 보다 많은 이야기를 소비자들에게 보여 줄 수 있으며, 성과 측정이 세밀하다는 장점이 있다. 브랜드 마케팅의 목적인 브랜드 인지도 제고의 경우 정량적인 측정이 힘들지만, 인지도 제고를 위한 다양한 마케팅 활동의 정량적인 성과 지표를 정의하여 목표의 달성 여부를 측정할 수 있다.

요약하자면, 웹사이트를 마케팅 허브로 캠페인을 진행하여 다양한 채널 접점에 있는 타깃 소비자층이 캠페인 사이트로 유입되도록 하며, 유입한 사람들의 반응율과 참여율을 높여 캠페인을 성료시킬 수 있다. 예를 들어 쇼핑몰이나 웹사이트를 마케팅 허브로 설정한 경우, 마케팅 성과 지표로는 쇼핑몰 매출, 캠페인 참여 수, 회원 가입자 수 등의 전환율과 사이트 트래픽 등으로 규정하여 마케팅 활동을 평가할 수 있다.

트리플 미디어를 활용한 캠페인 확산과 성과 측정 장치

1 온드 미디어를 활용한 캠페인 확산 및 성과 측정 장치

온드 미디어 채널 중에 기업이 운영하는 소셜 미디어 채널을 중심으로 캠페인 확산 방법과 성과 측정 방법에 대해 설명하겠다.

❶ 소셜 미디어 채널의 콘텐츠 발행과 캠페인 Link (광고 코드 활용)

브랜드가 소유하고 있는 온드 미디어의 경우 언제든지 마케팅 허브로의 지원 사격이 가능하여야 한다. 블로그, 페이스북, 카카오스토리 등 다양한 소셜 채널을 통해 우리는 타깃 소비자가 관심 있어 할 만한 콘텐츠를 발행하고 있다. 하지만 캠페인을 진행하고 있는 웹사이트로의 유입을 유도하기 위해서는 캠페인과 관련된 콘텐츠를 기획 발행한 후, 웹사이트로 유입되는 유입 코드를 사용하여 유입량을 평가할 수 있다.

1단계 캠페인 콘텐츠 기획 발행

캠페인의 취지를 소개하거나 캠페인 스토리를 재미있게 풀어 낸 캠페인 콘텐츠를 제작하여 캠페인 사이트나 소셜 채널에 콘텐츠를 유포시키자.

2단계 캠페인 랜딩 페이지 선정

소셜 채널의 콘텐츠를 보고 궁금해진 사람들이 유입될 캠페인 페이지를 랜딩 페이지로 선정하자. 유입된 방문자들이 캠페인을 잘 이해하고 참여할 수 있도록 랜딩 페이지를 제작해 놓자.

3단계 로그 분석 서비스 또는 bit.ly 사이트를 통해 유입 코드 생성

다양한 로그 분석 서비스 중 하나를 선택하거나, 무료 shorten URL 서비스 중 하나를 선택하여 랜딩 페이지로의 유입량을 측정하자.

❷ Shorten URL 예시

무료 서비스로는 bit.ly나 goo.gle을 통해 짧은 URL로 변경할 수 있다.

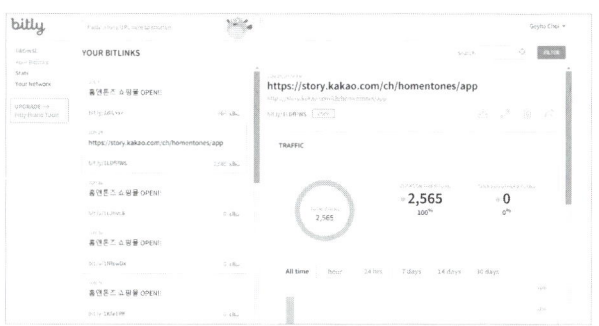

[그림 4-81] bit.ly 화면

www.bit.ly로 Shorten URL 만드는 방법(221p 참조)

❶ bit.ly 사이트에서 검색창에 긴 주소를 붙여넣기 한다.

❷ SHORTEN 버튼을 클릭하면 하단에 bit.ly 주소가 생성된다.

❸ 이 상태에서 만들어진 URL 옆에 생긴 ' COPY ' 버튼을 클릭하여 URL을 복사하여 사용한다.

• bit.ly로 날짜별 클릭 수 변화 살피기

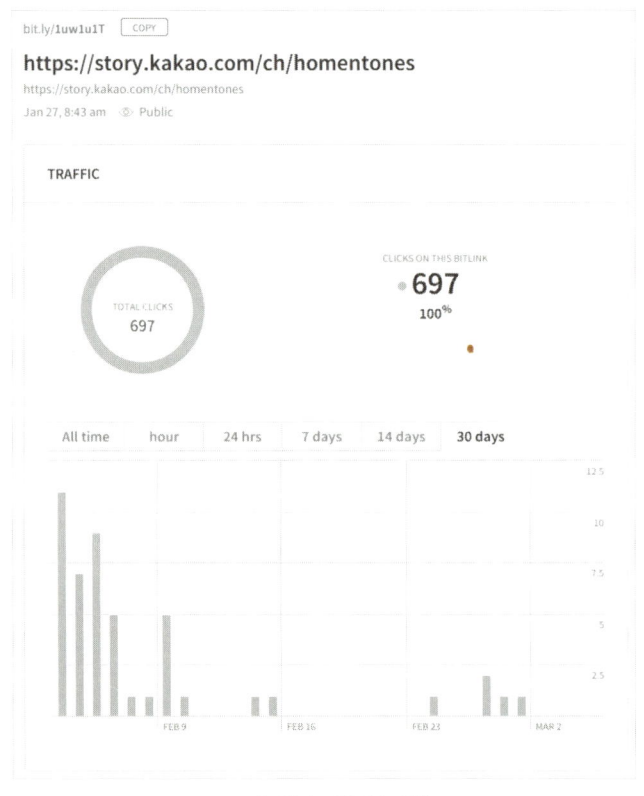

[그림 4-82] bit.ly 화면

Full URL을 Shorten URL로 바꿔 주는 기능과 함께 전체 클릭 수뿐 아니라 날짜별 클릭 수의 변화도 알 수 있으므로, 날짜별 효과를 비교 판별할 수 있다. 이와 같은 방법으로 다양한 온드 미디어 소셜 채널로부터 캠페인이 진행하는 웹사이트로 유입량을 평가할 수 있다.

❸ 오프라인 매장을 활용한 캠페인 홍보

오프라인 매장도 온드 미디어의 대표 채널이다. 오프라인 매장 방문객들을 이벤트나 캠페인에 참여하도록 이끌기 위해서는 매장에 홍보 POP, 포스터, 설치물을 배치하고 직원들이 이를 소개해야 한다. 매장에서 정보를 습득한 사람들이 브랜드 웹사이트를 방문해 캠페인에 참여할 경우, 매장 방문자임을 측정하기 위해서는 웹사이트 회원 가입 시 매장 회원임을 체크하면 별도의 혜택을 주는 기획을 하는 것도 좋은 방법이다.

2 언드 미디어를 활용한 캠페인 확산 및 성과 측정 장치

이제 이 책에서 가장 중요시 여기는 언드 미디어를 통해 캠페인을 확산시키고 웹사이트로의 유입을 일으켜 보자. 언드 미디어의 경우 캠페인을 시작하기 전부터 중요하게 다루어야 할 요소이다. 캠페인을 오픈하기 전부터 캠페인에 대해 입소문을 일으킬 언드 미디어들을 정비하여야 한다. 기존 자사의 우군인 주부 모니터, 서포터즈뿐 아니라 제휴 관계가 있는 커뮤니티, 전문가 집단 및 소셜 영향력자들을 배치함으로써 초기 입소문을 성공시켜야 캠페인의 성공 가능성을 높일 수 있다.

1단계 캠페인의 취지, 입소문 메시지 정의

　브랜드 가치를 공유하는 캠페인의 경우 캠페인 취지에 대한 이해와 함께 다른 사람들에게 전달할 분명한 메시지를 정의하고, 배포할 캠페인 자료 및 판촉물 등을 준비해야 한다.

2단계 캠페인을 홍보해 줄 언드 미디어를 선정한다.

　우리는 이미 우리의 제품이나 서비스를 체험해 본 다양한 언드 미디어를 확보하고 있다. 충성 고객부터 브랜드 옹호자, 커뮤니티 우군, 셀레브러티까지 다양한 언드 미디어 중 어떤 소비자가 해당 캠페인을 홍보하는 데 적합할지 고민한 후 선정해 보자.

3단계 유형별로 캠페인 홍보 가이드를 기획한다.

- 블로거 대상

　블로그를 운영하는 언드 미디어 소비자에게 캠페인 홍보 포스팅을 요청해 보자. 앞서 정리해 놓은 캠페인 취지와 메시지 및 이미지 자료와 함께 블로그 제목과 본문에 사용할 키워드와 태그에 대한 가이드를 기획한다. 또한 서포터즈의 경우 개인별 배너를 디자인하여 성과를 측정할 수 있는 유입 코드와 노출 코드를 함께 사용하여 배포한다. 여기서 중요한 사항으로는 블로그 포스팅이 단순히 캠페인 페이지를 캡처한 이미지로만 구성되어서는 안 된다. 우리의 브랜드에 대해 확실한 체험 경험이 있는 블로거를 컨택하여 진정성 있게 해당 브랜드를 소개할 수 있어야 한다. 체험 없이 홍보만 이루어진다면 그 진정성 부분은 바로 탄로 날 수 있기 때문에 효과가 반감되거나, 역효과가 날 수 있다는 점을 꼭 상기하여야 한다.

- **소셜 미디어 사용자 & 커뮤니티 대상**

　기업이 운영하는 소셜 미디어의 팬들이나 타깃 고객이 군집해 있는 제휴 커뮤니티에도 캠페인을 홍보할 수 있는 콘텐츠 소재를 전달하여 해당 콘텐츠의 공유를 유도하는 이벤트를 기획하자. 해당 콘텐츠에는 물론 캠페인 사이트로의 유입을 유도하는 Link 값(bit.ly 주소)을 추가한다.

- **온라인 기사 및 매스컴**

　앞에서 소개하지 않은 사항이지만, 캠페인에 대한 온라인 기사 자료 배포도 언드 미디어에 해당될 수 있다. 캠페인 기획과 함께 보도 자료도 작성하여 배포함으로써 검색 결과에 중요한 콘텐츠로 작성할 수 있게 준비해 보자.

4단계　유입량 및 참여율 등 성과 평가

- **블로그 포스팅 – 검색 상위 노출 여부 & 전략 키워드 검색엔진 점유율 분석**

　캠페인과 관련하여 선정한 전략 키워드를 체험단이나 서포터즈에게 전달하여 콘텐츠가 발행되고 유통되었다. 개개인의 서포터즈가 본인 콘텐츠의 상위 노출을 보고하기도 하지만, 마케터는 주기적으로 전략 키워드의 검색 점유율을 분석해 보아야 한다.

　여기서 용어 하나를 설명하면, 전략 키워드의 검색엔진 점유율을 'SOV(Share Of Voice)'라고 일컬으며, 블로그의 경우 검색 후 3pages 이내에서 콘텐츠를 찾기 때문에 전체 3page에 해당하는 콘텐츠 30여개 중 우리 브랜드를 소개하는 콘텐츠 수의 비율을 SOV로 잡아 관리한다 (예시 전략 키워드 평균 SOV = 25% 목표).

블로그의 상위 노출로 인해 블로그 콘텐츠의 노출량이 커지면 많은 사람들이 해당 콘텐츠를 열람하며, 콘텐츠에 링크된 캠페인 웹사이트로의 유입을 이끌 수 있다.

[그림 4-83] 네이버 검색엔진 특정 검색어 검색 결과

• 콘텐츠 노출량 및 사이트 유입량 분석

보통 서포터즈들의 미션에는 개개인에게 제공하는 글 내(內) 배너 HTML 태그를 제공하곤 한다. 자신이 발행하는 콘텐츠에 해당 HTML 코드를 넣으면 아래와 같은 서포터즈 글 내 배너가 노출된다.

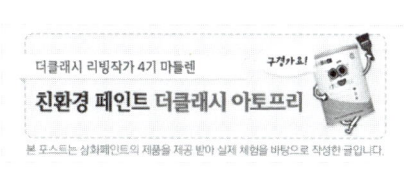

[그림 4-84] 블로그 글 내 배너 예시

단순히 이미지에 링크를 건 경우도 있지만, 로그 분석 서비스를 사용하고 있다면 해당 배너에 바이럴 코드를 입혀 보자. 유료 로그 분석 서비스인 에이스카운터를 통해 바이럴 마케팅 성과 측정이 가능하다. 서포터즈의 블로그 URL을 입력하면 해당 블로그에서 자사의 웹사이트로 이동하는 유입량을 측정하는 광고 코드와 서포터즈의 블로그에서 발행된 콘텐츠의 노출량을 측정하는 노출 코드가 생성된다. 2개의 코드를 사용하여 배너 HTML 코드를 아래와 같이 정리한 뒤 각 서포터즈에게 전달하도록 하자.

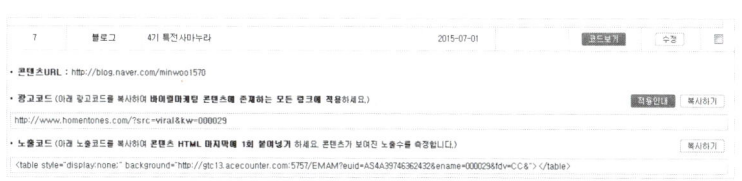

[그림 4-85] 로그 분석 서비스에서 블로그 바이럴 광고 코드 및 노출 코드 생성

```
<a href="http://www.homentones.com/data/living_0304.asp"
target="_blank" >

<img src="http://www.homentones.com/data/img/manura.jpg"
border="0"></a>

<table style="display:none;" background="http://gtc13.acecounter.
com:5757/EMAM?euid=AS4A39746362432&ename=000029&fdv=CC&"></table>
```

해당 배너가 블로그 콘텐츠 내에 삽입되고, 일정일이 지나면 노출량이 아래와 같이 기록된다.

제목	노출수	게시물수	유입수	유입율	전환수	전환율
1.	1,076	150	371	36.84%	0	0.00%
2.	8,383	786	103	10.23%	0	0.00%
3.	24,483	1,281	62	6.16%	0	0.00%
4.	78,004	5,179	55	5.46%	0	0.00%
5.	49,143	1,978	54	5.36%	0	0.00%
6.	214	29	48	4.77%	0	0.00%
7.	29,150	2,808	41	4.07%	0	0.00%
8.	0	11	36	3.57%	2	5.56%
9.	55	28	27	2.68%	1	3.70%
10.	24,765	560	26	2.58%	0	0.00%

[그림 4-86] 블로그 바이럴 로그 분석 수치

여성 서포터즈들이 발행한 콘텐츠가 확산된 노출 수, 해당 콘텐츠를 통해 유입된 유입 수, 회원 가입이나 구매로 전환된 전환율 등을 파악할 수 있다.

• 페이드 미디어 연결 고리

페이드 미디어의 경우 정말 다양한 광고 상품이 있지만, 앞서 이야기한 대로 이 책에서는 기본적인 광고만 언급하기로 한다. 검색엔진 마케팅은 소비자 구매 결정 단계의 중요한 광고 수단이므로 기본적으로 고려되어야 한다. 웹사이트 키워드 광고부터 스폰서를 받는 파워 블로거나 액티브 블로거를 통한 블로그 포스팅, 카페 포스팅, 지식인 마케팅 등 평상시에 바이럴 마케팅 시스템을 확보하고 있다면 어느 캠페인을 진행하든 조직적으로 사용할 수 있게 된다. 그 외에 타깃 접점 커뮤니티나 사이트 광고 집행을 통해 타깃 고객들의 접근을 이끌 수 있다. 이 모든 연결 고리는 로그 분석 서비스의 배너 광고, 바이럴 광고 코드를 활용하여 각 유형별 유입량과 마케팅 전환 수를 확인할 수 있기 때문에 보다 효율적인 페이드 미디어의 선별이 가능하다.

3 웹사이트 or 온라인 쇼핑몰 _로그 분석을 활용한 성과 분석

캠페인을 진행하는 웹사이트로의 유입량을 측정할 수 있도록 트리플 미디어에 유입 코드 장치를 하였다면, 이제 본 캠페인을 진행하고 있는 웹사이트를 중심으로 성과를 분석해 보자.

우리는 마케팅의 실행 3단계를 Plan – Do – See로 이야기할 수 있다. 웹사이트와 온라인 쇼핑몰은 로그 분석이라는 장치를 통해 사용자들이 어디서 유입하였고, 얼마만큼 해당 페이지에 머무르며, 이탈하였는지의 전 과정을 파악할 수 있는 장점이 있기 때문에, See의 분석 과정을 충분히 활용하여, 다시 Plan에 적용할 수 있다.

마케팅 허브인 웹사이트를 기준으로 성과를 분석해 보자. 웹사이트의 일반적인 마케팅 목표는 앞서 얘기해 온 트리플 미디어를 통해 사이트 유입을 유도하고, 마케팅적인 전환을 일으켜, 종국에는 제품과 서비스를 구매하게 하기 위함이다.

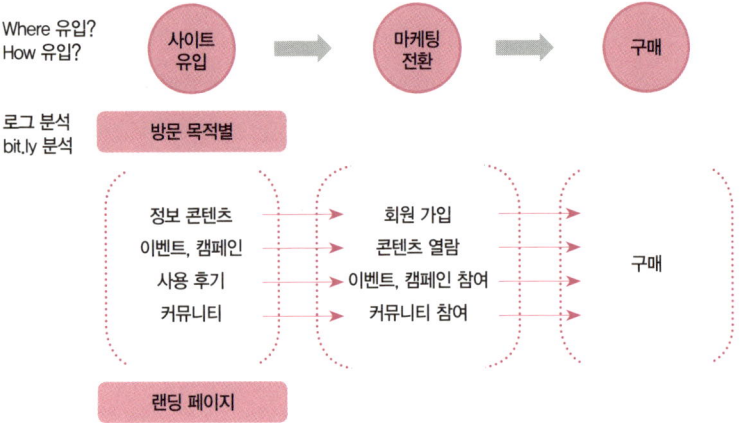

[그림 4-87] 웹사이트 성과 분석

웹사이트 유입 측정

가장 먼저 웹사이트로의 유입을 이야기하는 웹사이트 또는 온라인 쇼핑몰 트래픽을 성과 지표로서 살펴보자. 바로 얼마나 많은 사람들이 어디를 통해 들어왔는지 파악해 보자.

성과 지표 – 방문자 수 or 유입 출처별 방문자 수

[그림 4-88]의 차트를 보면 1개월 총 방문 수인 15,842명에 대한 방문 유입 출처를 파악할 수 있다.

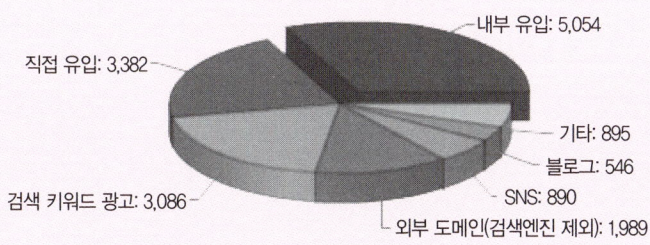

[그림 4-88] 방문 유입 출처

- 직접 유입: 주소창에 직접 주소를 적거나, 즐겨찾기로 방문한 경우
- 내부 유입: 사이트 내부 페이지 유입이 일어난 경우(첫 번째 유입 페이지에 로그 분석 코드가 심겨 있지 않아 두 번째 페이지부터 유입이 체크되는 경우)
- 검색엔진 키워드 광고: 키워드 광고를 클릭해서 유입한 경우
- 외부 도메인(검색엔진 제외): 페이드 미디어 광고 집행 시 도메인 체크
- SNS(페이스북, 트위터): 페이스북, 트위터 등 SNS를 통한 유입
- 블로그: 블로그를 통한 유입

온드 미디어 (소셜 미디어 중심)	언드 미디어	페이드 미디어
블로그 포스팅 링크 SNS 포스팅 링크	노출 체크 코드 유입 체크 (광고) 코드	배너 광고 유입 체크

[표 4-11] 트리플 미디어별 유입량 측정

트리플 미디어를 통해 캠페인을 확산하면서 성과를 측정할 수 있는 Link URL을 통해 웹사이트로의 직접적인 유입 성과를 측정할 수 있다.

항목	기준기간 (30일) 2014.11.01 ~ 2014.11.30	비교기간 (31일) 2014.10.1 ~ 2014.10.31	증감	변화율	진단
방문 수(합계)	14,965	10,567	▲ 4,398	41.62%	Good
신규 방문 수(합계)	11,048	8,143	▲ 2,905	35.67%	Good
재 방문 수(합계)	3,917	2,424	▲ 1,493	61.59%	Good
페이지뷰(합계)	46,439	39,455	▲ 6,984	17.70%	Good
방문당 페이지뷰(평균)	3.10	3.73	▼ 0.63	-16.89%	Bad
전환 수(합계)	62	47	▲ 15	31.91%	Good
전환율(비율)	0.39%	0.41%	▼ 0.02%p	-0.02%	Bad
유입 수(합계)	15,842	11,355	▲ 4,487	39.52%	Good
검색엔진 유입 수(합계)	3,358	3,657	▼ 299	-8.18%	Bad
검색광고 유입 수(합계)	3,086	3,286	▼ 200	-6.09%	Bad
회원가입 수(합계)	62	40	▲ 22	55.00%	Good
직접유입 유입 수(합계)	3,382	1,220	▲ 2,162	177.21%	Good
네이버 유입 수	2,697	2,942	▼ 245	-8.33%	Bad
배너광고 유입 수(합계)	86	93	▼ 7	-7.53%	Bad
외부도메인 유입 수(합계)	1,989	314	▲ 1,675	533.44%	Good

[표 4-12] 로그 분석 서비스 결과치 월간 비교

이제는 월별로 해당 차트가 어떻게 변해 가는지를 분석한다면 웹사이트와 연계된 자사의 소셜 미디어, 언드 미디어, 페이드 미디어에서의 유입량을 측정할 수 있으며, 트리플 미디어 중 어떤 미디어가 유입량이 많은지, 보조 채널로서 경쟁 요소를 가질 수 있는지를 판단할 수 있을 것이다.

웹사이트 전환 측정

일단 우리의 웹사이트를 방문시키는 데 성공시켰다면 그다음이 중요하다. 외부에서 어떤 링크를 통해 유입되었느냐에 따라 방문자들은 목적하는 바가 다르다. 여기서 가장 중요한 점은 그들의 방문 목적에 맞게끔 특정한 랜딩 페이지를 방문자에게 보여 주어야 한다는 것이다. 웹사이트의 랜딩 페이지란 방문자들이 사이트에 도착하여 머무르는 첫 번째 페이지를 이야기한다. 그러므로 랜딩 페이지는 정말 중요한 페이지며, 첫 번째 페이지에서 방문자를 매료시키지 못했다면 바로 이탈하게 된다. 따라서 외부 링크를 클릭하여 방문한 페이지에서 얻을 수 있는 것이 무엇인가가 중요하다.

마케터들이 소셜 미디어나 외부 사이트를 통해 특정 페이지에 방문자들을 위치시킨 데는 분명한 이유가 있다. 해당 페이지에서는 방문자들에게 정보를 제공함과 동시에 어떤 액션을 요구하는지 명확하게 알려 주어야 한다.

우선 방문자들이 웹사이트를 찾는 방문 목적을 살펴보자.

- 유용한 정보 습득: 궁금증을 해결할 수 있는 콘텐츠가 있을 것으로 예상
- 예상되는 서비스 이용: 웹사이트에서 제공하는 서비스를 살펴보고, 이용할 수 있을 것으로 예상
- 이벤트 또는 캠페인 관심 및 참여: 관심 가는 이벤트나 캠페인 내용을 숙지하고 참여 여부 결정
- 특정 장소 방문: 웹사이트에서 얻은 정보를 통해 필요한 것을 얻기 위해 특정 장소 방문 결정
- 구매 의사: 구매 의사가 있는 제품을 살펴보고, 구매 결정
- 커뮤니티 활동: 브랜드 로열티를 가진 구매 경험자 또는 서포터즈들의 커뮤니티 참여

그렇다면 마케터 입장에서는 웹사이트에 방문한 사람들에게 무엇을 원하는 것일까? 온라인 쇼핑몰의 경우 제품 정보를 습득하고 구매 전환을 일으키는 것을 목적으로 할 것이며, 브랜드 웹사이트의 경우 브랜드에 대한 다양한 정보를 습득하고 브랜드의 가치를 이해하고 관심 갖고 참여하여 브랜드에 대한 로열티를 높이는 확고한 브랜딩 Branding을 하는 것을 목적으로 할 것이다. 결국은 구매를 이끌기를 원하지만, 중간 단계의 마케팅 전환 활동으로 어떤 요소가 있는지 살펴보자.

- 회원 가입: 웹사이트 회원으로서 얻을 수 있는 혜택(Benefit)이 있다면 회원 가입
- 콘텐츠 공유: 웹사이트 콘텐츠 중 공유할 만한 콘텐츠가 있다면 공유
- 이벤트, 캠페인 참여, 공유: 관심 가는 이벤트, 공유 가치를 공감하는 캠페인이라면 참여 및 공유
- 예약 수: 특정 장소 방문을 위한 웹사이트상이라 전화상을 통한 예약 신청 수
- 제품 또는 서비스 구매: 자신의 니즈Needs를 충족해 줄 수 있는 제품이라면 구매
- 소비자 커뮤니티 참여: 기존 구매자와 서포터즈들의 커뮤니티 참여 게시물 수

이러한 항목들이 사이트의 운영 목적을 이룰 수 있는 목표인 전환 지수가 될 수 있을 것이다.

회원 가입 수 | 이벤트, 캠페인 참여자 수 | 제품 및 서비스 매출

해당 성과 지표를 가지고 목표를 정해 브랜드 웹사이트를 운영한다면 마케팅 목적을 달성할 수 있을 것이다.

이상으로 웹사이트를 마케팅 허브로 캠페인을 기획할 경우 트리플 미디어를 통해 캠페인을 알리고, 캠페인 사이트로 유입을 이끌어 캠페인의 참여뿐 아니라, 다양한 마케팅 전환을 높이는 방법과 함께 확실한 성과 측정 방법을 살펴보았다.

트리플 미디어의 중심인 소셜 미디어와 소비자 평판 미디어인 언드 미디어를 활용함으로써 페이드 미디어인 광고 비용을 절약할 수 있다. 또한 소비자들의 참여로 인해 캠페인이 활성화되면서 그들이 경험한 것들이 공유되어 확산되는 소셜 마케팅 프로젝트의 모든 그림을 완성하게 되었다. 이러한 그림이 완벽하게 그려져 마케팅 활동이 지속적으로 이루어진다면 광고비 걱정 없이 우리가 목표로 하는 마케팅 목표를 달성할 수 있을 것이다.

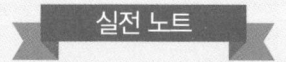

소셜 마케팅 계획표

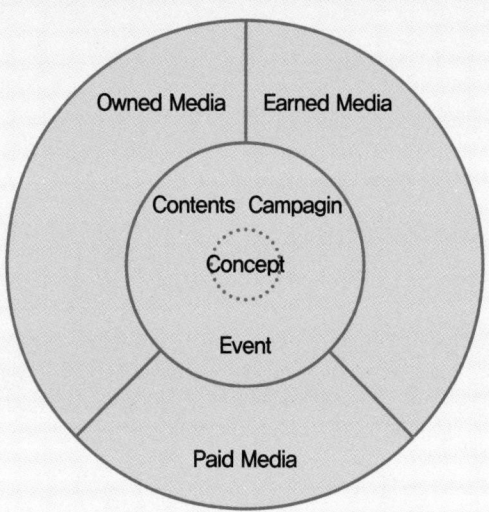

[그림 4-89] 소셜 입소문 마케팅 기획 다이어그램

1 콘셉트 & 콘텐츠 & 캠페인

	OOO 브랜드
Concept 기획	
Contents 기획	
Campaign 기획	

2 자사 미디어(Owned Media)

	블로그	페이스북	카카오 스토리	카페
타깃	15~45세	20~30세	30~40세 주부	30~40세 주부
역할	콘텐츠 생산 및 검색 노출	관계 형성 및 소통 강화	모바일 기반주부층 SNS	관심 집단 커뮤니티
Channel 기획				
Contents 기획				
Event 기획				
Communication				
성과 지표	방문자 수 평균 댓글 수	콘텐츠 반응률 팬 수	소식 받는 사람 수	회원 수 강의 후기

웹사이트 or 온라인 쇼핑몰(마케팅 HUB)	
Concept	
Product	
Contents	
Promotion	
성과 지표	매출 / 회원 수 / 방문자 수

3 소비자 미디어(Earned Media)

	서포터즈	체험단	파워 블로거	주부 모니터
인원				
역할				
오프 행사				
성과 지표	콘텐츠의 질 검색 상위 노출 여부	타깃 카페 바이럴 콘텐츠의 질 검색 상위 노출 여부	콘텐츠의 질 댓글, 공감 수	보고서 평가

4 광고 미디어(Paid Media)

	검색엔진 키워드 광고	제휴 커뮤니티 광고
광고 목적		
광고 소재		
스토리 기획		
광고 평가	노출 수 유입 수 전환 수	노출 수 반응 수 유입 수

위 표의 빈칸들을 소셜 마케팅 기획 프로세스에 따라 자신의 브랜드에 맞게 해당 내용을 적어보자.

5 트리플 미디어를 통한 캠페인 확산 및 유입

이제 웹사이트를 마케팅 허브로 두고 캠페인을 오픈한 뒤, 트리플 미디어를 통해 캠페인으로의 유입을 이끌자.

자사가 운영하는 온드미디어인 블로그, 페이스북, 카페, 카카오스토리에 캠페인을 소개하거나, 소비자 미디어인 서포터즈, 체험단 등이 자신의 이야기와 함께 캠페인을 소개하는 내용을 SNS나 블로그를 통해 확산시켜 보자. 마지막으로 페이드 미디어 중 적합한 광고를 선정하여 타깃 소비자 대상으로 노출을 증대시킨다. 이렇게 트리플 미디어를 통해 캠페인 사이트로 유입된 방문자를 캠페인에 참여하도록 하여 간접 경험을 제공하거나 제품이나 서비스를 직접 경험하도록 한다. 또한 소비자가 공유한 캠페인 콘텐츠를 통해 캠페인이 진행되고 있는 웹사이트로 다시 유입이 일어날 수 있다.

마지막으로 전 채널에서의 유입이나 반응을 확인해 보고 효과적인 채널을 확인하여 향후 마케팅 채널 기획에 활용하도록 하자.

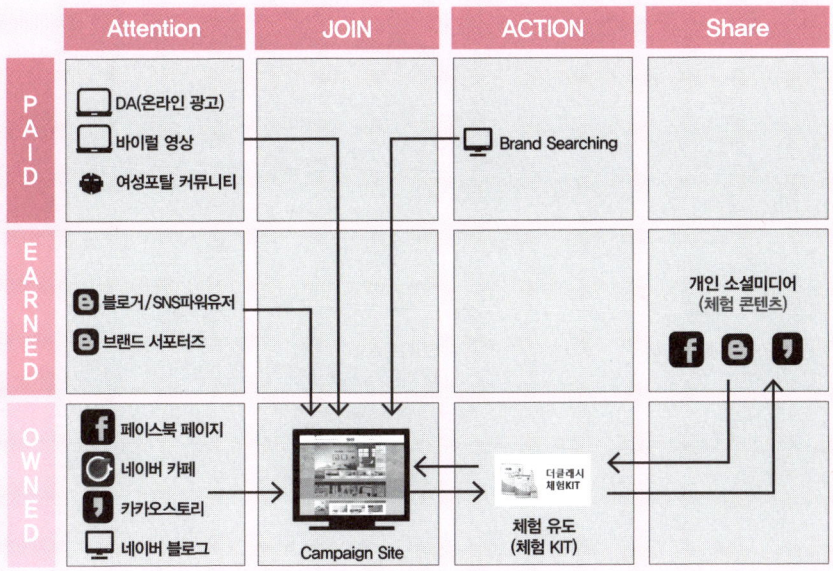

[그림 4-90] 소비자 행동 단계별 트리플 미디어의 역할

지금까지 소셜 마케팅에 대한 전반적인 부분을 다루었다. 부록에서는 이들 내용을 실천할 수 있도록 여성 소셜 마케팅 프로젝트에 대한 사례를 살펴보며, 직접적인 실전 노하우를 익히게 될 것이다.

부록

당장 따라 할 수 있는 여성 소셜 마케팅 프로젝트 실전 사례

| 사례 1 | 온리빙 쇼핑몰 사례로 배우는 여성 소셜 마케팅 실전 | 292 |
| 사례 2 | 더클래시 브랜드 사례로 배우는 여성 소셜 마케팅 실전 | 297 |

사례 1

온리빙 쇼핑몰 사례로 배우는 여성 소셜 마케팅 실전

소셜 마케팅의 직접적인 효과를 볼 수 있는 가장 좋은 채널은 온라인 쇼핑몰이다. 물론 브랜드 사이트에서도 회원 가입자 수, 이벤트 참여자 수 등을 마케팅 목표로 정하고 성과를 측정해도 되지만, 마케팅을 하는 사람으로서 가장 뿌듯한 일은 내가 기획한 마케팅 활동을 통해 직접적인 매출 상승 효과를 확인할 때이다. 이번 예시에서 설명하는 온리빙 쇼핑몰은 필자가 10년간 근무한 회사에서 직접 운영한 쇼핑몰이다. 쇼핑몰의 콘셉트 기획부터 프로모션 기획까지 여성 소비자 그룹과 함께 이벤트를 어떻게 히트시켰는지 앞서 소개한 과정을 토대로 자세히 설명하도록 하겠다.

온리빙 쇼핑몰 소셜 마케팅 프레임 구축 노트

1 쇼핑몰의 마케팅 목적과 명확한 콘셉트 잡기

　모든 마케팅 활동에서 가장 먼저 해야 할 것은 마케팅 목적과 목표 설정이다. 온리빙 쇼핑몰의 마케팅 목적은 매출 향상이고, 그것을 달성하기 위한 목표로는 쇼핑몰 트래픽, 쇼핑몰 회원 수, 쇼핑몰 매출액을 성과 지표로 잡았다. 목표를 세운 다음 쇼핑몰의 콘셉트를 정립하기 위해서는 보다 심도 높은 스터디가 필요하다. 바로 환경 분석이라는 과정을 통해 쇼핑몰을 운영하는 회사의 상황이나 제품 브랜드에 대한 이해, 소비자 조사 등 다양한 분석이 선행되어야 한다.

　먼저 온리빙 쇼핑몰을 운영하는 회사는 극세사 섬유 분야의 세계 시장 No.1에 해당하는 유망 중견 기업이다. 기술력을 바탕으로 극세사 클리너에서 고기능성 침구까지 다양한 리빙용품을 취급하고 있는 회사이기도 하다.

　쇼핑몰의 콘셉트를 잡기 위해서는 쇼핑몰에서 판매하는 제품 브랜드의 콘셉트에 대한 이해가 필요하다. 콘셉트 정립을 위해서 우선 우리의 장점을 토대로 다른 브랜드와 비교해서 듣고 싶은 단어를 나열해 보자. 그리고 우리 브랜드의 차별화된 장점을 나열해 보자. 이 중에서 유일한 것, 중요한 것, 카테고리를 명확히 할 수 있는 요소를 뽑아 보자. 이를 통해 콘셉트를 설명하는 문구를 작성하면 쉽게 콘셉트를 정의할 수 있다. 보통은 여기까지 생각하지만, 브랜드의 기능적 콘셉트 이외에 더욱 상위 개념인 감성적 콘셉트에 대한 정의도 잊지

말아야 한다. 제품의 속성 그리고 그 속성으로 인한 이점으로 소비자는 어떤 삶의 가치를 누릴 수 있는지에 대한 개념을 우리는 감성적 콘셉트라고 이야기하며, 다른 말로는 브랜드 가치라고 할 수 있다. 여기까지의 설명 내용을 실무 노트 형태로 한 페이지에 정리하였다.

콘셉트 실무 노트

- **마케팅 목적:** 매출 향상
- **마케팅 목표:** 쇼핑몰 트래픽, 회원 및 매출 증가
- **콘셉트 정립:**
  ① 메인 타깃 – 가족의 건강을 중요시하는 30~40대 주부
  ② 포지셔닝 – 웰빙 기능성 침구 전문 몰
- **다른 브랜드와 비교 시 듣고 싶은 말 나열**

  깨끗하다. 먼지 없다. 알러지 걱정 없다. 안심된다. 숙면이 가능하다, 우수한 기술력

- **우리의 특장점**

  세계 극세사 넘버원(No. 1) 기업의 침구 브랜드, 영국 알러지 협회 인증, 백화점 입점 브랜드

  → Unique(우리 브랜드만 갖는 유일한 요소): 극세사 세계 No. 1 기업
  → Important(중요한 요소): 먼지 발생 적음
  → Specific(침구라는 카테고리에 특화된 요소): 안심하고 숙면할 수 있음

- **콘셉트 설명문**

  온리빙 쇼핑몰은 세계 극세사 No.1 기업 웰크론의 기술 개발을 통해 침구 속 미세 먼지나 알러지 걱정이 없는, 가족의 건강을 생각하는 주부를 위한 웰빙 기능성 침구 전문 몰이다.

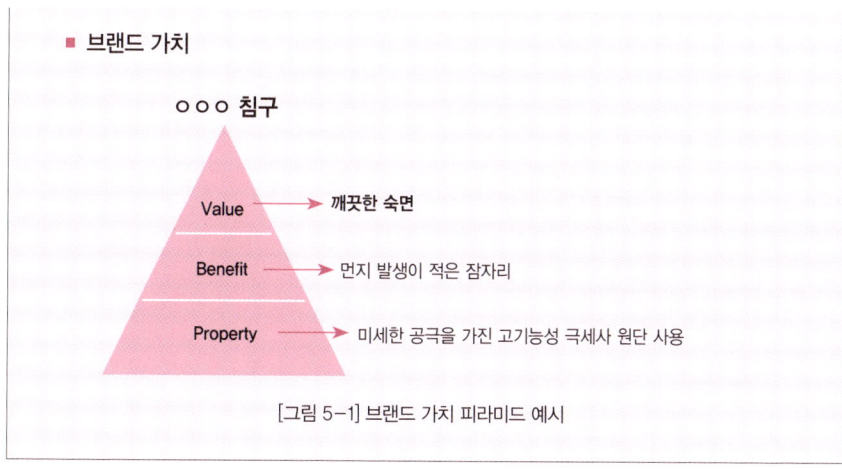

[그림 5-1] 브랜드 가치 피라미드 예시

2 브랜디드 콘텐츠 기획하기

명확한 콘셉트를 정립하였다면, 이제 콘셉트와 연관되고 콘셉트를 방증할 수 있는 브랜드가 녹여진 브랜디드 콘텐츠를 기획해 보자. 온리빙의 웰빙 기능성 침구 전문 몰이라는 콘셉트와 타깃 고객들이 관심 있어 하는 정보로 어떤 콘텐츠를 기획해 볼 수 있을까? 콘텐츠 실무 노트에서 정의한 콘텐츠 유형별로 가능한 콘텐츠 예시를 살펴보도록 하자.

먼저 브랜드 스토리텔링 콘텐츠 유형으로는 브랜드 탄생 스토리를 기반으로 한 콘텐츠가 좋은 예시이다. 극세사 세계 No. 1 기업이 만든 대표적인 기능성 침구 브랜드 SESA는 의외로 단순하게 극세사라는 단어 중 두 글자를 따서 SESA라는 영문 브랜드 명칭을 만들어 냈다. 이런 단순하지만, 그럴듯한 네이밍 스토리를 콘텐츠로 기획해 보는 것은 어떨까?

또는 웰크론의 이영규 대표가 10^{-9}승 나노미터에 해당하는 미세한 실인 극세사를 안경 닦이에서 기능성 침구 원단으로 개발하여, 작은 공극으로 인해 알러지 유발 물질인 진드기와 진드기의 사체들이 살기 힘든 환경을 조성함으로써 알러지 방지 침구라는 새로운 시장을 만들어 백화점 브랜드인 SESA를 론칭하였다는, 스토리 있는 콘텐츠도 만들어 보자.

다음으로 우리의 목표 타깃인 소비자에게 유용한 정보성 콘텐츠를 기획해 보자. 침구라는 제품 카테고리와 연관된 숙면이라는 주제나 알러지 방지 침구와 연관된 아토피, 알러지에 대한 정보, 또는 예비 신혼부부들의 신접살림 마련 팁 등 다양한 정보를 꼽을 수 있다. 또한 딱딱한 콘텐츠보다는 작성자의 리얼한 이야기가 진정성 면에서 더욱 인기이다. 사내 행사 이야기나 쇼핑몰을 운영하며 겪은 에피소드 등 진정성 있는 콘텐츠야말로 소비자와 진정한 소통이 가능하다.

마지막으로 기업이 가장 이야기하고 싶어 하는 홍보성 콘텐츠에 대한 주제도 살펴보자. 신상품이 출시되었거나 새로운 이벤트가 오픈하였을 때, 또는 특별한 할인 혜택을 알리고자 할 때 마구마구 콘텐츠를 발행하고 싶다. 하지만 홍보 콘텐츠는 전체 콘텐츠 중 일정 비율을 정해 놓고 운영하는 것이 이미지 유지에 좋다.

또한 자사가 발행하는 콘텐츠보다는 소비자가 직접 만들어 낸 콘텐츠를 소개하는 것이 중요하다. 진솔하고 자세한 제품 사용 후기라든지, 브랜드 서포터즈로 활동하면서 경험한 이야기, 전문가를 섭외하여 작성된 유용한 정보성 콘텐츠, 또는 소비자 기자단을 운영하면서 기자들의 주제별 기사들을 콘텐츠화하여 발행해 보자.

콘텐츠 기획 실무 노트

1 브랜디드 콘텐츠

- **브랜드 스토리텔링 콘텐츠**
  - 예) ○○○○ 브랜드 네이밍 스토리
  - 예) 미세한 공극의 안경 닦이 원단을 알러지 방지 기능성 침구 원단으로 개발한 스토리

- **정보성 콘텐츠**
  - ─ 숙면을 위한 방법
  - ─ 알러지에 대한 정보
  - ─ 신혼 혼수 예단 상식
  - ─ 이불 세탁법
  - ─ 아토피에 좋은 습관
  - ─ 예비 신혼부부들의 신접살림 마련 팁
  - ─ 침실 인테리어

- **일상 소통형 콘텐츠**
  - ─ 사내 행사 이야기
  - ─ 쇼핑몰 운영 스토리
  - ─ 매장 리얼 스토리
  - ─ 담당자 경험담

- **홍보성 콘텐츠**
  - ─ 신상품 출시 소개
  - ─ 쇼핑몰 이벤트
  - ─ 캠페인 소개
  - ─ 상품 이미지 갤러리
  - ─ 쇼핑몰 특별 기획전 또는 소식

2 소비자 콘텐츠

- **소비자 제품 후기 콘텐츠**
  - ─ 쇼핑몰 구매자 상품 구매 후기   예) 쇼핑몰 상품평 중 우수 후기 소개
  - ─ 체험단 제품 사용 후기   예) 제품체험단 우수 후기 소개

- **소비자 제품 후기 콘텐츠**
  - ─ 주부 모니터 활동담   예) 주부 모니터 발대식 및 회사 견학

사례 **1** 온리빙 쇼핑몰 사례로 배우는 여성 소셜 마케팅 실전

- 서포터즈 오프라인 활동담   예 서포터즈 오프 행사 스토리
■ 블로그 외부 필진 콘텐츠
- 블로그 기자단   예 인테리어 블로거의 침실 꾸미기 아이디어
- 전문가 칼럼   예 아토피 환아 취침 시 주의할 점

3 온드 미디어 구축하기

이제 우리를 둘러싸고 있는 트리플 미디어에 대해 기획해 보자. 먼저 우리 회사가 보유하고 있는 온드 미디어에 대해 살펴보자. 기존에 이미 구축된 온드 미디어는 무엇이며, 앞으로 우리에게 필요할 온드 미디어로는 어떤 것이 있는지 판단해 보자. 예를 들어 이미 가지고 있는 온드 미디어가 웹사이트나 온라인 쇼핑몰이라면, 여기에 요새 많이 운영하는 소셜 미디어 중 어떤 미디어를 선택하여 운영할지 결정하여야 한다. 다양한 소셜 미디어 중 어떤 미디어를 선택하는 것이 우리의 비즈니스에 도움이 될까라는 질문에 답하기 위해서는 각 미디어별 특성을 이해하여야 한다. 쇼핑몰의 경우 소비자 구매 행태의 대부분이 검색을 통해 정보를 습득한 후 구매로 이어지는 일이 많기 때문에 네이버 검색엔진 기반의 블로그로 운영할 것을 추천한다. 또는 제품의 주 구매층이 10~20대인 경우 페이스북을 통해 관계 형성하는 것이 바람직하며, 30~40대의 주부층을 타깃으로 할 경우는 카카오스토리채널이 영향력 있다. 또는 영상 콘텐츠로 소구하는 빈도가 높을 경우는 유튜브 채널을, 퀄리티 높은 사진 콘텐츠로 어필하기 좋다면 인스타그램을 추천하다.

트리플 미디어 – (1) 온드 미디어 구축 실무 노트

1 온드 미디어

예시로 기존 운영 중인 온드 미디어는 홈페이지 or 온라인 쇼핑몰 or 오프라인 매장이다.

❶ 소셜 미디어별 주 이용자 및 특징 파악 후 추가 운영할 미디어 결정

채널명 항목	블로그	페이스북	카카오스토리	핀터레스트	인스타그램	유튜브
주 이용자	15~45세	15~35세	30~40세 여성	20대 여성	20대	20~40세
특징	스토리텔링 검색 노출	관계 및 소통 강화	모바일 기반 주부층 효과 좋음	이미지 웹 카탈로그		영상 콘텐츠 커뮤니케이션

온리빙 쇼핑몰의 경우는 콘텐츠 생산과 검색 기반의 블로그와 관계 및 소통 강화를 위한 페이스북 그리고 마니아 커뮤니티인 네이버 카페를 선택했다.

❷ 자사의 소셜 미디어 운영

- 기본 운영 방법
  - 채널 기획 및 디자인(콘셉트 이미지화)
  - 콘텐츠 발행
  - 채널 이벤트 진행
  - 채널 방문자와 소통
- 운영 대행사를 활용하는 경우와 직원이 직접 운영하는 방법 중에 선택하자.

❸ 홈페이지 or 온라인 쇼핑몰 – 소셜 입소문 마케팅의 허브 선정

- 마지막으로 소셜 입소문 마케팅의 마케팅 허브 역할을 할 온드 미디어를 결정해야 한다. 매출이 발생하는 쇼핑몰을 마케팅 허브로 결정하였으며, 혹은 쇼핑몰이나 홈페이지가 없을 경우 블로그를 마케팅 허브로 두기도 한다.
- 온드 미디어에는 로그 분석 스크립트를 설치해서 사이트 유입 경로와 마케팅 효과에 대한 측정이 가능하도록 함으로써 각종 미디어를 분석하여 효율과 효과가 좋은 미디어에 집중할 수 있어야 한다.

4 여성 소비자 언드 미디어 구축하기

이 책의 가장 차별화된 요소인 여성 소비자 언드 미디어를 구축하는 방법을 온리빙 쇼핑몰 예시로 설명토록 하겠다.

기업의 상황에 따라 효과적으로 운영하기 좋은 소비자 그룹들이 있다. 먼저 대표적인 프로슈머로서의 역할을 하는 주부 모니터는 신상품 기획에 대한 아이디어와 함께 신제품 품평의 역할과 쇼핑몰의 지속적인 모니터링, 이벤트 프로모션 아이디어 제안, 경쟁사 동향 조사 및 시장 조사에 따른 보고서 작성 등 마케팅 기획 단계에서 많은 도움을 준다.

쇼핑몰의 경우 전문 리뷰어의 운영을 추천한다. 제품과 관련된 사진 콘텐츠를 항상 스튜디오에서 촬영한다면 비용이 많이 발생할 것이다. 물론 기본적인 상품 촬영은 해야겠지만, 소비자들에게는 인위적인 스튜디오 컷 이외에 실제 생활에서 쓰이는 리얼한 사진이 더욱 도움이 될 수 있다. 물론 요즘 DSLR 카메라가 보편화되면서 프로 사진작가처럼 사진을 찍는 일반인이 많아진 덕이기도 하다. 사진 촬영 능력을 갖추고 활성화된 블로그를 운영하는 여성이라면 전문 리뷰어로서 충분히 역할을 해낼 수 있다.

다음으로 제품 체험단의 경우 전문 리뷰어 수준은 아니지만 일반인 중 블로그를 운영하는 소비자들을 대상으로 제품을 체험하게 한 뒤 사용하면서 겪은 장단점과 제품 활용 노하우에 대한 콘텐츠를 양산할 수 있다. 또한 제품 체험단 모집 시점부터 해당 내용이 홍보되므로 제품이 자연스럽게 노출된다.

기업과 서포터즈의 공유 가치를 공감하며 활동할 수 있는 온리빙 라이프스타일러의 경우 웰빙 리빙용품을 통해 우리의 일상을 조금 더 편리하고 인테리어적으로 더 스타일 나게 꾸밀 수 있는 방법 같은 정보성 기사를 콘텐츠로 발행하게 된다.

마지막으로 전문 소문단의 경우 콘텐츠 제작 능력은 좋지 않지만, 온라인상에서 대인 관계가 좋고 다수의 활성화된 커뮤니티에 가입해 활동하고 있다면 우리의 다양한 소식 등을 손수 적극적으로 알릴 수 있어 이벤트 프로모션을 알리는 데 효과가 좋은 서포터즈 그룹이다.

트리플 미디어 - (2) 언드 미디어(Earned Media) 구축 실무 노트

2 언드 미디어(Earned Media)

온리빙은 주부 모니터, 전문 리뷰어, 라이프스타일러, 체험단 등 다양한 여성 서포터즈 그룹을 운영했다. 하지만 현재 회사에 가장 필요한 여성 커뮤니티가 무엇인지 결정한 후 운영 능력을 현실적으로 파악하여 신중하게 하나부터 시작하여야 한다.

❶ 주부 모니터
- 운영 목적: 브랜드 콘셉트, 상품 기획부터 프로모션까지 소비자의 생각, 의견 등을 직접 접함으로써 지속적인 소비자 인사이트 얻음.
- 운영 계획:
  - 주부 모니터 활동 기획
  - 주부 모니터 1기 모집(모집 공고 - 서류 전형 - 면접 전형)
  - 주부 모니터 1기 오리엔테이션(활동 취지, 활동 내용, 혜택 설명)
  - 정기 주부 모니터 회의(안건 - 보고서 제출 - 오프라인 회의)
  - 회의록 작성 및 액션 리스트(Action List) 작성하여 마케팅에 반영

❷ 전문 리뷰어

- 운영 목적: 신제품의 꼼꼼한 리뷰를 통해 개선점을 본사에 알리고, 소비자에게는 사용자 입장에서의 제품 특장점 및 사용법 등을 소개한다.
- 운영 계획:
  - 전문 리뷰어 활동 기획
  - 전문 리뷰어 1기 모집 (모집 공고 – 온라인 전형 – 발표)
  - 전문 리뷰어 비공개 카페 초대 후 온라인 오리엔테이션
  - 전문 리뷰어 월별 미션 공지 및 미션 평가
  - 쇼핑몰과 본인 블로그에 리뷰 콘텐츠 작성 후 홍보

❸ 제품 체험단

- 운영 목적: 제품과 쇼핑몰에 대한 관심 유도, 체험단 신청 이벤트를 통해 홍보
- 운영 계획:
  - 제품 체험단 모집 이벤트
  - 제품 체험단 비공개 카페 초대 후 미션 공지
  - 미션 보고 및 미션 평가
  - 우수 활동자 포상

❹ 서포터즈(온리빙 라이프스타일러)

- 운영 목적: 온리빙 쇼핑몰 홍보대사로서 웰빙 리빙용품을 통한 라이프스타일 제안함
- 운영 계획:
  - 브랜드와 서포터즈의 공유 가치 정의
  - 서포터즈 활동 기획
  - 서포터즈 모집 공고 후 모집
  - 비공개 카페 초대 후 오리엔테이션
  - 서포터즈 월별 미션 진행 및 평가
  - 서포터즈 콘텐츠 활용(자사의 소셜 미디어 or 매거진 발행)

❺ 전문 소문단

- 운영 목적: 이벤트 프로모션의 바이럴 노출
- 운영 계획:

- 전문 소문단 비공개 모집
- 비공개 카페 초대 후 오리엔테이션
- 전문 소문단 미션별 활동 진행
- 전문 소문단 바이럴 효과 분석 및 평가

❻ 소셜 친구들
- 운영 목적: 자사 소셜 미디어의 진성 친구들과 관계를 지속함으로써 우군으로 활동토록 함
- 운영 계획:
  - 자사 소셜 미디어의 우수 활동자 포상 이벤트 지속 진행
  - 자사 소셜 미디어의 콘텐츠에 잘 반응하고, 자주 공유해 주는 VIP 선정
  - 소통에 감사하며 지속적 우대

방문자 10배·매출 10배 올린, 화제가 되는 이벤트 기획 노트

1 화제가 되는 이벤트 기획하기

이제 여성 소비자들에게 쇼핑몰이 알려지도록 화제가 되는 이벤트를 기획해 보자. 품질력이 높은 우리 쇼핑몰의 제품을 체험해 봄으로써 그 품질을 확인하고 다시 찾게 할 수 있는 방법은 무엇일까?

품질 체험의 경우 제품 체험단 같은 이벤트가 일반적인 방법이지만, 이왕이면 많은 사람들이 너도나도 쇼핑몰을 방문하고, 구매의 경험을 하도록 할 수는 없을까? 그 방법으로 일 년에 한 번 기간을 한정해서 특별 세일을 하면 어떨까? 하고한 날 세일하는 브랜드가 아니라 명분이 있고 이유가 있는 세일 이벤트가 필요하다. 한 번뿐인 세일이란 사실을 이슈화시켜 입소문을 냄으로써 사람들이 몰려올 수

있도록 한 뒤 많은 사람들이 빅 세일로 품질 체험을 하게 해 품질력을 소문 낼 수 있어야 한다. 이때 품질력이 확실하지 않다면 이런 이벤트는 의미가 없다. 자, 그렇다면 일 년에 단 한 번 하면 생각나는 것은 무엇일까? 바로 생일이라는 특별한 날이 있다.

사람을 불러 모으는 요소들을 감안해서 입소문 날 수 있는 생일 이벤트를 기획해 보자.

• 공짜

공짜로 받을 수 있는 경품이 있다면 입소문의 최적 요소이다. 쇼핑몰 오픈 초기라면 신규 회원 가입 시 누구에게나 주는 경품을 거는 것도 좋다. 필자의 쇼핑몰에서는 신규 회원 가입자 중 생일 이벤트 응모자에게 빼빼로 기프트콘 Giftcon 을 주고 있다. 빼빼로를 주는 이유는 빼빼로데이인 11월 11일이 쇼핑몰의 생일이기 때문이다.

• 역발상

명품 브랜드, 백화점 브랜드는 빅 세일을 하지 않는다라는 고정 관념을 바꾸어 보자. 명품이라도 일 년에 한 번은 한정된 조건에 특별한 이유로 특별 세일을 할 수 있다.

• 기간 한정, 물량 한정

이러한 단어는 여성 소비자를 관심 쏟게 만드는 단어이다. 여성 소비자는 무조건 싸게 사는 것보다 퀄리티 있는 제품을 그 제품의 가치에 비해 싸게 살 수 있는 기회를 운 좋게 잡아 본인이 값진 물건을 소유하게 되었을 때 더욱 고무되어 제품에 대해서 입소문 내기 때문이다.

이러한 요소들을 감안해 다음 실무 노트에서 소개하는 이벤트 기획 아이디어를 확인해 보자.

화제가 되는 이벤트 기획 실무 노트

■ **이벤트 목적**
  쇼핑몰 홍보, 제품 품질 입증, 제품 구매 및 사용 경험 제공

■ **이벤트 타깃**
  영향력 있는 30~40대 주부

■ **이벤트 기획 아이디어**
  ① 일 년에 한 번 쇼핑몰 생일에 – 한정 수량 반값 세일 ➡ 기간 한정 혜택
  ② 사전 홍보 및 기대감을 높이기 위해 '생일 축하 댓글 이벤트' 선 오픈 ➡ 전략적 이벤트
  ③ 생일 이벤트 사전 선착순 입장권 신청 ➡ 한정된 사람을 위한 혜택임을 사전 홍보
  ④ 쇼핑몰 생일인 빼빼로데이 이슈 활용하여 가망 고객 모객 ➡ 시즌 이슈 활용 홍보

■ **이벤트 스케줄링**

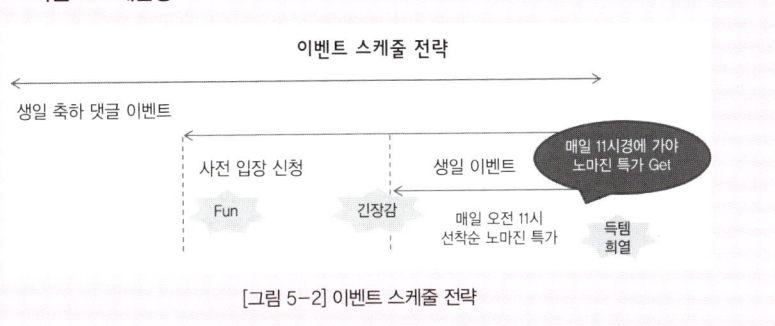

[그림 5-2] 이벤트 스케줄 전략

> **온리빙 생일 축하 Big 이벤트**
>
> **이벤트 ❶ 생일 축하 메시지 남기고 갖고 싶은 침구 받으세요. (15일 전 open)**
> 　　　　(이벤트 참여한 신규 회원 모두에게 OOO 증정) → 신규 회원 모객, 사전 관심 수렴)
>
> **이벤트 ❷ 생일 반값 세일 입장권을 신청하세요.**
> 　　　　(사전 무료 입장 신청 / 당일 입장의 경우 적립금 차감)
> 　　　　(오전 11시 1인 1개 한정 선착순 노마진 특가 상품 사전 공개)
>
> **이벤트 ❸ 생일 반값 세일**
> 　　　　(특정일 오전 11시 OPEN, 입장 후 한정 수량 선착순 구매)
>
> ■ **이벤트 입소문 메시지**
> 　온리빙 쇼핑몰 생일 폭격 할인~ 선착순 반값 득템 기회 잡자!
> ■ 여성 소비자 서포터즈 그룹이나 입소문 시더에게 이벤트 메시지를 전달하도록 한다.

이제 기획한 이벤트를 여성 소비자 그룹을 통해 어떻게 홍보해야 할지 알아보자.

2 여성 소비자 그룹 _이벤트 홍보하기

앞서 여성 소셜 마케팅 프레임 구축 시 기획한 여성 소비자 그룹을 활용하여 해당 이벤트를 홍보해 보자.

여성 소비자 그룹 – 이벤트 홍보 실무 노트

- **이벤트 입소문 주요 메시지**
    ① 온리빙 쇼핑몰 생일 폭격 할인~ 선착순 반값 득템 기회 잡자!

- **이벤트 입소문 소재**
    ① 이벤트 디자인과 내용
    ② 이벤트 판매 상품 리스트 부분 노출
    ③ 이벤트에 참여하기 전 사전 팁 정보
    ④ 예상되는 질문과 답변

- **입소문 나는 이벤트 화제 요소 정리**
    ① 화제성 – 일 년에 딱 한 번 쇼핑몰 생일날 진행하는 생일 폭격 할인
    ② 체험담 – 이미 자사 제품을 사용해 본 소비자 서포터즈들의 사용 소감 소개
    ③ 입소문 메시지 – 일 년에 한 번 있는 쇼핑몰 생일 세일! 한정 수량 선착순 구매!
    ④ 구입 특전 – 매일 오전 11시 1인 1개 노마진 상품 선착순 구매 가능!

- **여성 서포터즈 이벤트 홍보 미션 기획**
    ① 랜딩 페이지: 이벤트 페이지
    ② 여성 서포터즈별 소셜 입소문 분담
    　– 블로그 포스팅 미션 – 전문 리뷰어, 서포터즈 등
    　– 타깃 카페 게시물 작성 – 전문 소문단
    　– 본인 SNS 포스팅 – 전문 리뷰어, 서포터즈, 전문 소문단, 소셜 친구들
    ③ 여성 서포터즈 미션
    　– 미션 성과 측정 장치: 전략 키워드 중 선별 사용하여 콘텐츠 작성 – 검색 최적화
    　　　　　　: 개인별 Quick Link 전달 – 랜딩 페이지 스크립트 URL 연결
    　　　　　　: 블로그 글 내 배너 이미지 사용(노출 및 유입 스크립트 포함)
    　　　　　　: 본인 SNS 포스팅 – Quick Link 사용
    　　　　　　: 위젯 배너 디스플레이

- 추후 지속적인 홍보 노하우
  ① 서포터즈 위젯 배너 – 이미지 및 링크 값 자동 변경
  ② 서포터즈 글 내 배너 – 이미지 및 링크 값 자동 변경
  ③ 이벤트 홍보 포스팅 글 내 배너 – 노출 및 유입량 체크 스크립트 삽입
- 여성 소비자 서포터즈 그룹이나 입소문 시더에게 이벤트 메시지를 전달토록 한다.

3 자사 미디어 & 페이드 미디어 활용하기

이제 여성 소비자 서포터즈의 미션과 함께 자사의 소셜 미디어와 타깃 접점에서 이벤트를 홍보할 수 있는 페이드 미디어를 선별하여 활용해 보도록 하자.

자사 미디어 & 페이드 미디어 – 이벤트 홍보 실무 노트

- 자사 미디어
  ① 블로그, 페이스북, 카페 등에 이벤트 관련된 홍보를 위해 유용한 콘텐츠를 소개해 보자.
  ② 기본적인 이벤트 취지와 이벤트 내용 소개
  ③ 반값 할인 이벤트 관심자들에게 유용한 팁 제공
  ④ 사람들이 선호하는 베스트셀러 상품 소개
  ⑤ 소비자들을 내세워 그들의 제품 사용 경험담을 하나의 스토리로 소개
- 페이드 미디어
  ① 타깃 접점에 해당하는 커뮤니티 채널을 찾아보자.
  ② 채널의 광고 상품을 활용하거나 해당 채널과의 제휴 이벤트를 기획해 보자.
  ③ 이벤트 사전 홍보 시점과 맞추어 타깃 채널에 광고 집행 및 이벤트를 진행해 보자.

- **유입 책정**
  1. 랜딩 페이지: 이벤트 페이지
  2. 앞서 여성 소비자 그룹의 성과 측정과 마찬가지로
     - 랜딩 페이지 스크립트 URL 연결된 Quick Link 전달
     - 커뮤니티 글 내 배너 이미지(노출 및 유입 스크립트 포함) 사용

4 유입량 측정 및 미디어 평가

앞서 이벤트를 통해 마케팅 목표치를 얼마나 달성하였는지 살펴보자. 쇼핑몰 매출 향상이라는 목적을 이루기 위해 최초로 설정한 마케팅 목표는 '쇼핑몰 트래픽 → 회원 가입자 수 → 매출'이었다.

- 마케팅 성과 지표: 쇼핑몰 트래픽, 참여자 수(회원 가입, 이벤트 참여), 판매 매출

성과 측정		Traffic 유입 수	Conversion 참여자 수	Goal 구매
Owned Media	블로그			
	페이스북			
	카카오스토리 채널			
Earned Media	소비자 블로그			
	소비자 SNS			
Paid Media	배너 광고			
	제휴 채널 LINK			
	키워드 광고			

또한 마케팅 허브로 지정한 온라인 쇼핑몰의 로그 분석 스크립트를 설치하여서 쇼핑몰 로그 분석을 통해 유입량을 측정하거나, 바이럴 마케팅을 통해 얼마나 노출되었는지 미디어 평가를 하도록 하자.

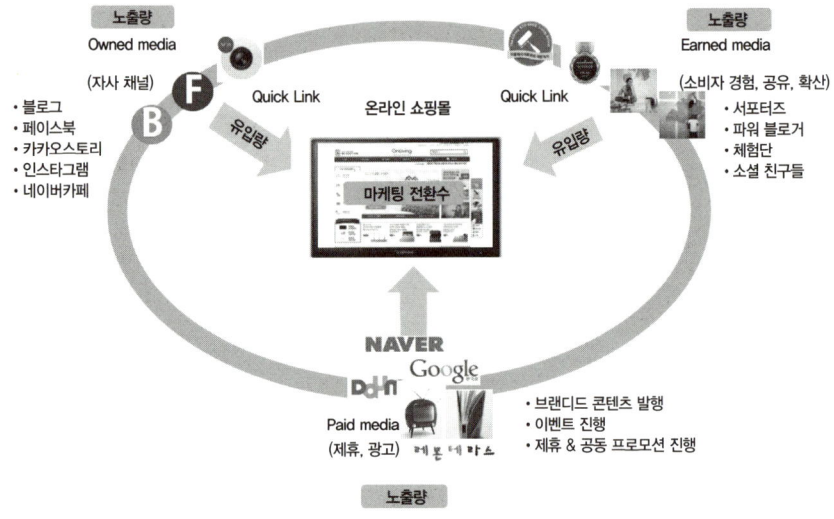

[그림 5-3] 온라인 쇼핑몰 트리플 미디어 맵

언드 미디어 성과 측정

앞 장에서 성과 측정 방법으로 소개했던 에이스카운터의 바이럴 마케팅 세팅 부분을 다시 한 번 살펴보자. 노출되는 블로그, 카페, 지식인 영역의 URL을 입력하면 자동으로 홈페이지 URL에 광고 코드가 붙은 URL이 생성된다. 이는 이 링크를 통해 들어온 유입량을 카운팅하게

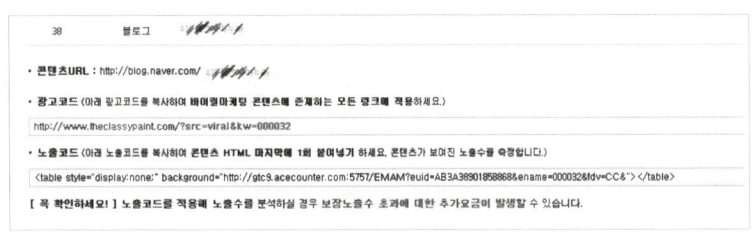

[그림 5-4] 로그 분석 서비스에서 블로그 바이럴 광고 코드 및 노출 코드 생성

제목	노출 수	게시물 수	유입 수	유입률	전환 수	전환율
...	1,076	150	371	36.84%	0	0.00%
...	8,383	786	103	10.23%	0	0.00%
...	24,493	1,281	62	6.16%	0	0.00%
...	78,004	5,179	55	5.46%	0	0.00%
...	49,143	1,978	54	5.36%	0	0.00%
...	214	29	48	77%	0	0.00%
...	29,150	2,808	41	4.09%	0	0.00%
...	0	11	36	3.57%	2	5.56%
...	55	28	27	2.68%	1	3.70%
...	24,765	560	26	2.58%	0	0.00%

[그림 5-5] 블로그 바이럴 로그 분석 수치

되며, 다음으로 생성되는 노출 코드는 글 등록 시 HTML 코드를 붙여 넣기 하면 해당 콘텐츠의 노출량이 카운팅되어 기록된다.

바로 소비자가 직접 운영하는 블로그나 카페에 소개된 우리의 이야기가 얼마만큼 노출되는지, 그 콘텐츠에 걸린 링크로 우리 사이트에 얼마나 많은 사람이 유입되는지를 체크할 수 있다.

페이드 미디어 성과 측정

다음으로 페이드 미디어의 성과 분석을 위해 에이스카운터의 배너 광고 세팅 부분을 살펴보자. 외부에서 진행하는 배너를 통해 유입량을 측정할 때 쓴다. 간단하게 사이트 주소를 넣으면 코드가 붙은 링크 주소를 부여한다. 프로모션별로 상세 배너들의 링크 값을 생성해서 프로모션의 효과를 검증해 보자.

• 페이드 미디어 – 배너 광고 설정

[그림 5-6] 배너 광고 코드 생성하기

• 페이드 미디어 – 배너 광고 분석

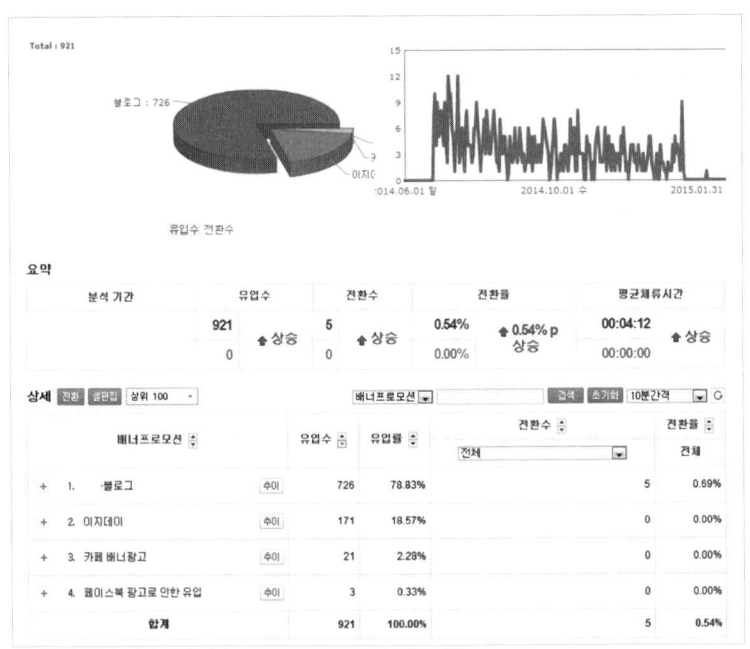

[그림 5-7] 배너 광고 결과 분석

온드 미디어 성과 측정

자사 미디어 중 블로그, 페이스북, 카카오스토리 등 다양한 소셜 미디어를 통한 유입을 측정하기 위해서는 로그 분석 서비스의 방문 경로 데이터를 살펴보자. 블로그, 카페, SNS라는 구분을 통해 방문 경로가 측정되지만 자사 미디어와 소비자 미디어를 구분하고, 보다 분명한 유입을 측정하기 위해서는 bit.ly 같은 Shortend URL을 활용할 수 있다.

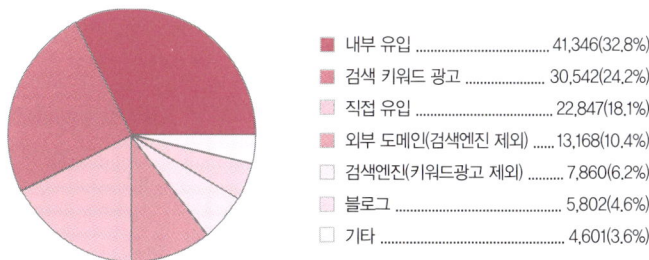

- 내부 유입 .... 41,346(32.8%)
- 검색 키워드 광고 .... 30,542(24.2%)
- 직접 유입 .... 22,847(18.1%)
- 외부 도메인(검색엔진 제외) ...... 13,168(10.4%)
- 검색엔진(키워드광고 제외) .... 7,860(6.2%)
- 블로그 .... 5,802(4.6%)
- 기타 .... 4,601(3.6%)

· 요약 데이터

분석 기간	유입 수		전환 수		전환율		평균 체류 시간	
2014.06.01~2015.06.01	126,166	44798.93% 상승	939	상승	0.74%	0.74%p 상승	00:02:37	113.39% 상승
2013.05.31~2014.05.31	231		0		0.00%		00:01:14	

· 상세 데이터

방문 유입 출처	유입 수	유입률	전환 수	전환율	유입당 페이지뷰
내부유입	41,346	32.77%	234	0.57%	3.43
검색 키워드 광고	30,542	24.21%	54	0.18%	3.22
직접유입	22,847	18.11%	304	1.33%	3.63
외부 도메인(검색엔진 제외)	13,168	10.44%	169	1.28%	2.90
검색엔진(키워드 광고 제외)	7,860	6.23%	48	0.61%	4.71
블로그	5,802	4.60%	33	0.57%	4.52
카페	1,233	0.98%	76	6.16%	4.49
SNS	1,210	0.96%	2	0.17%	2.13
바이럴 마케팅	1,007	0.80%	3	0.30%	3.14
배너 광고	921	0.73%	5	0.54%	4.02
기타	230	0.18%	11	4.78%	3.43
합계	126,166	100.00%	939	0.74%	3.49

[그림 5-8] 유입처 통계 분석

5 이벤트 성공 비결 평가

    쇼핑몰의 생일 파티 이벤트를 통해 월매출 1억 원이던 쇼핑몰이 일매출 1억 원을 달성할 수 있었다. 여성 소비자들의 입소문 요소를 고려해서 이벤트를 기획하고, 치밀한 스케줄링으로 해당 이벤트 오픈 전부터 다양한 여성 소비자 그룹을 통해 쇼핑몰과 브랜드에 대한 좋은 평판을 알리며 해당 이벤트를 전파한 덕분이다. 또한 한정 시간 반값 할인이라는 화제 요소를 최대한 활용하여 사전 입장 신청을 받으면서 신규 회원 가입자 수도 증가시킬 수 있었다.

[그림 5-9] 이벤트 페이지 예시

[그림 5-10] 이벤트 미끼 요소

　입장한 사람들을 애태우게 한 1인 1개 한정 노마진 특가 상품의 경우도 입장 시간인 오전 11시가 되자마자 소비자들의 접속이 몰리면서 서버까지 다운되는 일이 발생하기도 하였다.

　이미 우리의 제품을 사용해 본 다양한 여성 소비자 우군이 존재했기 때문에 언드 미디어를 통한 이벤트 사전 홍보 활동으로 많은 유입을 이끌 수 있었다. 바로 소비자들의 소셜 입소문을 통해 성공적인 이벤트 프로모션이 된 좋은 사례가 되었으며, 현재도 쇼핑몰을 대표하는 히트 이벤트로 매년 진행되고 있다.

[그림 5-11] 이벤트 신청자 수 현황

> 사례 2

더클래시 브랜드 사례로
배우는 여성 소셜 마케팅 실전

　이번에는 프리미엄 친환경 페인트 더클래시 브랜드 사례를 통한 여성 소셜 마케팅 실전 노하우를 공개해 보겠다.

　더클래시는 삼화페인트의 최고급 라인에 해당하는 브랜드로 일반 소비자를 타깃으로 한 친환경 페인트이다. 페인트는 일반적인 완제품이 아니라 반제품이기 때문에, 더욱이 소비자들의 마케팅 참여가 필요한 제품이다. 흥미로운 소재인 친환경 페인트 브랜드를 통해 여성 소셜 마케팅 프로세스를 자세히 익혀보도록 하자.

더클래시 브랜드 소셜 마케팅 프레임 구축 노트

1 더클래시 브랜드의 명확한 콘셉트 잡기

　더클래시의 마케팅 목적은 브랜드의 인지도 제고, 시장과 매출의 확대이다. 친환경 페인트를 찾는 사람들에게 브랜드 인지도를 제고하는 것뿐 아니라 페인트에 아예 관심 없는 사람들에게 벽지 문화로 고착해 온 대한민국 주거 공간에 페인트가 인테리어의 좋은 솔루션이 된다는 사실을 알리고 시장을 확대하며, 브랜드 파워를 높이는 일이다.

마케팅 목적을 달성하기 위해 가장 선행해야 할 중요한 과정은 브랜드의 콘셉트를 명확히 잡는 일이다. 보통은 환경 분석과 시장 조사를 통해 얻은 자료를 토대로 콘셉트를 정립하여 소비자 간담회 등에서 콘셉트 테스트를 거치는 것이 좋다. 여러 가지 타깃 중 더클래시의 브랜드가 가장 먼저 공략해야 할 타깃층을 정해 보자. 우선 우리가 타깃으로 할 소비자는 어떤 사람들에 해당할까? 보통 페인트를 칠하는 근본 이유는 낡은 것을 새것으로 바꾸거나 환경을 개선하기 위함이다. 집에 페인트를 칠하는 경우도 집 안에 새로운 변화를 주기 위한 것일 테니 인테리어에 관심 높은 주부를 공략하는 것이 우선일 것이다. 이를 위해서는 집 안에 페인트를 칠하는 게 생소한 주부들의 고정 관념을 깨고, 벽지 위에 페인트를 쉽게 바를 수 있다는 사실을 알리며, 우리 브랜드를 해당 시장에 포지셔닝해 보면 어떨까? 먼저 더클래시 브랜드가 어떤 근거로, 어떤 혜택을 어떤 타깃에게 주는 시장 포지셔닝에 해당하는지 정하고 콘셉트 문구를 정리해 보고, 마지막으로 브랜드의 추구 가치에 대해서 정리해 보자.

콘셉트 실무 노트

- **마케팅 목적**

  브랜드 인지도 제고, 친환경 페인트 시장과 매출 확대

- **마케팅 목표**

  소비자 구매 결정 단계 중 브랜드 노출량(검색엔진 콘텐츠 점유율)
  더클래시 매출, 더클래시 사이트 유입량

- **콘셉트 정립**

  ❶ 메인 타깃 – 집 안에 변화를 주고 싶은 20~40대 주부
  ❷ 포지셔닝 – 벽지 위에 칠하는 프리미엄 친환경 페인트

- **소비자들에게 듣고 싶은 말**

  페인트에 대한 편견을 없앴다, 냄새가 없다, 안심이 된다, 컬러가 예쁘다, 잘 칠해진다.

- **우리의 특장점**

  대한민국 건축용 페인트 No. 1 기업이 생산, 한국·미국에서 아토피 무해성 인증, 이지 클리닝, 친환경 마크

  → Unique(우리 브랜드만 갖는 유일한 요소): 한국·미국 아토피 무해성 인증, 유일한 임상 실험 제품
  → Important(중요한 요소): 냄새 없는 친환경 제품
  → Specific(페인트라는 카테고리에 특화된 요소): 실내에 바르는, 잘 발리는 친환경 페인트

- **콘셉트 설명문**

  더클래시 아토프리는 국내 유일하게 임상 실험과 함께 미국·한국에서 아토피 무해성 인증을 받아 냄새 없이 안심하고 실내에 사용할 수 있어 행복한 공간을 꾸미려는 일반 소비자를 위한 프리미엄 친환경 페인트이다.

2 브랜디드 콘텐츠 기획하기

더클래시 브랜드에 대한 콘셉트를 정립하였다면, 브랜드와 관련된 어떤 이야기들이 타깃 소비자층에게 관심을 얻을 수 있을까 생각해 보자. 소비자들의 관심 콘텐츠에 브랜드를 녹이는 일을 하기 위해 예상 주제를 나열해 보자.

콘텐츠 기획 실무 노트

1 브랜디드 콘텐츠

- **브랜드 스토리텔링 콘텐츠**
  - 예) 더클래시 브랜드 탄생 스토리
  - 예) 벽지 테스트 실험
  - 예) 친환경 페인트의 우수성을 입증할 수 있는 실험(블라인드 테스트)

- **정보성 콘텐츠**
  - 셀프 페인팅 가이드
  - 페인트 제품 소개
  - 신혼집 꾸미기
  - 컬러 & 인테리어 아이디어
  - 라이프스타일

- **일상 소통형 콘텐츠**
  - 회사, 대리점 등 소식
  - 쇼핑몰 운영 스토리
  - 매장 리얼 스토리
  - 담당자 경험담

- **홍보성 콘텐츠**
  - 신상품 출시 소개
  - 쇼핑몰 특별 기획전 또는 소식
  - 이벤트 소개
  - 캠페인 소개

2 소비자 콘텐츠

- **소비자 제품 후기 콘텐츠**
  - 쇼핑몰 구매자 상품 구매 후기
  - 예) 쇼핑몰 상품평 중 우수 후기 소개

- 체험단 제품 사용 후기 예) 제품 체험단 우수 후기 소개
- 서포터즈 참여 활동 콘텐츠
  - 서포터즈 활동담 예) 더클래시 리빙 작가 발대식 및 회사 견학
  - 서포터즈 제품 사용 후기 – 벽지·벽면 / 가구·방문 / DIY 소품 등
- 블로그 외부 필진 콘텐츠
  - 전문가 칼럼 예) 인테리어 노하우, 집 안에 컬러를 들이는 페인트 인테리어 아이디어

3 자사 미디어 구축하기

그러면 우리가 보유하고 있는 자사 미디어(Owned Media)에는 무엇이 있을까? 전국에 800여 개가 넘는 삼화페인트 대리점이 있고, 대리점이 운영하는 수십 개의 온라인 쇼핑몰이 있다. 그 외 온라인에는 마케팅 허브로서 역할을 할 수 있는 더클래시 브랜드 사이트와 삼화페인트의 공식 SNS 채널인 블로그, 페이스북이 있다.

트리플 미디어 – (1) 온드 미디어 구축 실무 노트

- **온드 미디어(Owned Media)**
  1. 오프라인 판매처
     - 전국 800여 개 대리점
  2. 온라인
     - 삼화페인트 블로그, 페이스북
     - 대리점이 운영하는 쇼핑몰
  3. 마케팅 허브
     - 더클래시 브랜드 사이트

4 여성 소비자 언드 미디어 구축하기

앞서 이야기했듯이 페인트는 반제품이라는 특성으로 인해 여성 서포터즈의 활동이 절실히 필요한 제품 카테고리이다. 더클래시 브랜드를 홍보할 수 있는 '더클래시 리빙 작가'를 기획하여 여성 소셜 마케팅의 핵심 마케팅 툴로 만들어 보자.

트리플 미디어 – (2) 언드 미디어 구축 실무 노트

■ **언드 미디어(Earned Media)**
더클래시 리빙 작가 서포터즈 그룹을 운영한다.

❶ 더클래시 리빙 작가
- 운영 목적: 제품 사용 후 경험 공유 및 브랜드 대표하는 홍보 대사
- 운영 계획:
  - 더클래시 리빙 작가 활동 기획
  - 더클래시 리빙 작가 1기 모집(모집 공고 – 서류 전형)
  - 더클래시 리빙 작가 1기 오리엔테이션(활동 취지, 활동 내용, 혜택 설명)
  - 오프라인 행사(간담회 – 재능 기부 활동 – 잡지 촬영 – 책 기고)
  - 더클래시 리빙 작가 해단식 및 명예 작가 위촉식 파티

공동 가치로 함께 성장하는 더클래시 리빙 작가 서포터즈 운영 노트

앞서 우리는 소셜 마케팅 맵Map을 그려 봤다. 하지만 맵의 모든 요소가 꼭 있어야 하는 것은 아니다. 마케팅을 펼치는데 다양한 소셜 미디어 채널을 가지고 있다면 효과가 좋겠지만, 모든 채널을 갖추려면

시간이 소요되기 때문에 이번 장에서 소개하는 브랜드 서포터즈를 먼저 기획하여 자사의 소셜 미디어 채널을 만들기 전에 운영해 보는 것도 좋은 방법이다.

1 여성 소비자의 경험을 이야기하게 하라_더클래시 리빙 작가 활동 기획

이 책에서 가장 중요하게 다룬 부분은 언드 미디어다. 이번 장에서는 더클래시 리빙 작가라는 서포터즈 운영 성공 사례를 통해 여성 소비자 서포터즈의 활용 방법을 상세히 살펴보도록 하겠다.

더클래시 리빙 작가는 약 2년 전에 필자가 기획하여 운영해 온 삼화페인트의 소비자 서포터즈 대표 그룹이다. 필자는 해당 그룹을 대행사가 아닌, 삼화페인트의 주부 모니터 '빅 마우스'와 함께 활동을 기획·운영·관리했다. 자사 소셜 채널의 소비자 콘텐츠의 주요 내용을 더클래시 리빙 작가들의 콘텐츠를 윤문하여 사용하고 있으며, 운영진과 더클래시 리빙 작가와의 진정성 있는 관계 형성으로 함께 성장하면서 서포터즈의 로열티와 영향력뿐 아니라 브랜드 전파력은 지속적으로 향상되고 있다. 마케팅 목적을 달성하기 위한 서포터즈 활동 목표 수치로는 소비자 구매 결정 단계 중 우리 브랜드가 얼마큼 노출되는지를 평가하는 검색엔진 콘텐츠 점유율 SOV와 서포터즈의 콘텐츠 노출량과 마케팅 허브인 더클래시 브랜드 사이트의 유입량으로 잡았다. 또한 서포터즈 운영 취지와 브랜드 공유 가치와의 교집합을 만들어 단순 홍보를 하는 홍보단이 아니라 공유 가치를 실현하기 위해 함께 협업 Co-working 하는 동반자로서 활동을 기획하였다.

필수 미션을 기획하여 기본적인 활동을 정하고, 본인의 참여 의사에 따른 선택 미션을 통해 자발성을 높였다. 물론 모든 활동은 평가되며, 우수 평가자들에 대한 포상은 필수이다.

더클래시 리빙 작가 활동 기획 노트

- **활동 목적**
  더클래시 제품 사용 경험을 토대로 콘텐츠 양산 및 브랜드 입소문 증대

- **활동 성과 지표**
  전략 검색어 검색엔진 점유율 SOV
  콘텐츠 노출 증대 및 브랜드 사이트 유입 유도

- **활동 공유 가치 – 컬러로 행복을 나누는 이야기**
  집 안에 컬러를 들여 행복해지는 방법을 알리며, 셀프 페인팅 문화 확대

- **서포터즈 운영 취지**
  ❶ 기업의 제품 프로슈머 역할로서 의견 및 아이디어 제안
  ❷ 셀프 페인팅 방법을 소개함으로써 페인트 인테리어 문화 확대
  ❸ 컬러를 들여 행복해지자는 공유 가치 실현을 위해 협업함으로써 개인 브랜딩 및 상생

- **서포터즈 활동 안내**
  · 필수 미션
  ❶ 더클래시 제품 사용 후기(월 2회)
  ❷ 오프라인 행사 참여 후 포스팅 작성(임기 중 최소 2회 이상): 발대식 / 소비자 간담회 / 해단식 등

  · 선택 미션
  ❶ 자사 이벤트 또는 캠페인 참여 및 홍보
  ❷ 재능 기부 및 협업 프로젝트 참여

- **우수 활동자 시상**
  · 매월 우수 활동자 포상 – 상품권 증정
  · 활동 기간 중 우수 활동자 포상 – 우수상 경품 또는 상품권 제공

2 특별한 존재임을 느끼게 하라_더클래시 리빙 작가 모집 및 오리엔테이션

서포터즈 활동 기획 후에는 모집 공고를 디자인하여 이벤트 형식으로 지원을 유도해 보자. 관련 사이트나 카페에 모집 내용을 홍보함은 물론, 서포터즈 선배 기수들이 본인이 활동한 이야기를 진솔하게 다루며 해당 서포터즈를 추천하는 글을 작성토록 하자. 주부 모니터와 함께 역량 있는 서포터즈를 선별하여 서포터즈 발대식 및 오리엔테이션을 진행하자. 우리는 발대식에 참여한 서포터즈를 초반에 감동시켜야 한다. 첫 만남 때의 브랜드에 대한 경험이 활동 기간 중의 열정을 좌우하기 때문이다. 우리가 그들을 특별한 존재라고 생각한다는 것을 느낄 수 있게 본 행사를 처음부터 끝까지 기획하여야 한다. 아래 실무 노트를 체크하며 행사를 기획해 보자.

더클래시 리빙 작가 모집 & 오리엔테이션 노트

- **서포터즈 모집 이벤트 진행**
  • 응모 방법 – 스크랩 후 활동하고 싶은 이유 작성하기
  • 모집 홍보 – 주부 모니터 사이트, 관심 타깃 커뮤니티 포스팅
  • 응원 포스팅 – 기존 기수 활동 이야기를 담아 선배 기수가 직접 포스팅

■ 서포터즈 오리엔테이션

❶ 프레젠테이션
  · 인사말 / 회사 소개 / 브랜드 스토리 / 제품 소개
  · 서포터즈 운영 취지 / 활동 및 혜택 안내
  · 서포터즈 매니저 소개
  · 임명장 수여 / 기념 촬영

❷ 브랜드 로열티 제고
  · 브랜드 가치를 표현
  · 제품 체험하는 놀라운 경험 선사
  · 오리엔테이션의 전체 분위기와 서비스가 브랜드로 연결됨

❸ 명함 및 기념품 준비
  · 서포터즈 활동 명함 / 임명장
  · 제품 카탈로그 / 기타 용품 / 기념품
  · 간식 / 음료 퀄리티

[그림 5-12] 서포터즈 발대식

3 서포터즈 활동 성과를 명확하게 분석하라_더클래시 리빙 작가 활동 관리 및 평가

서포터즈 활동 가이드를 체계적으로 정리하여 발대식뿐 아니라 활동 관리를 하는 비공개 카페에도 해당 내용을 자세히 설명한다. 또한 서포터즈가 자랑스럽게 활동할 수 있는 준비물들을 챙겨 전달해 보자. 초반에는 기본 미션에 익숙해지도록 운영한 후, 이후 월별 중요 이슈들을 전달하여 콘텐츠에 녹여내도록 하자. 브랜드 소셜 캠페인을 기획한다면 해당 캠페인 취지와 서포터즈 활동 취지와의 연관점을 설명하며 꼭 동참하게끔 유도하여야 한다.

다음으로 마케팅의 가장 중요한 성과 측정에 관한 부분이다. 서포터즈 각자가 미션을 완료한 이후에는 상위 검색을 체크하여 캡처 내용을 올리도록 하자. 또한 정기적으로 지급된 전략 키워드에 대한 검색엔진 SOV 등을 체크해 보자. 그리고 개인별로 지급된 엠블럼과 트래킹 코드가 있는 배너 등을 통해 서포터즈별 콘텐츠의 노출량과 브랜드 사이트로의 유입량을 측정해 보자. 또는 서포터즈 개인의 SNS 채널을 통해 브랜드 관련 이야기를 할 때 Shorten Link를 주어 유입량을 측정해 볼 수 있다.

마지막으로 모든 활동을 정해 놓은 기준을 토대로 활동을 평가한 뒤 활동이 우수한 사람에게는 포상을, 활동이 저조한 경우에는 동기 유발할 수 있도록 지속적으로 관리하는 것이 서포터즈 운영의 중요 관리 요소이다.

더클래시 리빙 작가 활동 관리 및 평가 노트

- **서포터즈 활동 가이드**
  1. 서포터즈 비공개 카페 초대 및 멤버 간 인사
  2. 개인별 활동에 필요한 엠블럼 및 코드 전달
      - 서포터즈 엠블럼(블로그 위젯 배너 등록)
      - 서포터즈 소개 이미지 / 프로필 페이지 디자인
      - 서포터즈 글 내 배너 – 서포터즈별 바이럴 마케팅 추적 코드 전달
  3. 블로그 포스팅 가이드
      - 브랜드명 정확히 기입
      - 선정된 전략 키워드 제목 노출(예: 친환경 페인트, 셀프 페인팅, 벽지 페인트)
      - 글에 포함될 내용(제품 사진, 제품 소개, 페인트 컬러, 셀프 페인팅 과정, Before & After)
      - 마케팅 트래킹이 가능토록 서포터즈 글 내 배너 필수 삽입

- **중요 이슈 전달**
  1. 포스팅에 포함할 중요 이슈 사항 전달 – 예 네이버에 '더 클래시'를 검색하세요
      더클래시 구매처 안내
      브랜드 이슈 소개
  2. 캠페인 홍보대사 참여 – 서포터즈 활동 취지와 브랜드 공유 가치 관련 캠페인 참여

- **활동 평가**
  1. 검색 최적화 – 키워드 상위 노출 평가: 서포터즈 개인이 노출 체크 후 캡처 이미지 보고
  2. 정기적으로 전략 키워드의 검색엔진 점유율 체크 – SOV 체크
      (SOV: 전략 검색어로 검색 시 네이버 블로그 영역 3pages 내 자사 콘텐츠 노출 비율)
      (예 더클래시의 경우 1차 연도에는 평균 SOV 25%를 목표로 마케팅 진행함)
  3. 콘텐츠 노출량 평가
      (글 내 배너 추적 코드를 통해 Acecounter 로그 분석 서비스를 통한 노출량 평가)

❹ 콘텐츠를 통한 브랜드 사이트 유입량 평가

(글 내 배너 추적 코드를 통해 Acecounter 로그 분석 서비스를 통한 유입량 평가)

❺ 노출, 영향력을 제외하고 서포터즈 우수 활동 평가 및 포상

① 콘텐츠의 질 평가 – 우수 콘텐츠로 마케팅 활용

② 기간 준수, 가이드 준수 – 모범 활동 사항 평가

③ 선택 미션의 자발적 참여도 평가

예 블로그 포스팅 가이드

- 브랜드명을 반드시 정확하게 넣어주세요. "더클래시 아토프리"
- 제품 사진과 NCS 컬러 번호, 과정 사진, Before & After 사진, 리빙 작가 배너 포함 바랍니다.
- 홍보 키워드를 제목과 내용, 태그에 적어 주세요.

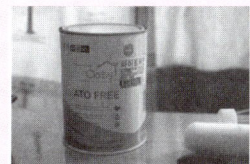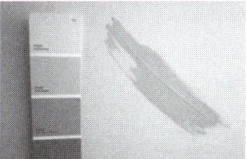

[그림 5-13] 블로그 포스팅 가이드

4 진정한 소통과 관계 형성을 통한 동기 유발 방법_오프라인 활동 & 협업 프로젝트

오프라인 활동상의 만남을 통해 여성 서포터즈와의 진정한 소통을 경험해 보도록 하자. 먼저 소비자 간담회 형식의 FGI(Focus Group Interview)를 통해 소비자들의 제품 구매 결정 과정을 탐구해 보고, 제품을 사용하는 행태를 면밀히 살펴보자. 자사 브랜드에 대한 사전 인식과 평판에 대해 들어보고, 타 브랜드 대비 자사 브랜드에 대해 소비자들의 시각과 생각을 듣는 시간을 가져 보자. 참고로 자사의 소셜

채널에서 관계 맺은 팔로어들과의 소통 방법도 이러한 방법을 착안하여 소비자들의 의견을 들으려는 진정성 있는 태도로 설문 조사나 댓글 의견 작성을 유도해 볼 수 있다. 이렇게 수렴된 의견을 해당 브랜드가 마케팅에 반영하는 모습을 보인다면 자사 소셜 채널의 팔로어들은 본인의 활동에 보람을 느끼고 해당 브랜드에 대한 신뢰감이 상승할 것이다.

다음으로 여성 서포터즈의 기본 미션 활동 이외에 자발적인 참여를 통한 협업 프로젝트를 진행할 수 있다. 이는 브랜드 입장에서의 브랜드 홍보 이외에 서포터즈들의 개인 브랜딩에도 큰 도움이 되는 활동이기도 하다. 앞서 브랜드와 서포터즈 활동의 공유 가치를 정립하였기 때문에 이 모든 협업 활동이 더욱 의미가 있는 것이다. 서포터즈들을 옹호하는 팬들을 위해 해당 브랜드 상품을 주는 블로그 이웃 대상 이벤트를 진행한다든지, 페인트로 집을 꾸미고는 싶은데 도움이 필요한 사람에게 직접 방문하는 '리빙 작가 간다'라는 재능 기부 행사라든지, 셀프 페인팅 원데이 클래스의 일일 강사로서 강의를 진행하는 등 잡지 및 방송 촬영, 공동 책자 기획 등 함께 할 수 있는 일은 무궁무진하다. 이런 모든 활동을 진행하는 서포터즈에게 기업에서 약간의 사례금을 제공해야 하긴 하지만, 사례금보다는 브랜드에 대한 애정과 로열티를 느끼는 서포터즈여야 해당 활동을 자발적으로 신나게 진행할 수 있다.

마지막으로 활동 마감 전에 서포터즈들의 파티인 해단식을 진행해 보자. 해단식이란 한 기수의 활동을 마감하면서 활동 사항 등을 리뷰하고, 그동안의 활동에 감사하며 함께 축하하는 자리이다. 더클래시 리빙 작가의 경우 선배 기수들과 함께 친목을 도모할 수 있는 자리로 오프라인 상의 만남을 통해 진정한 커뮤니티가 만들어진다. 활동 우수상 포상과 함께 참여자들에게 선물을 증정하고, 미션을 완료한 서포터즈에 한해 명예 작가로 위촉하여 진정한 브랜드 홍보대사로서 지속적인 활동을 하게 이끄는 중요한 자리이다.

더클래시 리빙 작가 오프라인 활동 & 협업 프로젝트 노트

■ **소비자 간담회**

❶ 제품 구매 결정 과정 탐구
  · 제품 사용해 보기 전 제품에 대한 인식
  · 제품 사용 여부(사용하게 된 계기)
  · 제품 구매 시 의사 결정 과정
  · 제품 구매 시 중요 고려 요인
  · 브랜드 선택 과정과 이유

❷ 제품 사용 형태
  · 제품 사용 주체 및 패턴 / 제품 관련 지식 수집 경로
  · 제품 사용 방법
  · 제품 사용 시 만족 및 불만족 사항

❸ 자사 브랜드 사용 평가
  · 자사 브랜드 콘셉트 평가 / 사용 평가 / 가격 평가(구매 의향 있는지)
  · 인지하고 있는 타사 브랜드
  · 타사 브랜드 대비 평가

❹ 소비자 요구 사항

■ **협업 프로젝트**

❶ 블로거별 이웃 대상 이벤트

❷ 소비자 대상 이벤트 - 재능 기부(리빙 작가가 간다, 벽화 봉사 활동)
❸ 원데이 클래스 강의
❹ 잡지 및 방송 촬영
❺ 책 집필 및 카탈로그 촬영

- **해단식의 의미**

  ❶ 현 기수 활동 평가 및 마감 / 성실한 활동에 대한 감사의 표시
  ❷ 기존 기수와의 관계 형성 및 친목 도모, 진정한 커뮤니티 이룸
  ❸ 공유 가치 실현을 위한 공동 활동 확인 / 명예 작가 위촉으로 관계 지속화
  ❹ 활동 중 느낀 점, 개선점 등 다양한 의견 개진의 장 마련

[그림 5-14] 서포터즈 해단식

5 서포터즈와 함께하는 공유 가치 실현을 위한 소셜 캠페인

소셜 마케팅의 백미는 소셜 캠페인이라고 할 수 있다. 제품에 대해 소구하는 사람들이 정보를 검색하는 과정에서 해당 브랜드를 발견하는 경우도 있지만, 필자는 사람들의 인식 속에 아예 존재하지 않는 브랜드, 관심 없는 제품으로 어떻게 관심을 이끌어 낼까라는 마케터의 고민에 대한 해답은 소셜 캠페인이라고 생각한다. 이는 다양한 채널에서 소비자들의 생각과 의견을 수렴하여 얻은 소비자 인사이트를 기획되며, 해당 캠페인의 취지와 서포터즈 활동 취지가 한 방향이라면 더더욱 서포터즈의 동참을 이끌어 내야 한다. 앞서 이야기한 협업과 마찬가지로 서포터즈들은 본인을 브랜딩하는 데 있어서 자사의 브랜드에 로열티를 가질 수밖에 없으며, 소셜 캠페인을 통해 자신의 지인과 팬, 팔로어들에게 해당 내용을 더욱 효과적으로 알릴 수 있다. 광고성 이벤트보다는 공유 가치를 실현하는 소셜 캠페인을 기획하여 여성 서포터즈들과 함께 이를 알려보자.

서포터즈와 함께하는 소셜 캠페인 노트

■ 브랜드 소셜 캠페인
① 서포터즈 활동 취지와 브랜드 공유 가치의 교집합에 해당됨
② 브랜드 사이트 내 소셜 캠페인 기획
③ 서포터즈가 캠페인 홍보대사로 활동하도록 동기 유발함
④ 광고성 이벤트의 공유보다 선한 일, 공유 가치를 실현하는 일을 위해 동참하는 것을 선호함

- **활동 공유 가치 – 컬러로 행복을 들이는 이야기**
집 안에 컬러를 들여 행복해지는 방법을 알리며, 셀프 페인팅 문화 확대

6 서포터즈 콘텐츠 큐레이션

기업이 서포터즈 활동 시작 전에 빼놓지 말고 해야 할 일로 "서포터즈로서 활동을 하면서 생산해 낸 콘텐츠는 자사의 마케팅에 활용된다"라는 내용에 대한 확인을 받아야 한다. 그렇게 축적된 콘텐츠는 다양한 형태로 활용할 수가 있다. 몇 년간 서포터즈를 운영해 왔다면 서포터즈 담당자는 그 많은 콘텐츠를 기억해 낼 수 있어야 한다. 그리고 특정 주제에 맞는 콘텐츠 큐레이션을 통해 새로운 콘텐츠를 양산해 낼 수도 있다. 이는 자사 소셜 채널뿐 아니라 서포터즈 각자의 스토리와 함께 책자로도 제작해 배포할 수 있으며, 다양한 언론 홍보 기사의 소스로도 활용할 수 있다.

서포터즈 콘텐츠 큐레이션 노트

- **소비자 콘텐츠 수집**
  ① 서포터즈 활동 기간 중 미션으로 진행된 콘텐츠 총 모음
  ② 주제에 맞는 콘텐츠 큐레이션을 통해 새로운 콘텐츠 양산
  ③ 서포터즈 각자의 스토리를 담은 책자 제작
  ④ 잡지 기사, 책자 원고, 신문 기사 등 – 리빙 작가 스토리가 담긴 브랜드 이야기 활용
  ⑤ 브랜드와 관련된 정보성 콘텐츠로 – 소비자 추천서(Testimonial) 해당 자료로 활용

7 성과 분석 및 성공 노하우

마케팅 목적인 브랜드의 인지도 제고와 매출 향상을 달성하기 위한 해당 프로젝트의 마케팅 성과를 이야기해 보자.

전략 키워드의 검색 점유율

가장 먼저 생각할 부분이 우리 제품 카테고리를 구매하고자 하는 사람들이 제품 구매 전에 인터넷 검색을 통해 정보를 얻는 과정에서 우리 브랜드를 사용한 사람들의 후기가 노출되며, 브랜드명이 노출되게끔 해야 한다. 소비자가 많이 검색하는 예상 키워드를 전략 키워드로 선정하여 전략적으로 소비자 콘텐츠를 발행하도록 함으로써 검색어 점유율을 상승시키며 유입시킬 수 있었다.

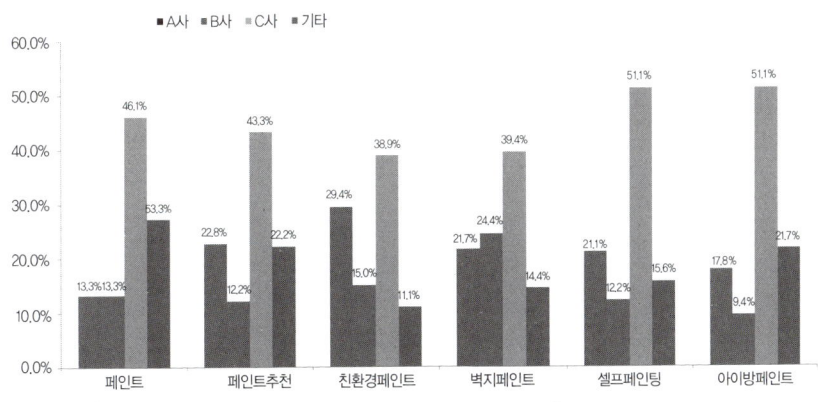

[그림 5-15] 전략 키워드 검색 점유율

리빙 작가 콘텐츠의 활용력

페인트는 완제품이 아닌 반제품이라는 제품 자체의 특성 때문에 구매 결정을 하기 힘들 수 있다. 이에 리빙 작가의 다양한 콘텐츠를 반제품인 페인트의 매출을 일으킬 수 있는 중요한 소비자 사례로 다방면에 활용하였다. 기업이 운영하는 소셜 채널의 콘텐츠로도 사용하고 리플릿, 책자, 카탈로그를 제작하는 데도 활용했다.

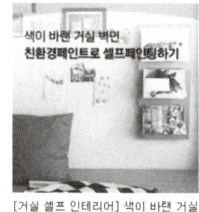

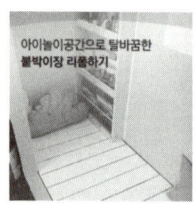

[그림 5-16] 서포터즈 콘텐츠 예시

리빙 작가 블로그를 통한 쇼핑몰 유입

작가별 개별 배너를 전달하였기 때문에 로그 분석 사이트를 통해 각 개인 블로그에서 우리 브랜드와 관련된 글들의 노출량이 파악되며 쇼핑몰로의 유입을 이끌 수 있었다.

[그림 5-17] 서포터즈 콘텐츠 책자 제작 예시

[그림 5-18] 서포터즈 블로그 포스팅 글 내 배너 예시

 사례 2 더클래시 브랜드 사례로 배우는 여성 소셜 마케팅 실전

오피니언 리더로서 리빙 작가의 이웃들에게 영향력 행사

인테리어 블로거 사이의 리더 격인 리빙 작가를 통해 제품 브랜드의 이미지가 리빙 작가를 따르는 팬층에게 전달되었다. 리빙 작가의 블로그 이웃이나 팬들은 해당 브랜드에 관심을 갖거나 선호할 확률이 높아진 것이다.

재능 기부 및 오프 행사를 통해 브랜드 공유 가치 실현을 위해 함께 노력함

벽화 봉사 활동이나 강의, 또는 집을 찾아가 셀프 페인팅을 해주는 '더클래시 리빙 작가가 간다'라는 행사를 진행하면서 브랜드 공유 가치 실현을 위해 함께 노력하였다.

[그림 5-19] 오피니언 리더로서의 활동

[그림 5-20] 서포터즈 재능 기부

더클래시의 경우 브랜드 전용 소셜 채널을 가지고 있지는 않았지만, 더클래시 리빙 작가라는 서포터즈 그룹을 통해 브랜드의 진정한 마니아를 양성할 수 있었다. 서포터즈 개인의 관심사와 맞물려 셀프페인팅의 즐거움을 전하는 공동 가치를 추구하면서 소비자와 기업이 함께 성장할 수 있는 윈윈Win-Win 모델로 자리매김하였다.

그 성공 비결은 소비자가 주인공이 되는 브랜드 이야기에 있었다. 소비자의 삶 속에서 진정한 브랜드 이야기가 콘텐츠로 전파되면서 그 진정성에 매료되어 브랜드를 인지하고, 브랜드와 관계 맺게 된 소비자가 점점 증가한 것이다. 이를 통해 브랜드의 신뢰와 평판은 자동적으로 형성되었다.

이러한 여성 소비자와 소셜 미디어를 활용하여 여러분의 브랜드를 강력하고 굳건한 브랜드로 만들어 줄 광고비 걱정 없는 여성 소셜 마케팅을 이제부터 시작해 보기를 바란다.

Epilogue : 소비자의 새로운 키워드, 마켓슈머

마켓슈머(Marketsumer)의 탄생

프로슈머, 트윈슈머 등 소비자를 명명하는 다양한 용어가 있어 왔다. 여성 소비자와 마케팅을 해 오며, 브랜드를 경험한 소비자가 브랜드 마니아로 발전하고, 이후에는 마케팅 아이디어를 함께 고민하며, 함께 실행해 나가는 마케터의 역할까지 할 수 있음을 발견하였다. 바로 '마켓슈머^{Marketsumer} = 마케터^{Marketer} + 컨슈머^{Consumer}'라고 정의할 수 있는 소비자들을 발견한 것이다.

마케팅 DNA를 가진 여성 소비자

여성 소비자를 중심으로 이 책을 서술한 것은, 남자와 여자의 이분적인 사고에 의한 것이 아니라 남자와 여자의 다른 성향을 활용하는 측면에서이다. 필자는 14년 넘게 주부 모니터, 빅 마우스, 체험단, 서포터즈, 소셜 스토리텔러, 리빙 작가, 셀프 페인팅 멘토 등 다양한 소비자 활동을 기획하고 운영하며 여성 소비자에 대한 다양한 사실을 알게 되었다. 그들은 섬세하고 관계 지향적이며, 제품의 판별력이 높고 입소문에 적극적이기까지 하다. 이러한 여성 소비자를 만족시키고 그들의 이해와 공감을 얻어 마케팅 전반에 걸쳐 사람 중심의 마케팅을 펼친다면 우리는 많은 소비자를 만족시킬 수 있을 것이다.

필자의 경우 다양한 여성 소비자들과 일을 하면서 마켓슈머의 역할을 하는 소비자 그룹을 만들어 내고, 그 효과를 몸소 경험하였다. 마켓슈머는 브랜드를 소비하는 소비자이며, 자신이 애호하는 브랜드 마케팅 기획에 직접 참여하는 마케터형 소비자를 일컫는다. 이들은 다양한 여성 소비자 그룹의 활동을 함께 기획하며, 활동을 관리하는 일을 하면서, 기업의 직원과 같은 충성도를 가지며 소비자 그룹의 활성화에 이바지하였다. 물론 보통은 홍보 대행사에 비용을 지불하여 맡겨 버린다면 보다 손쉬울 수 있지만 번거롭더라도 소비자와의 직접 소통을 통해 소비자가 공감할 수 있는 브랜드 가치에 대한 고민부터 마케팅 전반에 걸쳐 소비자 중심의 사고를 하며, 소비자 인사이트를 얻을 수 있는 직접적인 기회를 활용해 보기 바란다.

덧붙여 안타까운 것은 육아로 인한 경력 단절로 취업 시장에서 저평가되고 있는 여성들 중에는 교육뿐 아니라 다양한 경력을 가지고 있으며, 소비생활에 익숙하고, 마케팅 감각이 뛰어난 재원이 많다. 이들의 경우 자신이 좋아하는 브랜드를 경험하고, 브랜드와 관련한 다양한 마케팅 활동에 참여하여 의견을 내는 일을 함으로써 새로운 경쟁력을 확보할 수 있다. 이러한 여성들이 브랜드의 공유 가치를 공감하고 브랜드와 관계 맺음으로써 각자의 삶의 스토리에 브랜드를 녹여 신나게 이야기할 기회를 선사하며 그들의 탁월성을 찾게끔 하여 마켓슈머로 성장시켰으면 하는 바람이다.

브랜드와 함께 성장하는 소비자

3년 전 더클래시 리빙 작가 1기로 뽑은 유독스토리님의 경우도, 당시 어린 아이를 키우는 전업주부로 초보 인테리어 블로거에 불과했다. 더클래시 리빙 작가 활동을 1년 넘게 하면서 셀프 페인팅과 관련된 콘텐츠를 양산해 팬들과 소통하고, 네이버 파워 블로거가 되면서 유독스토리님의 삶은 달라졌다. 잡지며 방송 등에서 섭외가 들어오고, 브랜드와 함께 셀프 페인팅 문화를 전파하며, 다른 사람들에게 도움을 주는 유명인이 되었다. 지금은 더클래시 명예 작가를 거쳐 홈앤톤즈 셀프 페인팅 멘토로서 함께 일하고 있다. 서포터즈로 시작했지만, 지금은 홈앤톤즈 강사로 활동하며 대표적인 홈앤톤즈 서포터즈로서의 이미지를 형성하고 있다. 바로 셀프 페인팅 문화 확산이라는 공유 가치를 추구하는 데 브랜드와 함께 마케터형 소비자인 마켓슈머로서 자신의 삶의 스토리를 브랜드와 맞물려 함께 이야기를 만들어 가고 있는 것이다.

필자는 앞으로도 여성 소비자의 마켓슈머로서의 성장을 이끌며, 진정한 소통을 원하는 브랜드와 기업과의 연결 고리 역할을 하는 여성 공감 마케터로서 소비자 참여형 마케팅 활동을 지속적으로 해 나갈 것이다.

이 책을 집필하는 동안 일과 육아를 동시에 해야 하는 워킹맘인 필자에게 원고를 쓸 수 있는 시간을 할애해 준 부모님과 남편에게 감사의 마음을 전하며, 책 쓰기의 강을 건너는 방법을 알려 주신 조영석 소장님, 출간을 담당해 주신 성안당의 조혜란 부장님께 감사의 마음을 전한다. 또한 사랑하는 두 딸이 자신이 좋아하는 일을 꼭 찾아 가슴 뛰는 삶을 살아가기를 희망한다.

마지막으로 이 책에서 왜 '소비자'가 아닌 '여성 소비자'를 이야기하였고, 왜 '기술'이 아닌 '사람'을 다루었는지 스스로 질문하고 답해 보며 이 책을 덮어주었으면 한다.

저자 최은희

참고 문헌 및 사이트

❶ 충성 고객을 넘어 열정 고객으로, 《LG주간경제》(2006. 5. 3일자, 882호), 정용수, http://www.lgeri.com/uploadFiles/ko/pdf/pub/consul882_4_20060428140643.pdf
❷ 소비 불황의 돌파구, 여성 마케팅, LG경제연구원, 이연수, http://www.lgeri.com/uploadFiles/ko/pdf/pub/consul783_1_20040603141342.pdf
❸ 유엔의 미래 보고서 2018년, Daum Tip, http://tip.daum.net/question/59448567
❹ 트리플 미디어 전략, 흐름출판, 요코야마 류지

Foreign Copyright:
Joonwon Lee
Address: 127, Yanghwa-ro, Mapo-gu, Chomdan Building 6th floor,
　　　　　Seoul, Korea
Telephone: 82-70-4345-9818
E-mail: jwlee@cyber.co.kr

광고비 걱정 뚝!
여성 소셜 마케팅으로 시작하라

2016. 5. 18. 1판 1쇄 인쇄
2016. 5. 25. 1판 1쇄 발행

> 저자와의
> 협의하에
> 인지생략

지은이 | 최은희
펴낸이 | 이종춘
펴낸곳 | BM 주식회사 성안당

주소 | 04032 서울시 마포구 양화로 127 첨단빌딩 5층(출판기획 R&D 센터)
　　　10881 경기도 파주시 문발로 112(제작 및 물류)
전화 | 02) 3142-0036
　　　031) 950-6300
팩스 | 031) 955-0510
등록 | 1973. 2. 1. 제406-2005-000046호
출판사 홈페이지 | www.cyber.co.kr
ISBN | 978-89-315-7931-4 (13320)
정가 | 14,800원

이 책을 만든 사람들
책임 | 최옥현
기획 · 편집 | 조혜란
교정 · 교열 | 신정진
본문 · 표지 디자인 | 앤미디어, 박원석, 박현정
일러스트 | 앤미디어, Freepik
홍보 | 전지혜
국제부 | 이선민, 조혜란, 김해영, 김필호
마케팅 | 구본철, 차정욱, 나진호, 이동후, 강호묵
제작 | 김유석

이 책의 어느 부분도 저작권자나 BM 주식회사 성안당 발행인의 승인 문서 없이 일부 또는 전부를 사진 복사나 디스크 복사 및 기타 정보 재생 시스템을 비롯하여 현재 알려지거나 향후 발명될 어떤 전기적, 기계적 또는 다른 수단을 통해 복사하거나 재생하거나 이용할 수 없음.

※ 잘못된 책은 바꾸어 드립니다.